THE FOREFRONT OF
SUSTAINABLE
FINANCE

サステナブルファイナンス
最前線

水口　剛／高田英樹【編著】
TAKESHI MIZUGUCHI　HIDEKI TAKADA

一般社団法人 金融財政事情研究会

はじめに
―今、なぜサステナブルファイナンスなのか？―

サステナブルファイナンスの意義

　サステナブルファイナンスはもはやニッチ（隙間）ではない。今日では、経済・社会のメインストリームのテーマとなりつつある。その奥に根差すのは、人々が日々、深刻な環境問題・社会問題に直面し、これまでのやり方では経済・社会が持続できないと感じる、現実的な認識であろう。実際、世界各地で毎年のように大規模な水害や山火事が起き、社会では格差や分断が進んでいる。

　以前は、気候変動や人権といった課題に対応することはコスト要因であり、経済成長や企業収益とはトレードオフの関係にあると思われがちだった。しかし現実には、安定した環境や社会を守らなければ、経済の安定も得られないことが明らかになってきた。むしろサステナビリティを追求し、そのための投資を行うことは、中長期的な経済や企業の成長に資するとの見方が、近年急速に主流化しつつある。こうした発想の転換とあいまって、サステナビリティ課題、例えば気候変動が、もはや環境問題にとどまらず、経済・金融に深く関わるものであるとの認識が広がっている。

　サステナブルファイナンスは、文字どおり「サステナビリティ」と「金融」の融合であるが、これには主に2つの要素がある。第一に、サステナビリティを推進するための、金融の役割である。気候変動対策をはじめ、サステナビリティ課題に取り組むためには、多額の資金が必要になる。パリ協定が2条1項(c)において、気候変動対策に向けて「資金の流れを適合させる」ことを目的の一つとして定めているのも、金融の役割の重要性を踏まえたものであろう。第二に、サステナビリティ上の課題が金融市場や金融活動にもたらす影響である。気候変動による金融市場へのリスクは、その最たるものといえる。この影響は、金融市場の背景にある、あらゆる業種の企業活動、

実体経済に及ぶ。サステナビリティ課題は企業の経営上、大きなリスクとなり得るが、適切に対処すれば、逆に収益・成長の機会ともなる。

このような認識が広まるとともに、サステナブルファイナンスをめぐる議論も、急速にその範囲と奥行きを広げつつある。世界の機関投資家や金融機関・企業がさまざまなイニシアティブを立ち上げ、国連や欧州連合（EU）をはじめ、各国の政府・公的部門も取組みを強化している。日本でも多くの金融機関・企業や、各省庁がサステナビリティや脱炭素、ESGなどのテーマに取り組んでいる。こうした中、金融庁では、2020年にサステナブルファイナンス有識者会議を設置し、幅広い施策を推進してきた。

本書は、こうしたサステナブルファイナンスの最新の動向と広がりを伝えるために、主に有識者会議のメンバーが分担して執筆したものである（第9章を執筆した原口氏は有識者会議のメンバーではないが、2022年12月15日に開催された有識者会議においてプレゼンテーションを行っている）。

本書の意図と構成

サステナブルファイナンスの進展はある意味で必然であったが、自動的に進んだわけではない。この分野に関わるさまざまな関係者の努力の成果である。そこで前半では、サステナブルファイナンスを推進してきた内外の取組みを、歴史的な経緯も含めて概説する。第1章では、国際社会において、サステナビリティの概念が金融に取り入れられていった歴史的な背景から説き起こし、現在に至る多様な国際機関や国際的イニシアティブの動向を確認する。第2章では、こうした国際的な動きの中で、日本政府として進めてきた政策対応について、金融庁の取組みを中心に紹介する。第3章では、サステナブルファイナンスの中でも特に近年注目が高まるインパクト投資について、持続可能な開発目標（SDGs：Sustainable Development Goals）との関連も含めて、その経緯と新たな動きを論じる。

サステナブルファイナンスの実践は、情報開示やESG評価などの環境の整備、エンゲージメントやESG債などの方法論の進化、大手機関投資家から地

域金融への広がりなど、多様な要素から成り立つ。中盤では、このようなサステナブルファイナンスのエコシステムを支える構成要素を個々に取り上げて論じる。第4章では、国際的にも国内的にも検討が進むサステナビリティ情報の開示について、その意義、議論の動向を、投資家としての視点を含め考察する。第5章では、ESG市場の拡大に伴い重要性が高まるESG評価について、その実像の一端を示すとともに、金融庁が2022年12月に策定した「ESG評価・データ提供機関に係る行動規範」にも言及する。第6章では、サステナブルファイナンスの重要な担い手である機関投資家が、投資先企業と対話を行う「エンゲージメント」について、その意義やプラクティスを、実例を挙げながら論じる。第7章では、サステナブルファイナンスを象徴する金融商品ともいえる、グリーンボンド等のESG債について、その発展の経緯を概観するとともに、サステナブルファイナンスを拡張・進化させる概念であるトランジション・ファイナンスについて、その展開・課題を述べる。第8章では、地方創生の文脈から、サステナブルファイナンスの意義と地域金融機関の役割について考察する。

　後半では、サステナブルファイナンスの対象として気候変動と並び近年注目が高まっている環境・社会課題に関し、問題の所在と、ファイナンスに関する取組みの進展を取り上げる。第9章では、生物多様性や自然資本に関する国際的な議論の動向を紹介する。第10章では、社会課題に焦点を当て、人的資本と経済的不平等の問題を論じる。

　ここまでの議論も踏まえ、最終章では、パラダイムの転換も視野に入れてサステナブルファイナンスの未来を展望する。

＊　＊　＊

　サステナブルファイナンス有識者会議は、毎回、談論風発。意見が常に一致するわけではないが、大きな方向感は共有され、互いの違いも尊重しつつ、視座の高い意見が交わされている。本書は、その雰囲気も伝えたかった。そのため、全体の構成は体系的にする一方、各章の書き振りは、あえて統一しなかった。その結果、各章の語り口にもそれぞれの筆者の個性や息づ

かいが感じられるものになった。それらも楽しんでいただきたい。

　各章の内容は、いずれも各執筆者が所属する組織を代表するものではな
く、有識者会議としての見解を表すものでもない。各章における意見にわた
る部分は、その章を執筆した筆者個人の見解である。なお、サステナブル
ファイナンスの分野は非常に変化が速い。本書の記述はおおむね、各筆者の
原稿執筆時点（2022年末〜2023年初め）の情報に基づいており、その後の進
展を反映していない部分があることはあらかじめご了承いただきたい。

　本書がサステナブルファイナンスに関わる多くの関係者の羅針盤となり、
持続可能な社会の構築に貢献することを心から願っている。

　2023年6月

高崎経済大学　**水口　　剛**
金融庁　　　　**高田　英樹**

編著者紹介

【編著者】

水口　剛（みずぐち　たけし）

■第10章、終章担当

高崎経済大学　学長

商社、監査法人等の勤務を経て、1997年高崎経済大学経済学部講師。2008年同大学教授、2017年副学長を経て、2021年から現職。専門は責任投資、非財務情報開示。金融庁「サステナブルファイナンス有識者会議」座長、環境省「グリーンファイナンスに関する検討会」座長、ESG金融ハイレベルパネル委員等を歴任。日本サステナブル投資フォーラム共同代表理事。主な著書に『責任ある投資─資金の流れで未来を変える』（岩波書店、2013年）、『ESG投資─資本主義の新しいかたち』（日本経済新聞出版社、2017年）、『サステナブルファイナンスの時代─ESG/SDGsと債券市場』（編著、金融財政事情研究会、2019年）等。筑波大学第三学群社会工学類卒業。博士（経営学、明治大学）。

高田　英樹（たかだ　ひでき）

■第2章担当

金融庁　総合政策局　総合政策課長

1995年大蔵省（現財務省）入省。主計局、主税局、大臣官房等を歴任。1997〜1999年英国留学。2003〜2006年英国財務省出向。2015〜2018年パリ・OECDに出向し、グリーンファイナンスを担当。帰国後、Green Finance Network Japanを発足・運営。2022年1月から現職。国際金融センター、サステナブルファイナンスを含め、金融庁の政策の総合調整を担当。東京大学法学部卒、ケンブリッジ大学法律学修士、ロンドン大学（インペリアル・カレッジ・ロンドン）経営学修士。

【著者】

足達　英一郎（あだち　えいいちろう）

■第1章担当

株式会社日本総合研究所　常務理事

民間企業の勤務を経て、1990年日本総合研究所入社。1999年、日本でエコファン

ドが誕生した年からESGアナリストの業務に従事し、2006年からESGリサーチセンター長を長く務めた。主な共著書に『環境経営入門』（日本経済新聞出版社、2009年）、『自然資本入門—国、自治体、企業の挑戦』（NTT出版、2015年）、『投資家と企業のためのESG読本』（日経BP社、2016年）、『ビジネスパーソンのためのSDGsの教科書』（日経BP社、2018年）、『SDGsの先へ—ステークホルダー資本主義』（集英社インターナショナル、2021年）等。一橋大学経済学部卒業。

渋澤　健（しぶさわ　けん）

■第3章担当

シブサワ・アンド・カンパニー株式会社　代表取締役、株式会社&Capital　代表取締役CEO、コモンズ投信株式会社　取締役会長

複数の外資系金融機関でマーケット業務に携わり、2001年シブサワ・アンド・カンパニーを創業し代表取締役に就任。2007年コモンズ（現コモンズ投信）を創業し、2008年会長に就任。新しい資本主義実現会議など複数の政府会議に所属。経済同友会幹事（アフリカ委員会委員長ほか）、Impact Taskforce Sting Committeeメンバー、国連開発計画SDG Impact運営委員会委員、東京大学総長室アドバイザー、成蹊大学客員教授等。著書として、『対訳 銀行員のための『論語と算盤』とSDGs』（金融財政事情研究会、2021年）、『渋沢栄一100の訓言』（日経ビジネス人文庫、2010年）、『SDGs投資』（朝日新書、2020年）、『超約版 論語と算盤』（ウェッジ、2021年）。テキサス大学化学工学部卒業。

井口　譲二（いぐち　じょうじ）

■第4章担当

ニッセイアセットマネジメント株式会社　執行役員 運用本部副本部長 チーフ・コーポレート・ガバナンス・オフィサー

生命保険会社・シンクタンクの研究員を経て、2000年にニッセイアセットマネジメント入社。素材・金融のアナリスト、投資調査室長を経て、現職。IFRS諮問会議委員、金融庁サステナブルファイナンス有識者会議委員、企業会計審議会委員、金融審議会臨時委員、サステナビリティ基準委員会（SSBJ）委員、日本証券アナリスト協会サステナビリティ報告研究会座長、ICGN理事指名委員会委員、内閣官房非財務情報可視化研究会委員、経済産業省人的資本経営の実現に向けた検討会委員等を歴任。主な著書に『財務・非財務情報の実効的な開示』（別冊商事法務、2018年）、『コーポレートガバナンス・コードの実践』（共著、日経BP、2021年）等。1988年大阪大学経済学部卒業。

岸上　有沙（きしがみ　ありさ）

■第5章担当

En-CycleS（Engagement Cycle for Sustainability）　独立コンサルタント、特定非営利活動法人日本サステナブル投資フォーラム　理事

2007年からFTSE Russell本社サステナブル投資部署にて、ESG基準に関する企業対話、ESGインデックスやレーティングの開発と管理を担当。2015年にアジア太平洋地域ESG責任者として日本に異動。持続可能な環境・社会の実現に向けた投資行動の理解と実践を促すため、各国証券取引所、関係団体、企業や機関投資家との議論を重ねる。2019年に独立し、執筆、講演、対話を通じて、持続可能な環境・社会に沿う事業とファイナンスの好循環作りに携わる。その一環で日本サステナブル投資フォーラム理事、金融庁サステナブルファイナンス有識者会議委員等を務める。慶応義塾大学総合政策学部卒業、オックスフォード大学アフリカ学修士。

小野塚　惠美（おのづか　えみ）

■第6章担当

一般社団法人科学と金融による未来創造イニシアティブ　代表理事、エミネントグループ株式会社　代表取締役社長CEO

JPモルガン、ゴールドマン・サックス・アセット・マネジメント、カタリスト投資顧問副社長を経て、2022年から現職。武蔵精密工業取締役。金融庁サステナブルファイナンス有識者会議、経産省非財務情報の開示指針研究会、内閣府知財投資・活用戦略の有効な開示およびガバナンスに関する検討会のメンバー。共訳に『社会を変えるインパクト投資』（同文舘出版、2021年）、『サステナブルファイナンス原論』（金融財政事情研究会、2020年）。東京理科大学大学院経営学研究科技術経営専攻修了。

林　礼子（はやし　れいこ）

■第7章担当

BofA証券株式会社　取締役副社長

1987〜1989年シティバンク、1989〜2000年パリバ証券を経て、2000年BofA証券（旧メリルリンチ）入社。資本市場本部責任者を経て、2019年から現職。規制当局や政府関係者との窓口も務め、社内のガバナンスフレームワークについても管掌。一貫して国際金融・資本市場業務に従事するとともに、2010年代半ばから、ESG関連業務にも従事。サステナブルファイナンス有識者会議、GX実行会議等

の複数の政府の委員会や、日本証券業協会のSDGsの推進に関する懇談会の委員のほか、国際資本市場協会（ICMA）の理事を務める。2016年政策研究大学院大学監事（現職）。東京大学国際関係論学士、同大学院教育社会学修士。

吉高　まり（よしたか　まり）

■第8章担当

三菱UFJリサーチ＆コンサルティング株式会社　フェロー（サステナビリティ）

国内外で環境金融コンサルティング業務に長年従事し、2020年から現職。サステナブル経営やファイナンスを中心に多様なセクターにアドバイス等を提供。三菱UFJ銀行、三菱UFJモルガン・スタンレー証券兼務。慶應義塾大学大学院政策・メディア研究科非常勤講師（環境ビジネスデザイン論）。東京大学教養学部客員教授。著書に『GREEN BUSINESS—環境をよくして稼ぐ。その発想とスキル。慶應義塾大学熱血講義「環境ビジネスデザイン論」再現版』（共著、木楽舎、2021年）。米国ミシガン大学環境・サステナビリティ大学院（旧自然資源環境大学院）科学修士。慶應義塾大学大学院政策・メディア研究科博士（学術）。

原口　真（はらぐち　まこと）

■第9章担当

TNFDタスクフォースメンバー、MS&ADインシュアランスグループホールディングス株式会社　TNFD専任SVP、MS&ADインターリスク総研株式会社　フェロー

エンジニアリング会社勤務を経て、1996年三井住友海上火災保険株式会社に入社。2000年からビジネスと生物多様性の調査研究とコンサルティングを開始。環境省次期生物多様性国家戦略研究会委員、国土交通省グリーンインフラ官民連携プラットフォーム企画・広報部会幹事、東京都生物多様性地域戦略改定検討会委員等を歴任。企業と生物多様性イニシアティブ顧問、いきもの共生事業推進協議会副会長、サステナブルトランジション副代表理事。東京大学農学系大学院修士課程修了。

※2023年6月時点。

凡　例

有識者会議第一次報告書	金融庁「サステナブルファイナンス有識者会議報告書—持続可能な社会を支える金融システムの構築」(2021年6月)
有識者会議第二次報告書	金融庁「サステナブルファイナンス有識者会議第二次報告書—持続可能な新しい社会を切り拓く金融システム—」(2022年7月)

目　次

第1章 ● 国際社会の動向

足達　英一郎

第2章 ● 日本政府におけるサステナブルファイナンスの取組み

1 総 論 ··········28
 (1) サステナブルファイナンス政策の発展の経緯 ··········28
 (2) さまざまな政策アプローチ ··········30
2 企業開示の充実 ··········35
3 市場機能の発揮（ESG市場の整備・高度化） ··········37
 (1) ESG関連投資信託の透明性向上 ··········37
 (2) ESG評価・データ提供機関の行動規範 ··········38
 (3) 情報プラットフォーム ··········39
 (4) ソーシャルボンド ··········40
 (5) インパクト投資 ··········41
 (6) 受託者責任とアセットオーナーの役割 ··········42
 (7) 専門人材の育成 ··········45
4 金融機関における気候変動対応 ··········46
 (1) 金融機関のリスク管理 ··········46
 (2) トランジション・ファイナンス ··········48
 (3) 民間における動きとの連携 ··········50

第3章 ● SDGsとインパクト

1 はじめに――SDGsとインパクトを推進する日本政府 ··········52
2 インパクトを意図とする投資 ··········54
3 UNDPのSDGインパクト ··········59
4 インパクト投資の変遷 ··········62
5 ポストESG――企業のインパクト会計 ··········65

第4章 ● サステナビリティ情報の開示

井口　譲二

第5章 ● ESG評価やデータ提供の変遷、実態と期待される行動

岸上　有沙

第6章●エンゲージメント

小野塚　惠美

第7章 ● ESG債とトランジション

林　礼子

第10章 ● 人的資本と経済的不平等

水口　剛

終　章●サステナブルファイナンスの未来

水口　剛

第1章

国際社会の動向

株式会社日本総合研究所 常務理事

足達　英一郎

1　サステナブルファイナンスの 3 つの源流

(1)　外来概念としてのサステナブルファイナンスと定義

①　用語としての出現

　サステナブルファイナンス（Sustainable Finance）は、文字どおり、外来語であり、外来概念である。国内の新聞記事データベースで検索すると[1]、この言葉が初めて国内新聞記事中に登場するのは、2015年11月である[2]。

　他方、海外においては、すでに1990年代前半、大気・水質汚染などの環境問題に対して、㋐経済的賦課（税、課徴金、料金）、㋑経済的便益（補助金、税制優遇）、㋒預託払戻し、㋓新規の市場創設（排出量取引、率先実行計画）といった経済的手法の有効性を説く際に、金銭的な誘因をサステナブルファイナンスと形容している例を見いだせる[3]。オンライン学術データベースWeb of Scienceを用いて、サステナブルファイナンスに関連する文献を検索すると、1900年から2021年 8 月13日までに合計9,294件を見付け出せるとの報告もある[4]。

　こうした状況を鑑みると、サステナブルファイナンスに関して、国際的な足取りと最近の動向を、本書の冒頭で概観しておくことには意味があるだろう。

②　未確定の定義

　ただ、海外において一定程度の普及と定着を見せているといっても、この

---

[1]　日経テレコン検索（検索日：2022年11月 9 日）。

[2]　一般社団法人環境金融研究機構が、環境に配慮した金融機関を対象にした「サステナブル・ファイナンス賞」という名称の表彰制度を創設したことを伝える新聞記事。

[3]　一例としてFeitelson, E.（1992）"An alternative role for economic instruments: Sustainable finance for environmental management", Environmental Management 16, 299–307。

[4]　Rodriguez-Rojas MP, Clemente-Almendros JA, El Zein SA and Seguí-Amortegui L（2022）"Taxonomy and tendencies in sustainable finance: A comprehensive literature analysis", Frontiers in Environmental Science. https://doi.org/10.3389/fenvs.2022.940526　なお、検索期間は1900年から2021年 8 月13日まで。

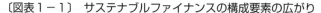

〔図表1-1〕 サステナブルファイナンスの構成要素の広がり

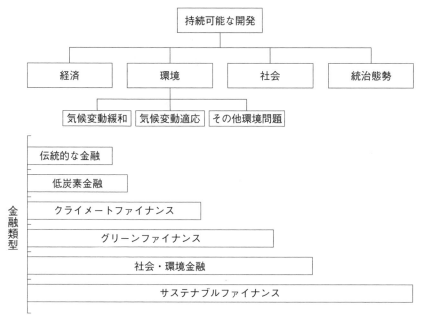

(出所) ドイツ国際協力公社 "Sustainable Finance: An Overview" June 2020から訳出して筆者作成。

用語について、確固たる定義はいまだない。2021年8月に国際標準化機構（ISO）はISO/TR 32220：2021（持続可能な金融——基本的な概念と主要なイニシアチブ）を発行した。これは、サステナブルファイナンス分野の国際的に合意された初の用語集であり指針だと言えるが、ここにおいてすら、サステナブルファイナンスという用語には、独自の定義を与えず、4つの組織が用いた過去の用例を引用するにとどめている[5]。

　サステナブルファイナンスと類似の用語としては、グリーンファイナンスやクライメートファイナンスがある。ときに、〔図表1-1〕のような構成要素の広がりが解説されることがあるが、実態としては気候変動問題の解決を意図する金融活動をサステナブルファイナンスと呼ぶケースも散見され、厳密に用語が使い分けられているとは言い難い。

③　関心が集まる背景

　ただ、国連の推進する持続可能な開発（Sustainable Development）という概念や、環境（Environment）、社会（Society）、ガバナンス（Governance）などの今日的に人類が直面する諸課題と金融とを結び付けるニュアンスをサステナブルファイナンスという用語が帯びているとみなすことは可能だろう[6]。金融は、元来、(ア)資金の余剰部門と不足部門を仲介する、(イ)実物取引の対となる決済行為を行う、(ウ)それらの過程で、信用創造やリスクの再分配を行うという機能を有すると言われてきた。それらに加え、危機の緩和や回避という新たな価値を、金融が世の中に表出させたり、創出したりすることができるという可能性もしくは期待が、この用語に関心が集まる理由だと考えられる。筆者は、サステナブルファイナンスを理解するに当たっては、地球と社会の諸課題と金融との関係をめぐる3つの歴史的な潮流を参照しておくことが有効だと考えている。

(2)　倫理的な金融という起源

　その第一は、資金の最終的な出し手（たとえばアセットオーナー、年金加入者、個人預金者）が有する金融の倫理性確保に関する選好の系譜である。1905年に発表されたマックス・ヴェーバーの『プロテスタンティズムの倫理と資本主義の精神』は「中世のカトリック教会は、暴利の取り締まりとか利子禁止とか、そうした商業上の倫理的規制を行った。また宗教改革後の禁欲的プロテスタンティズムに至っては、商人たちの暴利は倫理的に悪事ととら

5　具体的には、(ア)「国連SDGsを後押しする強靭で、持続可能で、バランスの取れた、包摂的な成長達成に貢献する資金提供」（2018年 G 20 Sustainable Finance Synthesis Report）、(イ)「金融センターが意思決定時にESG考慮を組み込むプロセス。持続可能な経済活動やプロジェクトでのより長期の資金提供をリードするもの」（欧州委員会ホームページ）、(ウ)「持続可能性という目標の達成に向けた、金融サービスの適用」（英国規格協会PAS7340：2020）、(エ)「ビジネスの意思決定、経済発展、投資戦略へのESG原則の織り込み」（IMF 2019年 Global Financial Stability Report）の4つの用例である。

6　有識者会議第一次報告書では、サステナブルファイナンスを「持続可能な社会を実現するための金融」としている。

4

え、厳しく取り締まってきた」と指摘する[7]。寄付は推奨されるが、金貸しや投機は長らく批判の対象であった。こうした価値観が、今日のサステナブルファイナンスにつながっている。1971年の米国で最初の社会的責任投資ファンド "Pax World Fund" 設立で大きな役割を果たしたのは、合同メソジスト協会（United Methodist Church）だったが、その理念は18世紀中頃に英国国教会内の啓蒙活動として出現したメソジスト・ソサエティーが掲げた「お金は人を害することなく、稼いだり使ったりするべきだ」という考えを起源にする。倫理的投資や倫理的金融、社会的責任投資といった形態を経て、今日のサステナブルファイナンスの概念は形作られている。

(3) 環境債務を反映する金融という起源

① 環境汚染が引き起こす債務を起点に

　第二は、アスベストや土壌・地下水汚染といった環境汚染を筆頭に、環境債務が企業価値の毀損や貸倒リスクとして金融行動に反映されてきた系譜である。米国における、土壌汚染と貸手責任問題はその代表事例であろう。1980年代、米国では「包括的環境対策・補償・責任法（CERCLA）」（1980年）、「スーパーファンド修正および再授権法（SARA）」（1986年）が相次いで施行された。深刻な土壌汚染の調査や浄化を米国環境保護庁が行い、汚染責任者を特定するまでの間、浄化費用は石油税などで創設した信託基金（スーパーファンド）から支出する。浄化の費用負担を有害物質に関与したすべての潜在的責任当事者（Potential Responsible Parties）に負わせるというのが法律の概要である。潜在的責任当事者には、現在の施設所有・管理者だけでなく、有害物質が処分された当時の所有・管理者、有害物質の発生者、有害物質の輸送業者や融資金融機関を含むことが示唆された。また、浄化責任を問われることで融資先企業が破綻するという事例も生じた。1990年の春には、米国の裁判所で、融資先企業によって引き起こされた汚染地の浄化費用

7　代田純「金融と経済学へのキリスト教の影響に関する予備的考察」駒澤大学経済学論集52巻1・2号。

負担責任を銀行に初めて認定したフリート・ファクターズ判決（Fleet Factors Case）が下された。この事例では、銀行が顧客の意思決定に影響を及ぼす立場にあったことが根拠とされた。こうした限定付きの条件であったにもかかわらず、米国では連邦準備制度理事会が1991年10月に各連邦準備銀行の監督官に、「環境責任（Environmental Liability）」に関する通達を出し、銀行の環境リスク管理体制の在り方について言及することになった。その結果、まず米国で、続いて欧州、オーストラリア、カナダなどで、銀行が次々に環境デューデリジェンス担当部門を設立していった。1989年に欧州委員会から "Directive on Civil Liability for Damage Caused by Waste" のドラフトが発行されたことも、金融機関がさらに懸念を強める背景になった。この指令では廃棄物から生じる損害の賠償責任を、廃棄物の排出者と事実上の廃棄物の管理者に求める内容としたが、この「事実上の廃棄物の管理者」に融資主体の金融機関が含まれる可能性があるのではないかという疑念が強まったためである。

② 金融機関の環境マネジメント

金融業界の取組みとしては、スイスが先行した。1997年にスイス銀行協会は独自のガイドライン「金融機関の環境マネジメント（Environmental Management in Financial Institutions）」を制定した[8]。ここでは、銀行が直面する環境リスクを、「汚染サイトに起因するリスク」と「更なる環境リスク（Further environmental risks）」（環境配慮型商品への市場の志向や環境関連法制度、世論などに起因するもの）に分類しつつ、(ア)借り手の資産減価、修復等のコスト増、収益機会の逸失から銀行の信用リスクや与信保全に影響を与える、(イ)銀行が所有している資産についても汚染が判明した場合には所有者責任が発生する危険性があるなどの理由で、汚染サイトに関するリスク管理が銀行

---

8 このガイドラインは、スイス銀行協会に加盟する90の銀行により作成されたもので、環境マネジメント導入のためのステップを(ア)環境への配慮をした銀行業務、(イ)融資業務での配慮、(ウ)証券業務での配慮、(エ)コミュニケーションの在り方、(オ)組織の在り方という５つのパートにより示している。

にとって最も重要だとしている。1990年代後半には、たとえば英国などにおいて、貸付約定書に環境汚染に関する条項が盛り込まれることも珍しくなくなってきたとされる[9]。

1990年代後半には、こうした「環境配慮型の金融活動」の呼称としてEnvironmental Financeという用語が用いられるようになる。環境の質の保全や環境リスクの移転を目的とした市場ベースの金融商品を包含する概念として、この用語はしばしば用いられてきた。この文脈で、環境汚染問題から、気候変動問題やその他の社会問題、企業不祥事にリスク要因の裾野が広がってくるにつれて、サステナブルファイナンスという用語が普及してくるのは自然な流れだった。環境・社会側面の要素を金融取引上のリスクと捉え、管理するという思考も、今日のサステナブルファイナンスの重要な基礎をなしている。

(4) 途上国に向けた開発金融という起源

① 民間資金を誘導しようという意図

第三は、政策金融や開発金融に代表される、ある政策目標のために政府セクター等が自ら資金を提供したり、民間の資金や金融活動を誘導しようとしてきた系譜である。政府は、財政行動[10]と並んで、政策を実現する目的で、出資金の大半（または全額）を出資して金融機関を設立する。これがGovernment lendersで、その代表例が、主に民間部門の経済開発プロジェクトにリスク資金を提供する開発金融機関（Development finance institution）である[11]。とりわけ先進国では、途上国への開発援助や経済開発イニシアティブの一部を形成する目的で、もっぱら開発金融が位置付けられている。

9　Phil Case, Environmental Risk Management and Corporate Lending, Woodhead Publishing, 1999

10　それには歳入と歳出があり、Public Financeと呼ばれる。

11　設立する側の政府が複数国にわたる場合もあり、その場合は国際開発金融機関（MDB：Multilateral Development Finance Institution）と呼ばれる。国際開発金融機関には資金を拠出する先進国と、融資を受ける途上国の双方が幅広く参加する。

こうした開発金融では、融資、投資、保証という形で当該プロジェクトに民間資金を誘導しようという明確な意図が存在する。さらに、経済開発による所得創出だけではなく、社会側面での裨益創出も常に意識される。たとえば、複数の開発銀行では、社会的責任投資とインパクト投資の基準をその設立目的に含めている例も見られる[12]。

② 「エクエーター原則」の成立

　こうした開発金融の領域では、2002年の「持続可能な開発に関する世界首脳会議」にて「持続可能な開発に関するヨハネスブルグ宣言」が採択された前後から、「持続可能性」を目標に掲げることが多くなり、開発金融そのものをサステナブルファイナンスと呼ぶ例も出現してきた。同時に、開発金融における負のインパクトの回避を求める声も高まった。2002年10月、ABNアムロと国際金融公社（IFC）がロンドンに海外プロジェクト・ファイナンス業務の主要金融機関を集め、統一的な環境社会リスク評価を盛り込んだガイドラインの制定を呼び掛けた[13]。これが結実したのが「エクエーター原則」で、2003年6月には、IFC定例会合において欧米金融機関10行によって採択された。

　プロジェクト・ファイナンスは、本来、民間金融機関によるビジネス取引である。それが開発金融との接点を持つことで公的性格を要請される性格を強めた。その中核が社会的な裨益創出と負のインパクト回避であり、民間金融取引がサステナブルファイナンスの色彩を強めていく道筋が付けられていった。

2 サステナブルファイナンスのけん引主体

　㋐金融の倫理性確保、㋑環境社会リスクの金融行動への反映、㋒社会的裨

12　たとえば、世界銀行グループの国際金融公社（IFC：International Finance Corporation）では、Our Core Valuesの筆頭にImpactを掲げている。
13　具体的には、プロジェクト・ファイナンス業務を営んでいる主要金融機関（ABNアムロ、シティグループ、バークレイズ、ウェストLB）の4社が、IFCの支援の下で「エクエーター原則」を起草した。

益創出と政策のための民間金融の巻き込み、という3つが、サステナブル
ファイナンスの出現の前提だとしても、これらの3要素が内発的に融合・統
合してサステナブルファイナンスという概念の普及、定着につながったとは
言い切れない。そのプロセスで複数のけん引主体が一定の役割を果たしたこ
とも指摘しておくべきであろう。本節では、国連環境計画・金融イニシア
ティブ、欧州委員会の2つについて概観する。

(1) UNEP FIが果たした役割

国連環境計画の後援の下に、1992年5月に「環境および持続可能な発展に
関する銀行声明」[14]が取りまとめられ、国連環境計画・金融イニシアティブ
(UNEP FI : United Nations Environment Programme Finance Initiative) が発
足した。1995年には、大手保険・再保険会社や年金基金が「保険業界による
環境コミットメントに関する声明」を発出し、この流れに合流した。UNEP
FIには、商業銀行、投資銀行、ベンチャーキャピタル、資産運用会社、多
国間開発銀行、保険会社などの幅広い金融機関が参加し、金融セクターの業
務やサービスのあらゆる側面に環境配慮を組み込むことを目指し、情報提
供、方法論やツール開発、研修プログラム開催、他団体との共同プロジェク
ト実施やネットワーキングを、四半世紀以上にわたり、行ってきている。

① 受託者責任をめぐって

とりわけ、ここでは過去の2つの特筆すべき取組みを詳述する。第一は、
2005年10月、"A legal framework for the integration of environmental, so-
cial and governance issues into institutional investment" と題された報告
書[15]の公表である。その報告書の画期的結論は「ESG課題を考慮した資産運
用を行うことは、受益者(年金ならば受給者)の利益を守るべき受託者責任

---

14 この声明は、1991年にドイツ銀行、HSBCホールディングス、ナットウエスト、カナ
ダロイヤル銀行、ウェストパックなどの商業銀行の有志がUNEPと協力して、銀行業界
の環境問題への意識を活性化させることを議論し始めたことを起源にすると言われる。
15 UNEP FIの資産運用作業部会が大手法律事務所であるFreshfields Bruckhaus Deringer
に作成を依頼したもの。

に反しない」という法的解釈であった。それまで倫理的投資や社会的責任投資に対して向けられてきた「収益を犠牲にしている」という批判を払拭することに、この結論はおおいに貢献した。その後もUNEP FIは、2009年に "Fiduciary Responsibility: legal and practical aspects of integrating environmental, social and governance issues into institutional investment" を、2015年に "Fiduciary Duty in the 21st Century" を公表して、この法的解釈問題に粘り強く取り組んできた。2015年の報告書では、「ESG課題を含むすべての長期投資におけるバリュードライバー（価値を左右する要素）を考慮しないことは、受託者責任に反する」との一段と強い結論が導かれた。

② 責任投資原則とESG課題の主流化

第二に、UNEP FIは2006年4月に、投資の意志決定プロセスや投資方針の決定に環境（Environment）、社会（Social）、企業統治（Governance）の課題を組み込み、受益者のために長期的な投資成果を向上させることを促す6つの原則を作成し公表した。これが「責任投資原則」である。原則は拘束力のない規範であるが、同原則に署名したアセットオーナー、運用機関、サービスプロバイダーは、環境、社会、企業統治に関して責任ある投資行動を取る宣言を行う。以降は、定期的に取組状況の開示も要請される。責任投資原則の出現は、インベストメントチェーンにおける委託、受託の関係を通じて、ESG課題が広く金融取引で考慮される嚆矢となった。責任投資原則の2022年6月30日現在の署名機関数は5,020、2021年3月30日現在の運用資産額は121.3兆米ドルにまで広がっている[16]。

③ 広範なテーマに先鞭をつける

これ以外にもUNEP FIは、水資源枯渇に関する報告（2005年）、金融活動と人権問題に関するガイダンスツールの開発（2007年）、生物多様性と生態系サービスに関する報告（2008年）、自然資本宣言の発出（2012年）、持続可能な証券取引所イニシアチブの発足（2012年）、ポジティブインパクト金融

16　PRI, Signatory Update April to June 2022, p.35

原則の作成（2017年）など、今日のサステナブルファイナンスの各論となっている多くのテーマの議論をリードしてきた。金融安定やシステミックリスクの観点からのESGリスクに関する報告（2012年）、「銀行規制改革における安定性と持続可能性の視点　環境リスクはバーゼルⅢで見落とされているのか？」と題した報告書（2014年）は、金融システム全体と持続可能性に関する重要な視点を提起した意義を有している。

(2) 欧州委員会が果たした役割

① 環境、社会問題への焦点

　サステナブルファイナンスという概念の普及、定着に大きな役割を果たしてきた主体として、もう1つ存在感を有するのが欧州委員会あるいは欧州連合である。欧州は、1960年代後半から、世界でも高いレベルの環境政策を打ち出してきた。1992年の域内市場統一を目指す「単一欧州議定書（Single European Act 1986)」にも「環境」に関する規定が盛り込まれた。セクター横断もしくは主要セクターで各論ごとに詳細な戦略を策定し、規制と支援を包括的に展開するという特徴が、以降、確立していった。

　関心は、「環境」だけにとどまらない。1995年の「社会的疎外に反対する企業マニフェスト」を起点として、2000年には「社会的責任（CSR：Corporate Social Responsibility)」の政策化[17]を決定した。その内容は、2001年[18]、2006年[19]、2011年[20]と順に精緻化されていった。2011年のコミュニケーション文書には、すでに「すべての投資ファンドと金融機関は、採用している倫

17　「責任ある行動が持続可能なビジネスの成功につながるという認識を持ち、社会や環境に関する問題意識を、その事業活動やステークホルダーとの関係の中に、自主的に取り入れていくための概念」と定義し、市場経済を否定できないという前提で、一定のコントロールを試みようとする政策。

18　GREEN PAPER. Promoting a European framework for Corporate Social Responsibility

19　Implementing the Partnership for Growth and Jobs: Making Europe a Pole of Excellence on Corporate Social Responsibility

20　A renewed EU strategy 2011-14 for Corporate Social Responsibility

理的基準もしくは責任投資基準、あるいは従っている基準や規範を顧客に対して告知する必要性を考慮すべき」「欧州委員会は金融セクターを含むビジネスリーダーに、より高い水準の責任あるビジネス規範にコミットすることを要請する」といった記述が明記されていた。

② サステナブルファイナンスの推進施策の起動

2015年9月、欧州連合は金融システム安定化のための資本市場強化に向けた戦略で、長期的投資および持続可能な投資を柱の1つに据えることを決定した。この内容に従って、2016年12月に、「サステナブルファイナンスに関する横断的かつ包括的な欧州連合戦略を構想するためのハイレベル専門家会議（HLEG：High-level expert group on sustainable finance）」が欧州委員会により設置される運びとなる。中国において、2016年8月31日に、「グリーン金融体系の構築に関する指導意見」[21]が発表された先例はあるにせよ、世界で最初のサステナブルファイナンスに関する政策推進が起動されたのだった。

2018年1月に、上記専門家グループは、最終報告書[22]を公表、これを受けて欧州委員会は、欧州連合タクソノミー等を主軸にするサステナブルファイナンス行動計画を公表した（〔図表1−2〕）。

③ 欧州グリーン・ディールとサステナブルファイナンス

2019年にフォン・デア・ライエン現欧州委員長が就任しても、「持続可能な開発」をすべての提案、政策、戦略に組み込む姿勢は継続された。このう

21　中国人民銀行、財務部、国家発展改革委員会、環境保護部、銀行業管理監督委員会、証券管理監督委員会、保険管理監督委員会の7部署が共同で9領域、35項目にわたる中国における包括的な環境金融促進策を明らかにした。

22　内容は、①EU内共通サステナビリティ・タクソノミー（分類手法）の確立、②投資時間軸の拡大とESG要素の統合を投資家責任として明確化、③開示ルールの改正（特に、非財務報告指令とTCFDの整合化）、④個人向けの持続可能な金融戦略（投資アドバイス、エコラベル、SRI）の促進、⑤持続可能な金融の公式基準・ラベルの策定・導入（グリーンボンドなど）、⑥専門機関の設置による持続可能なインフラプロジェクトの開発・支援、⑦金融機関や金融監督庁のガバナンスへサステナビリティの視点を統合、⑧欧州監督当局（ESAs）におけるリスクモニタリングの時間軸拡大など広範なものに及んだ。

〔図表1-2〕 2018年公表のサステナブルファイナンス行動計画における10項目

1	「欧州連合タクソノミー」の法制化
2	グリーンファイナンス基準と環境認証ラベルの作成
3	サステナブルなプロジェクトへの投資促進
4	投資アドバイスへの組入れ
5	サステナビリティ・ベンチマークの開発
6	格付・調査へのサステナビリティの組入れ
7	機関投資家・アセットマネジャーの義務明確化
8	銀行の健全性要件へのサステナビリティの組入れ
9	サステナビリティに関する開示の強化・会計基準設定
10	コーポレートガバナンス促進、短期的収益拡大を重視した投資の抑制

（出所） 欧州委員会 "Action Plan: Financing Sustainable Growth" から筆者作成。

ち目玉となったのが「欧州グリーン・ディール」で、2050年までに欧州連合の気候中立を目指し、その目標達成のために資源を有効利用する循環型のクリーンで競争力のある経済に転換させるという野心的な内容となった。この文書では、2020年の第三四半期に、サステナブルファイナンスに関する欧州戦略を刷新することも明らかにされた。実際には、持続可能な経済活動に向けた民間資金の流れを支援し、2050年のカーボンニュートラル達成を可能にすることを主眼に据えて、2021年7月にサステナブルファイナンス戦略[23]が発表されることになった。このように、欧州はサステナブルファイナンスの震源地であり、同時に世界の動向をリードする存在であり続けている。

④ タクソノミーという「世紀の発明」

　2018年1月に公表されたハイレベル専門家会議の最終報告書では、「持続可能性に関する欧州連合レベルの共通のタクソノミーを確立し、メンテナンスすること」という答申が冒頭に載った。生物学を起源とし、分類、分類学、分類法などの意味を持つタクソノミー（taxonomy）という言葉を金融活動と関連付けて、「地球と社会の持続可能性に貢献する経済活動を特定する

---

[23] Strategy for financing the transition to a sustainable economy

ことによって作られるリスト」を公的に作成して、「地球と社会の持続可能性に貢献する金融活動であるか否か」を峻別しようとする壮大な構想が示されたのだった。2020年7月には、タクソノミー制定の根拠法となる持続可能な投資を促進する枠組みの構築に関する規則[24]、[25]が発効した[26]。2021年4月には「気候変動への適応と緩和を目的とした持続可能な活動に関する最初の委任法令」が欧州委員会から発出され、タクソノミーの内容は確定に至った[27]。

タクソノミーは、グリーンボンド等の適格性の判断、機関投資家等に対しサステナビリティをどう考慮しているかの開示義務付け、投資信託等のラベルの付与、気候関連リスクの銀行・保険会社等の資本規制への導入可能性についての検討の際にも、主要な足掛かりを提供する欧州のサステナブルファイナンス政策の土台を構成するものと位置付けられる。

⑤　金融機関ならびに事業会社への情報開示規制の強化

タクソノミーと並ぶ欧州サステナブルファイナンス政策のもう1つの柱が金融機関ならびに事業会社への情報開示規制の強化である。

金融機関に対しては、2019年12月に、いち早く「サステナブル金融開示規則（SFDR：Sustainable Finance Disclosure Regulation）」が制定され、2021年3月10日に適用が開始された。これは、すべての欧州連合金融市場参加者、および金融アドバイザーを対象に、会社レベル[28]と金融商品レベルの両面

---

[24] Regulation（EU）2020/852 of the European Parliament and of the Council of 18 June 2020 on the establishment of a framework to facilitate sustainable investment, and amending Regulation（EU）2019/2088

[25] 規則が掲げた目標は、㋐気候変動の緩和、㋑気候変動への適応、㋒水と海洋資源の持続可能な利用と保護、㋓循環経済への移行、㋔汚染の防止と管理、㋕生物多様性と生態系の保護と回復の6項目である。

[26] その後、11月に欧州委員会が「気候タクソノミー委任法令」原案パブコメを実施すると、世界中から実に4万6,590件のフィードバックが寄せられた。

[27] 気候変動の緩和について言えば、㋐森林、㋑環境保全・復元、㋒製品製造、㋓エネルギー、㋔水供給・下水道・廃棄物管理・浄化、㋕輸送、㋖建設・不動産、㋗情報・通信、㋘専門・科学・技術サービスの9分野、88の経済活動が詳細な適格性の基準とともに収載され、2022年1月1日から適用開始となった。

で、サステナブルファイナンスへの姿勢を明らかにさせるものである。とりわけ、各金融商品を「環境性・社会性を促進する金融商品」（8条に該当）、「サステナブル投資が目的の金融商品」（9条に該当）、「それ以外」[29]に分類し、前2者については、追加の詳細情報をウェブサイト、目論見書で開示するほか、定期報告を求める内容となっていることが特徴である（定期報告については、2023年1月1日に発効）。

　一方、事業会社に関しては、従来、上場企業、銀行、保険会社、従業員数500名超の大企業の約1.2万社を対象にしていた非財務情報開示指令（NFRD：Non-Financial Reporting Directive）が、中小企業を含むすべての上場企業と非上場の大企業の約5万社に対象を拡大する企業持続可能性報告指令（CSRD：Corporate Sustainability Reporting Directive）に置き換わる（2022年11月に欧州議会が採択、閣僚理事会の承認を得て、12月14日に正式決定）[30]。CSRD自体は2023年1月5日に発効しており、2024年1月から、まずは現行NFRDの開示対象企業に適用される。最初の開示報告書は1年後の2025年1月以降に公表されるものとなり、その後段階的に対象を拡大し、最終的には2026年1月に上場中小企業にも適用を広げる（ただし、2028年までの適用猶予あり）。

　このように、事業会社の情報開示を段階的にせよ圧倒的に促進させると同

28　会社レベルにおいては、サステナビリティ・リスク統合の方針、サステナビリティに有害な影響を与える事象（PAI）、報酬方針に関して金融機関のウェブサイトで開示することが求められる（欧州連合以外の金融機関は、一般的には会社レベルの開示は免除）。金融商品レベルにおいても、サステナビリティ・リスク、サステナビリティに有害な影響を与える事象（PAI）の開示が求められる。

29　2021年に採択された「第2次金融商品市場指令（MiFID II）」の改正で、ESGに関心があるという顧客に対して、「それ以外」の金融商品をアドバイスの対象とすることはできない。

30　その内容は、非金融業の事業会社に対しては、㋐売上げ、㋑資本的支出、㋒事業経費について、経済活動別のタクソノミー基準を満たす割合を開示（資本的支出と事業経費は10年以内にタクソノミー基準を実現する計画の公表でも可）すること（この内容は、タクソノミー法8条の適用によって一部の対象企業には、2022年1月1日から2021年会計年度分の情報開示義務が適用されている）、温室効果ガス排出量をScope 1～3すべてで開示すること（Scope 3は開示が適切な場合とする）、ジェンダー・ペイギャップ（男女賃金格差）、同等の価値の仕事に対する同等の給与支払の確保、身体・心身障害者の雇用やインクルージョン（包摂）等への対応を開示することなど多岐にわたる。

時に、地球と社会の持続可能性に貢献する金融活動であるか否かを外形的に
峻別した上で、金融機関側の取組みの透明性を徹底させるというのが欧州の
サステナブルファイナンス政策の全貌である。

⑥　今後の展望と課題

　2021年7月に発表されたサステナブルファイナンス戦略では、主に㋐トラ
ンジションとトランジションファイナンスの重視、㋑持続可能性に関するリ
スクに対する経済システムと金融ステムの強靭性の強化、㋒国際的なイニシ
アティブと欧州連合と連携する各国への支援という3つの主要項目が示され
た。

　欧州委員会への助言組織である「サステナブルファイナンスに関するプ
ラットフォーム（Platform on Sustainable Finance）」[31]は、2022年2月に「社
会タクソノミーに関する報告」を、3月に「トランジションタクソノミーに
関する報告」と「水と海洋資源の持続可能な利用と保護、循環経済への移
行、汚染の防止と管理、生物多様性と生態系の保護と回復に関する技術的ス
クリーニング基準の推奨に関する報告」を各々、公表した。後者の4領域に
ついては、2023年4月にタクソノミー原案が欧州委員会から公開されてい
る。これらは、いずれもタクソノミーの今後の方向性を示唆している。

　国際的な連携の受け皿としては、「サステナブルファイナンスに関する国
際的な連携・協調を図るプラットフォーム（IPSF：International Platform on
Sustainable Finance）」が、2019年10月に設立された。2022年末では、19の
国・地域が参加し、世界共通のタクソノミーを作成するための議論や素案作
りを進めている。

　ただ、他方で2020年春以降、欧州域内でのCOVID-19の流行拡大、ウクラ
イナ戦争によるエネルギー供給の不安定化や価格上昇、インフレの進行と金
利上昇などの要因により、欧州のタクソノミーの整備や欧州が主導する国際
的な連携の強化がスピードダウンしていることも否めない事実である[32]。

31　57人のメンバーと11人のオブザーバーで構成、初回会合は2020年10月に開催。

3 多国間組織やイニシアティブへの波及

　サステナブルファイナンスをめぐる国際的な動向に関しては、UNEP FI や欧州委員会以外にも、多様な主体が同時並行的に活動を進めており、全体像が把握しにくい現状は否めない。本節では、各々の主体についての概説を試みる。

(1) G20

　G20[33]は、2015年4月の財務相・中央銀行総裁会議声明の付属文書で、金融安定理事会（FSB）に対して気候変動関連問題への金融セクターの配慮の在り方に関するレビューを諮問した。翌2016年には、「グリーンファイナンススタディグループ」を新たに設置し、グリーンファイナンスに対する制度的および市場の障壁と、グリーン投資のための民間資本の動員を強化するための選択肢を特定することを委嘱した。2018年には、同グループの任務を「持続可能な開発」の側面に拡張し、名称をサステナブルファイナンス研究グループ（SFSG）にした。さらに、2021年には、「G20サステナブルファイナンスワーキンググループ」（G20 SFWG）という名称の下グループは格上げされた。2021年10月には「G20サステナブルファイナンス・ロードマップ」の公表に至り、G20が持続可能な金融を拡大するための優先事項とみなしている5つの重点分野、19の行動を特定するとともに、行動の指標となるタイムラインを示し、どの主体が作業を実行する予定であるかを明記した。このように、サステナブルファイナンスは、先進国だけのものではなく、新興国・発展途上国においても政策的に追求されるべきものという理解が、G

32　一例として、2022年2月2日に欧州委員会が公表した、天然ガスや原子力を含める補完的な委任規則案をめぐるその後の議論（同年7月6日の欧州議会で承認）は、こうしたスピードダウンを物語る事例と位置付けられると考える。

33　G7に参加する7か国、EU、ロシア、および新興国11か国の計20の国々と地域から成るグループで、毎年、持ち回りで議長国を定め、G20首脳会合とG20財務相・中央銀行総裁会議を開催する。

20を通じて醸成された。

(2) FSBとTCFD

金融安定理事会（FSB：Financial Stability Board）は、2009年4月に設立された金融システムの脆弱性への対応や金融システムの安定を担う当局間の協調の促進に向けた活動を行う組織である。前述のG20からの諮問に応えて、2015年にFSBは「気候関連財務情報開示タスクフォース（TCFD：Task Force on Climate-related Financial Disclosures）」を設置した。TCFDは、気候関連データの利用者、提供者、他の有識者のそれぞれのカテゴリーからの多様な専門家から成る、民間主体のタスクフォースである。TCFDは2017年6月、気候関連リスクの効果的な情報開示に関する最終報告書（以下、「TCFD提言」）を発表し、金融機関や事業会社の気候関連リスクの情報開示に関する国際的なスタンダードを形作った。TCFD提言は、「ガバナンス」「戦略」「リスク管理」「指標と目標」の4項目について、気候変動に関連するリスクと機会の開示を企業に促すものであり、この開示の基本的枠組みはISSB（後述）にも引き継がれている。その後、2021年7月には「気候関連金融リスクに対処するためのFSBロードマップ」「金融安定に対する気候関連リスクをモニタリング・評価するためのデータの入手可能性に関する報告書」「気候関連開示の推進に関する報告書」を公表。2022年4月には、「気候関連リスクに対する規制・監督手法：中間報告書」を公表している。

(3) NGFS

気候変動リスク等に係る金融当局ネットワーク（NGFS：Network for Greening the Financial System）は各国の中央銀行および金融当局が自発的に参加する組織であり、2017年12月、パリで開催されたOne Planet Summitにおいて、8つの中央銀行・金融当局により立ち上げられた。2018年6月には日本の金融庁、2019年11月には日本銀行も参加し、2022年10月時点で、メンバーは121に拡大している。NGFSは持続可能な成長について、広範囲な文

脈でリスク管理を行い、気候変動対策に資本を集めるために、金融システム
の役割を強化することを目的としている。これを「金融システムのグリーン
化」と呼んで、優良事例を定義、普及し、同時に分析的な作業を遂行すると
している。発足以降、多数の報告書が作成され、公表されているが、このう
ち、金融監督・ミクロプルーデンシャル部会が2020年6月に公表した「グ
リーン、非グリーン、ブラウンの金融資産を扱った金融機関の経験と潜在的
なリスク差に関するステータスレポート」「気候関連および環境リスクを健
全性監督に統合する監督者のためのガイド」、マクロファイナンシャル部会
が2020年7月に公表した「中央銀行と監督当局のための気候シナリオ分析へ
のガイド」「中央銀行と監督当局のためのNGFS気候シナリオ」には、大き
な注目が集まった。

(4) IPSF

欧州委員会が国際的な連携の受け皿を2019年10月に設立したことは前節で
述べた。それが、「サステナブルファイナンスに関する国際的な連携・協調
を図るプラットフォーム」(IPSF) である。環境関連のサステナブルファイ
ナンスに係る優良事例を普及・促進するための情報交換や、各国の取組みの
比較、障壁および機会の特定等を目的として活動している。2022年11月時点
で18か国・地域がこのプラットフォームに参加している。注目されるのは、
EUと中国が主導でワーキンググループを立ち上げ、それぞれのタクソノ
ミーの間の共通性を特定するため、「コモン・グラウンド・タクソノミー(タ
クソノミーの共通項)」の策定を進めていることである。2021年11年のコモ
ン・グラウンド・タクソノミー[34]に関する報告書の発表はその成果の1つで
あり、72の気候変動緩和に資する経済活動を網羅している。

---

34 コモン・グラウンド・タクソノミーを用いることにより、たとえば、中国の発行体が
欧州でグリーンボンドや他のグリーン・アセットで資金調達を行うことが容易となっ
た。逆に中国でグリーンボンドを発行したい欧州連合の市場参加者についても同様のメ
リットが生まれる。実際、中国建設銀行は2021年12月にコモン・グラウンド・タクソノ
ミーに準拠したグリーンボンドを発行した。

加えて、2022年 2 月には、サステナブルファイナンスがタクソノミー、ラベル、ポートフォリオ管理などとどう整合を取っていくか、企業戦略や情報開示がどうトランジションの視点を統合できるかを検討するワーキンググループの設立を発表している。2022年11月には、「トランジションファイナンスに関するIPSF報告」を公表している。

(5) OECD

経済協力開発機構（OECD）は1972年に「汚染者負担原則」を提唱するなど、経済政策と環境政策を両立させ、成長をより環境に配慮したものにするよう各国への助言に努めてきた。また、多国籍企業が世界経済の発展に重要な役割を果たすとの認識の下、それら企業に期待される責任ある行動について取りまとめたガイドラインとして「OECD多国籍企業行動指針」を1976年に作成し、以降、改定を続けている。さらに、2018年には「責任ある企業行動のためのOECDデュー・ディリジェンス・ガイダンス」[35]を公表した。

サステナブルファイナンスに関しては、2016年に、「グリーンファイナンスと投資に関するセンター（Centre on Green Finance and Investment）」を設立して、民間部門、政府および規制機関、学界および市民社会のリーダー間の知識交換を可能とするグローバルプラットフォームを運営している。同センターからは、2020年10月の「サステナブルファイナンスの用語と分類の開発」、2021年 5 月の「生物多様性、自然資本と経済」、2022年 3 月の「水が枯渇する未来での金融」、2022年10月の「トランジションファイナンスに関するOECDガイドライン」などの有力な文書が公表されている。

---

[35] これは、事業者の活動が労働者、人権、環境、贈賄、消費者およびコーポレートガバナンスに負の影響をもたらす可能性があることも認識した上で、企業自らが事業、サプライチェーンおよびその他のビジネス上の関係に関連する負の影響を回避し、それらに対処するため、リスクベースのデュー・ディリジェンスを実施するよう求める勧告である。

(6) BCBS・IOSCO・IOSP・IAIS

　金融機関の監督における国際協力の推進を目的に設置された諸機関も近年、サステナブルファイナンスへの関心を高めている。バーゼル銀行監督委員会（BCBS）は2020年2月に初めて気候関連の財務リスクに関する作業部会を設置し、手始めに、各国の規制および監督イニシアティブを把握するための調査を実施し、2021年4月には「気候関連金融リスクの波及経路」および「気候関連金融リスクの計測手法」を公表、2021年11月には「気候関連金融リスクの実効的な管理と監督のための諸原則」の市中協議を開始した。こうした経緯を経て、2022年6月には「気候関連金融リスクの実効的な管理と監督のための諸原則」を公表するに至っている。

　証券監督者国際機構（IOSCO）の議論は特徴的である。IOSCOにおいて、サステナブルファイナンスに最初に焦点を当てたのは、「成長・新興市場委員会」であった。同委員会は2017年のIOSCO理事会の重点領域としての決定を受け、2018年には関係者との対話や情報収集を続け、2019年6月には、10の提言項目を含む「新興市場におけるサステナブルファイナンスと証券当局の役割」と題する報告書を発表した。また、市民セクターからの働き掛けに応えて、2019年1月には「証券発行者のESG課題の情報開示に関するIOSCO理事会声明」を発出し、この直前には新たに「証券監督当局のサステナブルファイナンス・ネットワーク」を設立した。2020年4月には、報告書「サステナブルファイナンス及び証券当局とIOSCOの役割」を公表、2021年11月には、報告書「ESG格付け及びデータ提供者」を公表している。

　年金監督者国際機構（IOSP）は、2019年10月、各国政府の私的年金基金監督当局に向けて、「年金基金の投資とリスクマネジメントにおけるESGインテグレーションに関する監督ガイドライン」を発表した。これは、拘束力を有するものではなく、年金基金にESG投資を誘導することを意図したものではないとしながらも、「ESG要素を年金基金の投資およびリスク管理プロセスに明示的に統合することが、受託者責任に沿ったものであることを、年

金監督当局は年金基金の管理機関または資産運用会社に明確にすることを推奨する」との一文をIOSPは盛り込んだ。

保険監督者国際機構（IAIS）においては、2021年5月に「保険セクターにおける気候変動リスクに関するイシューペーパー」を、2021年10月には「気候変動への対応を強化するためのIAISの取組み」と題するプレスリリースを発表している。ここでも保険監督当局が気候変動から生じるリスクに総合的に対処し、風評リスクに加えて物理的および移行リスクを考慮することを推奨している。

(7)　IFRS財団とISSB

国際財務報告基準の設定主体であるIFRS財団は2021年3月に国際的なサステナビリティ報告基準を設定する方針を公表した。2021年11月には、新たな基準策定のための機関として「国際サステナビリティ基準審議会（ISSB）」が設立され、TCFDも含む既存のイニシアティブの成果を基にサステナビリティ開示に関する包括的なグローバル基準策定の作業を進めている。「サステナビリティ関連財務情報の開示に関する全般的要求事項」および「気候関連開示」については草案がすでに公表されており、2023年6月までをめどに基準を発行するとしている。またIFRS財団には、国際会計基準審議会（IASB）とISSBの接続性を強化するためのチームも組成されており、将来的にはIASBとISSBの両基準を統合し、1つの報告基準とすることも視野に入れられている。

(8)　GFANZ

ネットゼロのためのグラスゴー金融同盟（GFANZ：Glasgow Financial Alliance for Net Zero）は、国連のカーニー気候変動問題担当特使とケリー米国気候問題担当大統領特使の呼び掛けで結成された、民間金融機関を中心とする新たなグループである（2021年4月21日に発表）。すべての参加機関は、国連の「レース・トゥ・ゼロ」キャンペーンに沿った科学的根拠に基づく計画の

策定を要件とすることが定められている。この結成以前には、同キャンペーンに賛同するグループとしては、Net-Zero Asset Owner Alliance（NZAOA）、ネット・ゼロ・アセット・マネジャーズ・イニシアティブ（NZAM）、パリ・アライメント・インベストメント・イニシアティブ（PAII）があったが、これらを傘下に置くとともに、ネットゼロバンキングアライアンス（NZBA）も発足させ、その後さらに、ネットゼロ保険アライアンス（NZIA）、ネットゼロファイナンシャルサービス提供者アライアンス（NZFSPA）、ネットゼロ投資コンサルタントイニシアチブ（NZICI）がGFANZの傘下に誕生した。

コミットメントの確立が参加機関にとっては必須となっており、たとえば、傘下のネットゼロバンキングアライアンス（NZBA）では、加盟行は、㋐自らの投融資に関連する温室効果ガス排出量について、少なくとも2030年（もしくはそれ以前）と2050年の目標を設定すること、㋑中間目標は当初の中間目標から5年ごとに設定すること、㋒加盟から18か月以内に炭素集約型セクター（農業、アルミ、セメント、石炭、商業用不動産・住宅、鉄鋼、石油・ガス、発電、運輸）の1つについて当初目標を設定するとともに36か月以内に9セクターをカバーすること、を求められる。

⑼　TNFD

2021年6月、UNEP FI、国連開発計画（UNDP）、世界自然保護基金（WWF）、グローバル・キャノピーの4組織が共同し、生態系や森林、河川など自然が失われることによる企業財務への影響をどう開示するかを検討する国際組織「自然関連財務情報開示タスクフォース（TNFD：Taskforce on Nature-related Financial Disclosures）」を正式に発足させた。TCFD気候関連財務情報開示フレームワークの構築成功を範とし、2023年中に、より幅広く自然環境全体に関する情報開示フレームワークの確立を目指す活動である。

国際的にも、同活動には支持が寄せられており、2021年6月のG7首脳会合コミュニケには、「自然関連財務情報開示タスクフォースの設立及びその提言に期待する」「自然への影響が政策決定に当たり十分に考慮されること

を確保するとともに、生物多様性及びこれを支える自然環境の損失の軌道を反転させる上で、世界を支援する責任を認識する」などの記述が入った。さらに、生物多様性の損失と気候変動といった課題にG7諸国が協力して取り組む「2030年自然協約（Nature Compact）」が附属文書として採択され、同年のG20ローマ首脳宣言でも「我々は、自然関連の財務情報開示の作業の重要性を認識する」の一文が載った。

2022年3月に開示フレームワークのベータv0.1版を、6月にベータv0.2版を、11月にベータv0.3版、2023年3月にベータv0.4版を公表している。これは各ベータ版に対する市場からのフィードバックを都度、反映して版を更新するという特色ある手法を採用している結果である。また、2022年11月時点で、130社以上の企業や金融機関がこのフレームワークに沿ってパイロットテストを進めており、2023年9月にリリース予定の最終版にはそれらの結果も反映される予定となっている。

4 終わりに

本章では、サステナブルファイナンスに関する国際的な足取りと最近の動向を概観した。しかし世界的に見れば、その概念整理は発展途上であり、金融行動の中で確固たる影響力を確立しているとは言い切れない。さまざまな批判もその存在を純粋化しようとする側とその存在を嫌悪する側の双方から生じている。

サステナブルファイナンスを純粋化しようとする側から発せられる代表的なものに「ウォッシュ批判」がある。これは、サステナブルファイナンスという言葉だけが独り歩きをしており、実際には適切な環境・社会側面の配慮がなされていない金融商品や金融行動がアセットオーナー、年金加入者、個人預金者に提供、提案されているという批判である。こうした批判に関連して、投資家保護などの観点から監督上の措置を講じる動きもある[36]。

反対に、嫌悪する側から発せられる代表的なものに「反ESG運動」がある。サステナブルファイナンスは、金融本来のリスク・リターンのパフォー

マンスを改善する根拠はなく、それを誘導・推進するような政策は自由な金融行動を阻害し、健全な市場機能に反するという批判である。具体的には、中央銀行は資源配分への影響や政策金融に踏み込むべきではない、金融機関をネットゼロに向けて連携するGFANZのような取組みは反トラスト法に抵触する懸念がある、年金基金等が環境・社会側面の配慮を行うというのは政治的意図の反映であって許されない、などがある。

　とりわけ、双方からの批判が対立を引き起こしているのは、米国であろう。すでにいくつかの州では、ESG投資に好意的な金融機関とは、公的年金の委託等を含むいかなる取引も行わないとの決定を下そうとする動きがある。そうした動きの背景には、ESG投資が地域経済に悪影響を及ぼすとする懸念も提起されている。2022年には、連邦議会下院では、ESG投資を制限する法案の提出が続いた[37]。2023年2月28日から3月1日には上下院が年金運用等でのESG考慮を禁じる決議を採択した（ただし、大統領が拒否権を行使）。このように米国では、サステナブルファイナンスが中絶権や銃規制と同様に、政治の分断の象徴的テーマの1つになってきている様相がある。

　ここから想起できるのは、「サステナブルファイナンスの普及や定着は、どのような経済社会モデルを理想とするのかに大きく依存する」という命題ではないか。サステナブルファイナンスに対する国際的動向は、日本国内の動向に比べておおいに進んでいると表現することは難しくないが、サステナブルファイナンスが今後、世界中で確実に主流化していくことを現在の国際的動向が保証しているわけではない点には、当然、留意が必要であろう。

36　米国証券取引委員会（SEC）は、2022年5月23日、自らのプレスリリースでBNYメロンインベストメントアドバイザー社が管理する複数の投資信託について、投資意思決定を行う際の環境、社会、ガバナンス（ESG）の考慮事項に関する虚偽表示および不作為があったとして、BNYメロンインベストメントアドバイザー社を告発したことを明らかにした。また同委員会は、11月22日には、ESG投資と銘打った2つの投資信託と1つの個別勘定に関連して規定や手続に不備があったとして、ゴールドマンサックスアセットマネジメント社に罰金を科した。

37　2022年3月18日提出の "Ensuring Sound Guidance（ESG）Act to Protect Investors and Preserve Access to Capital for Energy Producers" や2022年10月18日提出の "Safeguarding Investment Options for Retirement Act"。

第 **2** 章

日本政府における
サステナブルファイナンスの
取組み

金融庁 総合政策局 総合政策課長

高田　英樹

1 総　論

(1)　サステナブルファイナンス政策の発展の経緯

　本書冒頭の「はじめに」でも述べたように、筆者は2015〜2018年にパリ・OECDに出向し、グリーンファイナンスを担当した。2015年当時、筆者は財務省において約20年勤務しており、その間、金融庁や英国財務省への出向も経験したが、グリーンファイナンス、すなわち環境・気候変動問題と金融を結び付ける動きについては、ほぼ触れたことがなかった。筆者の知る限り、財務省や金融庁でもその認識はなく、日本政府では唯一、環境省（大臣官房環境経済課）が、「持続可能な社会の形成に向けた金融行動原則（21世紀金融行動原則）」を取りまとめるなど[1]、この分野で活動していた。

　2015年は、9月に国連でSDGsが採択され、12月にはパリで開催されたCOP21においてパリ協定が合意されるなど、世界のサステナビリティへの取組みについての一つの転換点となった年であるが、同時に、イングランド銀行総裁・金融安定理事会（FSB：Financial Stability Board）議長（当時）のマーク・カーニー氏がロンドンで気候変動による金融市場へのリスクに警鐘を鳴らすスピーチを行い、そうした問題意識の下、FSBが気候関連財務情報開示タスクフォース（TCFD：Task Force on Climate-related Financial Disclosures）を発足するなど、サステナブルファイナンスの進展についても画期的な契機となった。続く2016年にはG 20の財務大臣・中央銀行総裁会議の下に、当時の議長国であった中国のイニシアティブによりGreen Finance Study Groupが設置され、2017年には、気候変動に対応する世界の金融規制当局・中央銀行の連合として「気候変動リスク等に係る金融当局ネットワーク」（NGFS：Network for Greeting the Financial System）が設立されるなど、各国の政府・公的部門においても、気候変動・サステナビリティは、経済・

1　21世紀金融行動原則は、幅広い金融機関から自主的に参加したメンバーで構成する起草委員会によって2011年に策定され、環境省が事務局機能を担った。

金融問題として、財務省・金融規制当局・中央銀行が取り扱うテーマとなっていったのである。

　日本政府においても、サステナブルファイナンスの議論は近年、加速度的に進展している。いち早く取り組んでいた環境省においては、2016年より、「グリーンボンドに関する検討会」を開催し、2017年3月、国際資本市場協会（ICMA：International Capital Market Association）の「グリーンボンド原則」との整合性に配慮した、日本版の「グリーンボンドガイドライン」を策定した（以後2020年、2022年に改訂）。その後も、「ESG金融懇談会」（2018年）、「ESG金融ハイレベル・パネル」（2019年〜）など、さまざまな場において議論・検討を重ねている。2020年には同パネルの下にポジティブインパクトファイナンスタスクフォースとESG地域金融タスクフォースを設置し、前者は同年、「インパクトファイナンスの基本的考え方」を取りまとめた。また、とくに、地域におけるESG金融について重点的な取組みを行っており、「ESG地域金融実践ガイド」（2020年4月、以後随時改訂）を公表している。

　経済産業省は、従前より、産業政策・エネルギー政策を所管する立場から、環境・気候変動問題に携わってきたが、近年では金融・市場関係の施策にも深く関与しており、とくに、TCFDへの対応促進や、トランジション・ファイナンスについては政府内で主導的な役割を担っている。同省は2018年、「グリーンファイナンスと企業の情報開示の在り方に関する「TCFD研究会」」を開催し、その成果として、同年12月に「TCFDガイダンス」が公表された。さらに研究会の議論を踏まえて、2019年5月に民間主導の「TCFDコンソーシアム」が設立された（経済産業省・金融庁・環境省もオブザーバー参加）。トランジション・ファイナンスについては、2021年1月より、経済産業省・金融庁・環境省共催（事務局は経済産業省）による「トランジション・ファイナンス環境整備検討会」を開催し、同年5月、「クライメート・トランジション・ファイナンスに関する基本指針」を取りまとめた。さらに、経済産業省は、鉄鋼・化学・電力等の多排出産業分野におけるトランジション・ファイナンス推進のための、分野別ロードマップを順次策

定している。2022年8月には経済産業省・金融庁・環境省共催（事務局は経済産業省）による「産業のGXに向けた資金供給の在り方に関する研究会（GXファイナンス研究会）」を立ち上げ、同年12月、「施策パッケージ」を取りまとめた。

金融庁では、2014年に策定した「「責任ある機関投資家」の諸原則」（日本版スチュワードシップ・コード）において、機関投資家が考慮すべき事項としてESG要素にも言及し、改訂（2017年）、再改訂（2020年）において、さらにESGの位置付けを強化している。また、2018年6月には、NGFSに加入し、2019年3月には、チーフ・サステナブルファイナンス・オフィサーの任命を行うなど、じょじょにサステナブルファイナンスへ関与する体制を築いてきた。そして、2020年12月、「サステナブルファイナンス有識者会議」（以下、「有識者会議」）を設置した。

有識者会議は、2021年1月から審議を開始し、同年6月には最初の報告書（「有識者会議第一次報告書」）を取りまとめた。さらに、2022年7月には、新たな報告書（「有識者会議第二次報告書」）を公表している。以下、これらの報告書の内容を踏まえ、一部を引用しつつ、金融庁におけるサステナブルファイナンス政策の概要について述べる[2]。なお、次章以降のテーマ別の詳述と重複する部分もあると思われるがご容赦いただきたい。

(2) さまざまな政策アプローチ

サステナブルファイナンスは、公的資金・民間資金両方を含み得る概念であるが、一般に、民間資金に重点を置いて論じられることが多く、それは日本政府の政策の文脈でも同様である。民間資金、すなわち、民間の金融機関や投資家により提供・運用される資金である以上、それは市場原理の中で、民間主体の需要・供給を反映して配分されることが原則である。実際、サステナブルファイナンスは基本的に、主に欧米の市場の中で、民間ベースで発

---

[2] 金融庁におけるサステナブルファイナンスの取組みの概要については以下を参照。
https://www.fsa.go.jp/policy/sustainable-finance/index.html

〔図表2-1〕 有識者会議第一次報告書（概要）

第1章　総論

〈基本的視点〉

　サステナブルファイナンスは、持続可能な経済社会システムを支えるインフラ。民間セクターが主体的に取り組むとともに、政策的にも推進すべき。

〈横断的論点〉

　ESG要素を考慮することは、受託者責任を果たす上で望ましい対応。

　インパクトファイナンスの普及・実践に向け、多様なアイディアを実装していくことが望ましい。

　タクソノミーに関する国際的議論への参画、トランジション・ファイナンスの推進（分野別ロードマップの策定等）が重要。

第2章　企業開示の充実

　投資家・金融機関との建設的な対話に資する、サステナビリティ情報に関する適切な企業開示のあり方について幅広く検討を行うことが適当。

〈サステナビリティ〉

　比較可能で整合性のとれたサステナビリティ報告基準の策定に向け、日本として、IFRS財団における基準策定に積極的に参画すべき。

〈気候関連〉

　コーポレートガバナンス・コードの改訂（2021年6月）を踏まえTCFD等に基づく気候変動開示の質と量の充実を促すと共に、国際的な動向を注視しながら検討を継続的に進めていくことが重要。

第3章　市場機能の発揮

　「グリーン国際金融センター」の実現により、世界・アジアにおける持続可能な社会の構築に向けた投融資の活性化に貢献。市場の主要プレイヤーが、期待される役割を適切に果たすことが必要。

〈機関投資家〉

　ESG投資の積極的な推進やエンゲージメントに向けたコミットメントを強化することが重要。また、脱炭素化支援を目的とする国際的な取組みに参画し、情報収集や能力向上に努めるべき。

〈個人の投資機会〉

　ESG関連投資信託の組成や販売に当たって商品特性を顧客に丁寧に説明するとともに、その後の選定銘柄の状況を継続的に説明すべき。金融庁において、資産運用業者等に対するモニタリングを進めることが重要。

〈ESG評価・データ機関〉

　金融庁において、ESG評価・データ提供機関に期待される行動規範のあり方等について、議論を進めることを期待。

〈ESG関連プラットフォーム〉

　諸外国における取引所の取組み例を踏まえ、グリーンボンド等に関する実務上有益な情報が得られる環境整備や、ESG関連債の適格性を客観的に認証する枠組みの構築を期待。

> ### 第4章　金融機関の投融資先支援とリスク管理
>
> 　金融機関が、サステナビリティに関する機会とリスクの視点をビジネス戦略やリスク管理に織り込み、実体経済の移行を支えることが重要。
>
> 〈投融資先支援〉
>
> 　投融資先の気候変動対応支援のため、ノウハウの蓄積やスキルの向上、分析ツールの開発等を進めることが重要。
>
> 〈リスク管理〉
>
> 　金融庁において、金融機関とシナリオ分析の活用について議論を進めるなど、気候変動リスク管理態勢の構築を促すことが適当（上記の投融資先支援に加え、気候変動リスク管理に係る監督上のガイダンスを策定）。

（出所）　有識者会議第一次報告書（2021年6月）。

展してきた。しかし、サステナブルファイナンスは社会課題の解決といった公的な目的に資する金融であり、市場原理のみでは、最適な配分がなされないおそれがある（いわゆる「市場の失敗」）。そこで、これを促進するための政策的介入が検討されることとなる。

　政策的介入には、市場における需要・供給や価格に直接働き掛ける、いわば直接的介入と、市場の枠組みの整備を通じた間接的介入がある。直接的介入の典型例は、カーボンプライシングや補助金の支出である。再生可能エネルギーについての固定価格買取制度（FIT：Feed-in Tariff）もこうした政策の一つである。他方、市場の機能を通じてサステナブルファイナンスを促進する施策として、たとえば情報開示に関する枠組みの整備がある。これには、TCFDのように任意のものもあれば、有価証券報告書を通じた法定開示のように、一定の義務付けを伴うものもある。

【図表2-2】 サステナブルファイナンスの取組みの全体像

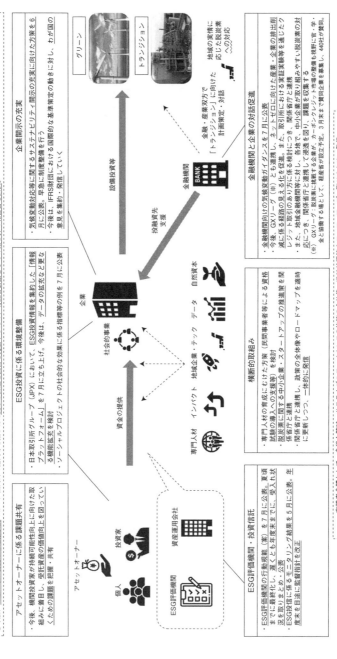

・金融庁サステナブルファイナンス有識者会議は、昨年6月に報告書を公表し、「企業開示の充実」、「市場機能の発揮」、「金融機能の発揮」などのサステナブルファイナンスの推進策について、提言。
・今般、この1年の各施策の進捗状況のほか、国内外の動向等を踏まえ更なる課題と提言を発信するため、有識者会議としての第2弾の報告書を公表。

アセットオーナーに係る課題共有
・今後、機関投資家が持続可能性向上に向けた取組みに着目し、受託資産の価値向上を図っていくための課題を把握・共有

ESG投資に係る環境整備
・日本取引所グループ（JPX）において、ESG投資情報を集約した「情報プラットフォーム」を7月に立ち上げ。今後は、データの拡充など更なる機能拡充を検討
・ソーシャルプロジェクトの社会的な効果等に係る指標等の例を7月に公表

企業開示の充実
・気候変動対応等に関するサステナビリティ開示の充実に向けた方策を6月に公表、早急に制度整備を行う
・今後は、IFRS財団における国際的な基準策定の動きに対し、わが国の意見を集約・発信していく

アセットオーナー
投資家
個人
資産運用会社

ESG評価機関・投資信託
・ESG評価機関の行動規範（案）を7月に公表。夏頃までに最終化し、遅くとも年度末までに、受入れ状況をとりまとめ・公表
・ESG投信に係るモニタリング結果を5月に公表。年度末を目途に監督指針を改正

専門人材 インパクト 地域企業 テック データ 自然資本
社会的事業
資金の提供
企業
投融資先支援
設備投資資金

横断的取組み
・専門人材の育成に向けた方策（長期事業者等による資格試験の導入等の支援策）を検討
・脱炭素に関する中小企業・スタートアップの推進策を関係省庁と連携
・関係省庁と連携し、政策の全体像やロードマップを適時に更新しつつ、一体的に発信

金融機関等

金融機関と企業の対話促進
・金融機関向けの気候変動ガイダンスを7月に公表
・今後、GXリーグ（※）と連携し、ネットゼロに向けた産業・企業の排出削減に係る経路のあり方等を検討。また、取引所における産業・企業の出削減やトランジションに係る実証実験等を関係省庁と連携
・また、地域金融機関等に対し、各地で、中小企業が取り組みやすい脱炭素への対応につき、関係省庁と連携して普及を図り、課題を収集する
（※）GXリーグ：脱炭素に挑戦する企業が、カーボンクレジット市場の整備も視野に官・学・産につき、関係省庁が設立予定。3月末まで賛同企業を募集し、440社が賛同。

グリーン

トランジション

地域の実情に応じた脱炭素への対応
・金融・産業双方でトランジションに向けた計画策定・対話

（出所） 有識者会議第二次報告書（2022年7月）。

有識者会議として、今後も随時、サステナブルファイナンスの施策の全体像・進捗状況等をフォローアップ・取りまとめ、発信

【図表2−3】 サステナブルファイナンスの取組みの工程表

	2022年1〜6月（進捗）	7〜12月（課題）
開示の充実	有価証券報告書におけるサステナビリティ情報の充実、金融審議会ディスクロージャーWGにおいて取りまとめ（6月公表）	東証プライム市場上場企業に対して、TCFD又はそれと同等の国際的枠組みに基づく開示の質と量の充実
		取りまとめを踏まえ早急に制度整備
	国際会計基準（IFRS）財団におけるサステナビリティ開示の基準策定の動きをに、SSBJを中心として、国内の意見集約・国際的な意見発信を行う	
市場機能の発揮		
アセットオーナー		機関投資家が企業の持続可能性の向上に向けた取組みに着目し、受託資産の価値向上を図っていくための課題等を把握・共有
ESG投信	ESG投信の実態調査を実施　資産運用会社への期待を公表（5月）	資産運用会社に適切な態勢構築や開示の充実等を一層求めていく
ESG評価機関	有識者会議専門分科会で、評価機関等の課題と、企業・投資家への提言を取りまとめ	ESG評価機関等の行動規範を夏頃までに最終化し賛同を呼びかけ
情報プラットフォーム	JPX検討会で中間報告を公表（1月）　ESG債券等に関する情報プラットフォームを構築し、サービス提供を開始（7月立ち上げ）	今後の機能拡充などについて検討（企業のESGデータ拡大等）、プラットフォームの利便性向上、対象金融商品の拡大等
ソーシャル・グリーンB	ソーシャルプロジェクトの社会的な効果を測定する指標集を公表　グリーンボンド及びサステナビリティ・リンク・ボンドガイドラインの改訂	遅くとも年度末までに受入れ状況を取りまとめ・公表　各ガイドラインを活用し、融資と合わせた発行の促進・周知
金融機関の機能発揮	シナリオ分析のパイロットエクササイズの実施・公表	エクササイズで特定された課題について、金融機関と議論し、シナリオ分析の手法・枠組みの継続的な改善
	金融機関向けの気候変動ガイダンスについて、4月に案を公表、7月に最終版を公表	金融機関との対話を通じ、気候変動対応の取組状況や課題を把握、金融機関等による産業・企業との対話を支援
		地域金融機関等に、地域で取り組みやすい脱炭素の施策を浸透
横断的施策	分野別ロードマップ	ロードマップの対象分野の拡大、ロードマップの排出経路を定量化した計量モデルの策定等
	カーボンクレジット検討会	GXリーグ構想の実現に向けた検討
	フェーズI（基本的手法）	インパクト投資検討会の「フェーズII」として、資産区分別に投資手法のあり方について議論
中小・テック		脱炭素に関する中小企業・スタートアップの進捗や、データの活用方法等を検討
データ		地域の金融機関・企業等にも有用なデータの活用方法等を検討
専門人材		専門人材の育成に向けた方策（民間事業者等への支援等）を検討
その他		自然資本・生物多様性について国際的な議論を踏まえ検討

※関係省庁の施策や関係省庁と連携して進める施策について記載し、その他にも、各省・関係機関等で様々な取組を実施。今後、関係省庁と連携し、政府のサステナブルファイナンス政策の全体像やロードマップを適時に更新しつつ、一体的に発信。

（出所） 有識者会議第二次報告書（2022年7月）。

さらに、こうした市場の枠組みの整備には、プリンシプル・ベース（原則主義）とルール・ベース（細則主義）という２つのアプローチがある。プリンシプル・ベースとは、抽象度の高い一定の原則（プリンシプル）のみを示し、その遵守について、市場参加者の自主的な判断を尊重するものである。たとえば、グリーンボンドに関するICMAの「グリーンボンド原則」や、これと整合的に策定された環境省の「グリーンボンドガイドライン」は、プリンシプル・ベースといえる。これに対し、ルール・ベースのアプローチは、あらかじめ詳細な基準を示し、その遵守を求める。EUでは、サステナブルとされる技術について、タクソノミーと呼ばれる詳細な基準が定められ、法的な制度として導入されているが、これはルール・ベースの色彩が強いといえよう。

　これらのさまざまな政策アプローチは、どれが優れているというものではなく、目的に応じ組み合わせて活用していくこととなる。有識者会議第一次報告書では、金融庁のサステナブルファイナンス政策について、「企業開示の充実」「市場機能の発揮」「金融機関の投融資先支援とリスク管理」の３つの柱を立てて記述しており、その枠組みは、有識者会議第二次報告書にも引き継がれている（〔図表２－１〕〔図表２－２〕）。以下も、おおむねその柱建てに沿って政策を解説するが、がいして金融庁の政策は、上記の政策アプローチの中では、市場の枠組みの整備を通じた間接的介入が中心であり、かつ、現時点では、プリンシプル・ベースの手法に重きを置いているという特徴がある（〔図表２－３〕）。

２ 企業開示の充実

　適正な企業開示は、資本市場が健全に機能するために不可欠な前提条件である。同様に、企業によるサステナビリティ情報の開示は、サステナブルファイナンスを支える土台というべき重要な柱である。前述のように、2015年のTCFD発足が、同年以降のサステナブルファイナンスの飛躍的な発展と軌を一にすることも偶然ではない。

2022年4月から東京証券取引所における上場株式の市場区分が再編され、プライム市場が発足した。同市場に上場する企業については、2021年に改訂されたコーポレートガバナンス・コードにおいて、「国際的に確立された開示の枠組みであるTCFDまたはそれと同等の枠組みに基づく開示の質と量の充実を進めるべきである」こととされており、これに基づく開示の充実が進みつつある[3]。

　金融審議会では、近年の企業経営や投資家の投資判断におけるサステナビリティの重要性の急速な高まり等を踏まえ、ディスクロージャーワーキング・グループを設置して議論を進め、2022年6月、報告書を取りまとめた。この報告書を踏まえ、有価証券報告書にサステナビリティ情報の「記載欄」を新設することとしている。金融庁において、2023年1月に関連する内閣府令の改正を行い、2023年3月期以降から適用している。

　この「記載欄」においては、TCFDや国際サステナビリティ基準審議会（ISSB：International Sustainability Standards Board）といった国際的なフレームワークと整合的に、「ガバナンス」「戦略」「リスク管理」「指標と目標」の4つの構成要素に基づく開示を行うこととし、「ガバナンス」と「リスク管理」はすべての企業が開示し、「戦略」と「指標と目標」は、各企業が「ガバナンス」と「リスク管理」の枠組みを通じて重要性を判断して開示することとしている。

　また、国際会計基準財団（IFRS財団）の下に、2021年11月、ISSBが設置され、国際的なサステナビリティ開示基準の策定が進んでいる。日本としても2022年7月にサステナビリティ基準委員会（SSBJ：Sustainability Standards Board of Japan）を設置し、これを中心として、積極的に意見発信を行っている。サステナビリティ情報については、国際的な比較可能性の担保等の観点から、SSBJにおいて、ISSBが策定する基準を踏まえ、速やかに具体的開示内容を検討することとしており、その後、当該具体的開示内容を有価証券

3　2023年5月25日時点で、日本では世界最多となる1,342の企業・機関がTCFDへの賛同を表明している（TCFDコンソーシアム取りまとめ）。

報告書の「記載欄」へ追加する検討を行うことが考えられる。

　政府が掲げる「新しい資本主義」の実現に向けた議論の中では、人への投資の重要性に着目している。近年、人的資本や多様性は、長期的に企業価値に関連する情報として、機関投資家にも着目されており、国際的にも人的資本の情報開示の議論が進んでいる。こうしたことを踏まえ、投資家の投資判断に必要な情報を提供する観点から、人への投資に関して「人材育成方針」や「社内環境整備方針」、多様性に関して、「女性管理職比率」「男性の育児休業取得率」「男女間賃金格差」を有価証券報告書の開示項目とすることとしている。

3 　市場機能の発揮（ESG市場の整備・高度化）

(1)　ESG関連投資信託の透明性向上

　ESGやSDGsに対する関心の高まりを背景に、ESG関連公募投資信託（以下、「ESG投信」）の設定が相次いでおり、注目を集めている。一方、これらのESG投信については、「環境配慮をうたいながら、実際の運用プロセスは異なっており、投資家の誤解を招いているのではないか」との懸念も指摘されている（いわゆるグリーンウォッシュ問題）。

　資産運用会社の採用するESG投資手法はさまざまであるが、ESGを主たる要素として投資先の選定を行っている場合もあれば、企業分析の一要素として考慮しているにとどまる場合もある。さらに、資産運用会社によって、投資銘柄選定時におけるESG要素の考慮や、その後のエンゲージメント活動の深度には差が見られる。こうしたさまざまな種類のESG投信の実態と、一般投資家が有するESG投信への期待との間に差異が生じていることが、グリーンウォッシュ問題の要因の一つとなっていると考えられる。

　2021年11月以降、金融庁において、ESG投信を取り扱う国内の資産運用会社37社・ESG投信225本を対象に調査を実施し、2022年5月、「資産運用業高度化プログレスレポート2022」を公表した。それによれば、ESG投信の中に

は、運用プロセスにおいてどのようにESGを考慮したのか、それがどのように投資先企業の中長期的な成長への期待と結び付くのかといった説明が不十分であったり、抽象的にとどまっているものが見られた。また、ESG投信を取り扱っているにもかかわらず、ESG専門人材が1人もいないなど、組織体制に課題の見られる会社もあった。

こうした調査結果を踏まえ、上記レポートの中で、「ESG投信を取り扱う資産運用会社への期待」が示されている。この「期待」においては、ESG投信を提供する資産運用会社に対して、投資家が投資商品の内容を正しく理解し、適切な投資判断を行えるよう、運用プロセスの実態に即した一貫性のある形で、適切な情報提供や開示を行うことや、ESG担当部署の設置やESG専門人材の確保等、ESG投資を実施するための実効的な体制整備を進めることなどを促している。

このレポートを踏まえ、金融庁においては、資産運用会社等の関係者との対話を継続し、2023年3月、資産運用会社に適用される監督指針の改正を行った。なお、海外では、EUにおいて金融商品に関するサステナブル金融開示規制（SFDR）が導入されており、米国でも、2022年5月にSECがESG投信に関する開示規則案を公表するなどの動きが出ている。日本においては、まずは新たな監督指針の下で、資産運用会社の自主的な取組みによる透明性向上が期待されるが、将来的に更なる規制措置が必要かどうか、市場の発展を注視していく必要がある。

(2) ESG評価・データ提供機関の行動規範

ESG市場が拡大する中で、企業のESGに関する取組状況等について情報を収集・提供し、評価を行う「ESG評価・データ提供機関」の役割が増大している。それに伴い、これらの機関について、評価の透明性と公平性、ガバナンスと中立性、人材の登用や企業の負担等の課題が指摘されている。

こうした問題意識を受けて、2022年2月、サステナブルファイナンス有識者会議の下に「ESG評価・データ提供機関等に関する専門分科会」を設置

し、ESG評価・データ提供機関に適用すべき「行動規範」について議論を行った。そして専門分科会は同年7月に報告書を取りまとめ、公表した。

報告書は全体として、IOSCOが2021年11月に公表したESG評価機関等に関する報告書を基にしつつ、直近の日本の状況等を踏まえて独自に深化・拡張した上で取りまとめている。その中で、ESG評価・データ提供機関の「行動規範」の案を示すとともに、インベストメント・チェーン全体を通じた環境整備が重要との観点から、評価を利用する主体である投資家および評価の対象となる企業への提言も盛り込んでいる。評価機関、投資家、企業が相互に対話を行い、これらのプレイヤーから成るエコシステムが全体として向上していくことを目指すものである。

「行動規範」の案については、金融庁においてパブリックコメント手続を実施し、一部を修正の上、2022年12月に「ESG評価機関・データ評価機関に係る行動規範」として正式に公表した。その上で金融庁は、いわゆる「コンプライ・オア・エクスプレイン」の手法で、ESG評価・データ提供機関に対し賛同を呼び掛けている。ESG評価に関しては2023年6月、データ提供については2024年6月めどの賛同状況を公表することとしている。

(3)　情報プラットフォーム

ESG市場が有効に機能するためのインフラ整備として、ESG債等に関する情報プラットフォームの構築が有識者会議第一次報告書により提言された。これを受け、2021年10月、日本取引所グループ（JPX）において、「サステナブルファイナンス環境整備検討会」を設置して議論を進め、2022年1月、検討会の中間報告書を取りまとめ、公表している[4]。

中間報告書は、ESG投資には、一般の株式・債券投資と比べて、発行価格等の取引情報にとどまらないESGに係る幅広い情報が欠かせないが、現在はこうした情報が十分集約されていないことを指摘している。その上で、JPX

4　https://www.jpx.co.jp/news/0090/20220131-01.html

において、債券等の発行情報、発行体のESG戦略、外部評価の情報、インパクトを含むレポーティング情報等を集約する「情報プラットフォーム」を立ち上げることとしている。この中間報告書を受けて作業が進められ、2022年7月、「ESG債情報プラットフォーム」が発足し、JPXのホームページ[5]からアクセス可能となっている。

　今後、情報プラットフォームにおいて、実務者の理解促進や裾野の拡大にも資するよう、教育コンテンツの提供拡充を図るほか、企業のESG関連の情報・データの集約等の検討を進めていくこととしている。また、ESG債のほか、ESG関連投資信託など、データを集約する範囲を他の金融商品へと順次拡大していくことが期待される。

(4)　ソーシャルボンド

　持続可能性に係る課題については、気候変動をはじめとする環境課題のほか、貧困・飢餓、健康・福祉、教育、格差およびジェンダー平等といった、多様な社会的課題が存在する。また、我が国では、高齢社会への対応や地方創生・地域活性化などの課題も考えられる。

　これら社会的課題の解決に向けた資金を調達するソーシャルボンドについては、世界的に発行が拡大する中で、国内では公的セクターによる発行例が多く、民間企業による発行はいまだ限定的との指摘があった。経済界等からも、我が国の状況に即した詳細なガイドライン（実務指針）の策定を望む声があり、2021年3月、有識者会議の下に「ソーシャルボンド検討会議」を設置した。

　同検討会議における議論やパブリックコメントを踏まえ、国際標準であるICMAのソーシャルボンド原則との整合性に配慮しつつ、先進国課題を多く抱える我が国の状況にも対応する「ソーシャルボンドガイドライン」を、金融庁において2021年10月に確定・公表した。

5　https://www.jpx-esg.jp/

同ガイドラインでは、ソーシャルボンドの発行に当たって、発行体が、ソーシャルプロジェクトの社会的な効果等を適切な指標を用いて開示すべきとしている。一方、民間企業による国内のソーシャルボンドの発行事例はいまだ限定的であり、国内では指標を用いた開示事例の十分な蓄積がなされていない。このため、同検討会議の下に「ソーシャルプロジェクトのインパクト指標等の検討に関する関係府省庁会議」が設置され、発行体における社会的な効果の開示の参考となるよう、ソーシャルボンドガイドラインの付属書4として、2022年7月、「ソーシャルプロジェクトの社会的な効果に係る指標等の例」を取りまとめた。

　同文書においては、我が国の社会的課題に対処する具体的なソーシャルプロジェクトを17種類例示した上で、各例において当該プロジェクトの社会的な効果がどのような過程によりインパクトに至るかを図示し、アウトプット、アウトカムおよびインパクトの各段階における社会的な効果を示すために用いる指標等を例示している。今後は、同文書を含むガイドラインのよりいっそうの普及等を通じて、民間企業におけるソーシャルボンドの発行の促進が図られることが期待される。また、この枠組みは、ソーシャルボンドにとどまらず、より広いSDGs関連融資や、インパクト投資についても活用が可能と考えられる。

(5)　インパクト投資

　いわゆるESG投資は、環境や社会課題への考慮を投資判断の要素として組み込むものであり、投資先のスクリーニングや相対的な優先順位付けという形態を取ることが多いが、より積極的に、環境・社会的な効果（「インパクト」）の創出を意図する事業に投資するインパクト投資について、近年関心が高まっている。

　金融庁とGSG（The Global Steering Group for Impact Investment）国内諮問委員会の共催により、2020年6月から「インパクト投資に関する勉強会」を開催し、その議論内容を、「第一フェーズの到達点と今後の課題」として、

2021年9月に取りまとめた[6]。さらに、インパクト創出と経済的リターンが相関する例について認知向上を図ること、多様な関係者をインパクト投資に呼び込むよう、投資・融資等の資産種別に応じた投資手法を進化させていくこと等の課題に取り組むべく、第二フェーズで議論を行っていくこととしている。

そして、2022年6月に閣議決定された「経済財政運営と改革の基本方針2022」（骨太の方針2022）では、「従来の「リスク」「リターン」に加えて「インパクト」を測定し、「課題解決」を資本主義におけるもう一つの評価尺度としていく必要がある」とし、同時に決定された「新しい資本主義のグランドデザイン及び実行計画」においても、「インパクト投資（経済的利益の獲得のみでなく社会的課題の解決を目指した投資）を推進する」と明記するなど、政府全体としてインパクト投資を推進する姿勢が顕著となっている。

こうした動きを受け、金融庁において、2022年10月より、サステナブルファイナンス有識者会議の下に、「インパクト投資等に関する検討会」を設置し、インパクト投資の拡大に向けた議論を進め、2023年6月に報告書を取りまとめた。報告書ではインパクト投資に求められる要件等を示す「基本的指針」案を示し、市中協議に付すとともに、関係者による「コンソーシアム」の立上げを提言している。

また、政府の健康・医療戦略推進本部が2022年5月に公表した「グローバルヘルス戦略」においても、とくにグローバルヘルス分野について、投資により見込まれるインパクトの適切な測定・可視化について検討を行っていくものとしている。同本部の下に、2022年9月、「インパクト投資とグローバルヘルスに係る研究会」を設置し、2023年3月に報告書を取りまとめた。

⑹ 受託者責任とアセットオーナーの役割

気候変動対応を含め、サステナビリティ分野への資金供給を拡大していく

---

6 https://impactinvestment.jp/news/research/20210929-2.html

ためには、多数の者から資産を預かり運用する機関投資家の役割が重要である。機関投資家においては、サステナビリティの観点からの投資先の事業リスクの考慮とあわせて、中長期的な視点をもって必要資金を提供し、企業の対応を支援するとともに、自らの資産の成長・持続可能性の増大と、受益者の便益の向上を図ることが期待される。

有識者会議第一次報告書では、こうした観点から、機関投資家において、スチュワードシップ・コードの受入れや、責任投資原則（PRI：Principles for Responsible Investment）への署名、TCFDに基づく開示など、ESG投資の積極的な推進やエンゲージメントに向けたコミットメントを強化すること、また、企業との対話を実効的に行うため組織構築や人材育成に向けた取組みを進め、国際的な取組みに積極的に参画していくこと等を課題としている。

我が国では、スチュワードシップ・コードの受入れ表明を行った署名機関は、2023年4月末時点で324に、およびPRIの署名機関も機関投資家を中心として着実に増加している。また、2022年4月から東証プライム上場企業に対しTCFD等に基づく開示が求められることともあいまって、機関投資家が、自らの投資やエンゲージメントの方針を明らかにし、企業との間で対話を深化する動きが見られている。

こうした機関投資家のインベストメントチェーンの上流に位置し、アセットマネジャー（資産運用会社）に指示を与える立場にあるアセットオーナー（企業年金、公的年金基金、生命保険会社等）の役割は、とりわけ重要である。しかし、日本では欧米と比べても、アセットオーナー（特に年金基金）におけるサステナビリティ・ESGへの取組みが十分でなく、PRIへの署名機関数も少ないといった指摘がある。アセットオーナーについては、受益者や基礎となる契約・資産の特性を含め多様な主体が存在し、その運用実態もさまざまであり、特に企業年金については、運用の専門家が少ない等、体制面での課題も指摘されている。

なお、こうした議論に当たっては、アセットオーナー等がESG課題を考慮することと受託者責任との関係についても、理解を深めていくことが重要と

なる。ESG投資と受託者責任との関係について、以前は、受託者責任は受益者の金融的リターンを追求するものであり、ESGといった「非財務的」要素を考慮することは、これに反するとの考え方もあった。しかし近年では、ESG要素の考慮は、中長期的に財務的なリスクの軽減・リターンの確保に資するものであり、受託者責任に反しない、むしろ望ましい対応であるとの議論が国際的に主流となってきている。有識者会議第一次報告書でも、同様の整理を記述している。我が国の政府の文書でこうした考え方が明記されたことは、画期的なことと言えよう。

しかし、我が国のアセットオーナー、とりわけ年金基金においては、受託者責任を限定的に解し、短期的な運用パフォーマンスを過度に重視する傾向も、関係者の中に見られる。アセットオーナーが中長期的に受託者責任を果たしていく観点からの、ESG要素の考慮について、基本的な考え方を整理・共有していくことが望ましい。

また、アセットオーナーの最終受益者が、明示的ないし黙示的にESGへの志向を持っている場合がある。たとえば企業年金において、母体企業がSDGsやESGへのコミットを行っているケースはしばしばある。また、企業に勤める従業員など、当該年金基金の最終的な受益者である個人の間では、SDGsの機運の高まり等も背景に、運用資産の長期的成長に資するサステナビリティの考慮に関心が高まっているとの指摘もある。また、公的年金については、そのスポンサーである政府や自治体の多くが全体としてESGを推進しており、公務員共済年金の場合、政府や自治体で勤務する公務員が最終受益者でもある。このような、最終受益者の意向をどのように把握し、運用方針に反映させるのかは、今後の検討を要する課題である。

今後、まずは、多様なアセットオーナー、アセットマネジャー、所管省庁、有識者、国際機関等が相互に連携し、アセットオーナーが、投資先企業の成長・持続可能性の向上に向けた取組みに着目し、自らも保有・受託資産の持続的増大を図っていくために現状どのような課題があり得るか、把握・共有を図っていくことが重要であり、金融庁の「2022事務年度金融行政方

針」にもそうした方向性が示されている。

(7) 専門人材の育成

サステナブルファイナンス市場が拡大する中、その専門知見を有する人材の育成・充実が、喫緊の課題となっている。金融機関のほか、機関投資家、コンサルティング会社、シンクタンク等、多様な業態において、人材の獲得競争が行われており、一般企業においても、今やサステナビリティやESGに関する知見が欠かせない。

一部の金融関係団体において、サステナビリティに特化した研修や資格試験の提供やその検討が進んでいるほか、大学等においても、環境や社会課題の解決に向けたさまざまな講義等が提供されつつある。金融庁やサステナビリティ領域の人材育成に知見を有する専門機関や企業、団体、コンソーシアム、その他有識者が連携を図り、こうした研修や資格試験を通じて獲得できると考えられる知見・技能と、サステナブルファイナンスの実施のために実務的に必要とされる知見・技能の一覧（スキルマップ）を整備することの重要性が、有識者会議第二次報告書でも指摘されている。

2022年9月に開催された有識者会議において、海外の事例も踏まえて作成された、スキルマップの素案が示され、議論が行われた。その議論も踏まえ、修正を加えた「人材育成のためのスキルマップ（サステナブルファイナンス）」が、同年12月の有識者会議で公表されている。今後、これを周知しつつ、研修や資格試験などを積極的に後押ししていくとともに、関係者の協力を得ながらさらにスキルマップの充実を図っていくことが望まれる。

また、人材の厚みを増していくためには、実務に加わる以前、すなわち就学期から、サステナブルファイナンスに係る知見を提供していく取組みも重要である。政府では従前より学校等における金融経済教育に取り組んできた。さらに、2022年11月に策定した「資産所得倍増プラン」においては、新たに金融経済教育推進機構を設立し、官民一体となって、国全体として、取組みを強化していくこととしている。こうした金融経済教育の一環として、

金融とサステナビリティの関係についても教えることとすれば、少なからぬ生徒・学生が関心を持ち、将来サステナブルファイナンスを担う人材として育っていくことも期待できるのではないか。

4 金融機関における気候変動対応

(1) 金融機関のリスク管理

間接金融の比率が高く、企業とのリレーションにおいても、諸外国と比べても金融機関が重要な役割を果たしている我が国においては、金融機関の機能発揮が重要となる。

気候変動とそれがもたらす社会的・経済的変化は、さまざまな業種の企業にとって、大きなリスク要因であり、同時に、適切に対応すれば、収益機会ともなり得る。また、個別の企業への影響にとどまらず、産業構造の転換をもたらす可能性がある。

金融機関としては、投融資先である顧客企業の気候変動関連のリスクを把握し、自らのリスク管理を適切に行うことが求められる。また、顧客企業との間で建設的な対話を行い、これらの企業の気候変動対応への支援を通じて、リスクの低減と新たな機会の創出につなげていくことが重要となる。

気候変動リスクの多くは、中長期的に顕在化していくことに留意が必要である。金融機関においては、自らのビジネス特性を踏まえつつ、気候関連リスクが各カテゴリー（信用リスク、市場リスク、流動性リスク、オペレーショナルリスク等）のリスクに中長期的にどのように影響するかを評価し、対応することが求められる。また、災害の激甚化・頻発化といった物理的リスクはすでに世界で顕在化しており、今後さらにこれが悪化していくことをも視野に入れた対応が重要である。たとえば、2022年5月に公表されたイングランド銀行による英国の主要な銀行・保険会社への気候変動関連ストレステスト[7]では、脱炭素対策が十分に行われない場合の物理的リスクによる経済・金融機関への影響を捉え、金融機関の態勢整備等を促している。

金融庁においては、2022年７月に「金融機関における気候変動への対応についての基本的な考え方」（ガイダンス）を公表し、バーゼル銀行監督委員会やNGFS等における議論も踏まえ、金融庁と金融機関との対話の着眼点として、気候変動対応に係る戦略策定、リスクと機会の認識と評価やリスクへの対応等に関する金融機関の態勢整備についての考え方を示している。とくにシナリオ分析については、金融機関における継続的な手法の改善を促すものとなっている。

　また、金融機関としても変化に強靭な事業基盤を構築し、自身の持続可能な経営を確保する観点から、地域企業等との対話・支援が重要であるとし、産業・技術・自然環境の変化等の側面に着目し、顧客企業の気候変動に係るリスク・機会を特定し、面的な支援を進めていくことを促している。

　同ガイダンスは、今後の金融庁と金融機関との間での気候変動対応に係る対話の材料となるものであるが、金融庁においては、これを基にしつつ、大手・地域金融機関におけるリスク管理・顧客支援等の取組みがさらに実効的なものとなるよう、具体的な対応を進めていくこととしている。

　そのための検討をさらに進めるため、金融庁は2022年10月に、サステナブルファイナンス有識者会議の下に「脱炭素等に向けた金融機関等の取組みに関する検討会」を設置した。同検討会では、①ネットゼロに係る国際的な取組みに参加する大手金融機関、②地域における脱炭素に取り組む地域金融機関、の双方を対象として、金融機関と企業の対話の在り方等について議論を行い、2023年６月に報告書を取りまとめている。

　シナリオ分析については、金融庁が日本銀行と連携して、３メガバンクおよび大手３損保グループとの間でパイロットエクササイズを実施し、2022年８月、結果等をまとめた資料「気候関連リスクに係る共通シナリオに基づくシナリオ分析の試行的取組について」を公表した。金融庁では、参加金融機関が提出した分析結果を踏まえ、データの制約や分析モデル・手法の妥当

7　https://www.bankofengland.co.uk/stress-testing/2022/results-of-the-2021-climate-biennial-exploratory-scenario

性、将来的な活用に当たっての課題などを金融機関と議論しており、国際的な議論や実務の進展も踏まえつつ、シナリオ分析の手法・具体的な活用の在り方等について、さらに検討を深めていくことが考えられる。

(2) トランジション・ファイナンス

サステナブルファイナンスは、ICMAの「グリーンボンド原則」や、EUのタクソノミーなどを通じて、グリーンないしサステナブルな事業を特定し、それらの事業への資金供給を拡大することを中心に発展してきた。しかし、気候変動対策の文脈では、現在「グリーン」と定義される事業だけではなく、ただちに脱炭素化が困難な技術・産業について、その脱炭素化への移行を支援する資金を供給することが、経済全体の脱炭素化のために必要と考えられる。こうしたトランジション・ファイナンスについて、我が国では、2021年5月、「クライメート・トランジション・ファイナンスに関する基本指針」を策定し、基本的な原則等を整理している。この基本指針は、2020年12月にICMAが発表した「クライメート・トランジション・ファイナンス・ハンドブック」を踏まえたものとなっている。さらに、経済産業省において、鉄鋼、化学等の多排出分野について、2050年カーボンニュートラル実現に向けた具体的な移行の方向性を示す「技術ロードマップ」の策定を進めている。ロードマップは、2022年3月までに7分野[8]で策定され、国土交通省から公表された海運・航空も含めて、これに基づくトランジションボンド・ローンなどの資金調達の事例が見られている。

トランジション・ファイナンスは、グリーンファイナンスに比べ、世界の市場における普及度はいまだ低い。グリーンファイナンスほどに定義や評価の枠組みが定まっていないことから、グリーンウォッシングとみなされかねないとの懸念も市場関係者の中にあると思われる。しかし、トランジション・ファイナンスは、グリーンの定義を迂回する方便ではなく、グリーン

---

[8] 鉄鋼、化学、電力、石油、ガス、セメント、紙パルプの7分野。2023年3月、自動車分野を追加。

ファイナンスとは異なる発想に基づく概念である。グリーンボンド等のグリーンファイナンスは基本的に、対象となる事業・技術がグリーンであるかどうかを基準とする、事業（プロジェクト）ベースのアプローチを取っている。これに対し、トランジション・ファイナンスは、その事業を行う企業全体が、移行へ向けた戦略を定め、対象事業がその戦略と合致していることを要件の１つとする、企業体（エンティティ）ベースのアプローチを取っている。単に企業の事業の一部分がグリーンであればよいのではなく、企業全体が脱炭素へ向けて移行していくことが求められるのであり、より本質的かつ困難な取組みであるともいえる。日本のみならず、他の国・地域、特にアジアを含む開発途上国においても、トランジション・ファイナンスは必要な概念であり、その国際的な発信と浸透をさらに図っていくことが重要である。

　日本も積極的に関与する形で、国際的な議論も進展している。2021年10月のG20ローマ・サミットで承認された「G20サステナブル・ファイナンス・ロードマップ」[9] で、2023年までにトランジション・ファイナンスに係る枠組みを策定することとされた。G20サステナブルファイナンスワーキンググループ（SFWG：G20 Sustainable Finance Working Group）においてこの検討を行い、2022年10月に公表した「2022 G20 Sustainable Finance Report」において、トランジション・ファイナンスに関する「ハイレベル原則[10]」を取りまとめた。また、IPSFは、2022年２月、欧州委員会、スイス財務省、金融庁（日本）を共同議長とするトランジション・ファイナンス作業部会を立ち上げ、同年11月、「トランジション・ファイナンス原則」を示すレポート（Transition Finance Report）を公表し、SFWGにも提出している。また、OECDからは2022年10月、「トランジション・ファイナンス・ガイダンス（OECD Guidance on Transition Finance）」が公表されている。そして、2023

9　https://g20sfwg.org/wp-content/uploads/2022/01/RoadMap_Final14_12.pdf
10　①トランジション活動・投資の特定、②トランジション活動・投資に関する報告、③トランジション関連金融商品の開発、④政策手段のデザイン、⑤トランジション活動・投資による社会・経済への負の影響の評価と緩和、の５つを柱とする22の原則から成る。

年5月、日本が議長国を務めたG7財務大臣・中央銀行総裁会合および首脳会合において、トランジション・ファイナンスが「経済全体の脱炭素化を推進する上で重要な役割」を有することが強調された。

(3) 民間における動きとの連携

サステナブルファイナンスは、もともと民間主導により市場ベースで発展してきたこともあり、民間においてもさまざまな取組みが行われている。気候変動分野において近年最も顕著な活動は、GFANZである。GFANZは脱炭素に向けて取り組む世界の金融機関等の連合体であり、その傘下に、銀行、保険、アセットオーナー、アセットマネジャー等の業態別の連合[11]がある。我が国からも、3メガバンクや大手生命保険会社・運用会社・証券会社など、20社程度が参加している。

同連合では、加盟に際して、金融機関自身の排出量（Scope 1・2）のほか、金融機関等が投融資を行う企業の排出量（Scope 3）も含めて、2050年までのカーボンニュートラル実現にコミットすること等が求められている。たとえば銀行連合（NZBA）においては加入後18か月および36か月以内に、これを実現するための2030年（もしくはそれ以前）の排出量の中間目標を設定・公表することとされており、日本から同連合に参加する複数の金融機関においてすでに、一部の産業部門に関する中間目標が公表されている。

こうした取組みは民間におけるものであるが、政府としても、参加金融機関と密接に連携し、その活動を支援することとしている。サステナブルファイナンス有識者会議の下に設置した「脱炭素等に向けた金融機関等の取組みに関する検討会」（前述）等による検討が、上記のような国際的なイニシアティブに参加する金融機関の活動にも資するものとなることが期待される。

11　それぞれ、Net-Zero Banking Alliance（NZBA）、Net-Zero Insurance Alliance（NZIA）、Net-Zero Asset Owner Alliance（NZAOA）、Net Zero Asset Managers initiative（NZAM）。

第 3 章

SDGsとインパクト

シブサワ・アンド・カンパニー株式会社　代表取締役
株式会社&Capital　代表取締役CEO
コモンズ投信株式会社　取締役会長
渋澤　健

1 はじめに──SDGsとインパクトを推進する日本政府

2015年9月の国連総会で193の加盟国の全会一致、つまり人類共通のアジェンダが採択された。2030年まで「誰一人取り残さない」SDGsである。翌年の2016年5月に日本政府はSDGs推進本部を設置し、安倍晋三総理大臣（当時）が本部長に就いてSDGs実施に向けて国内の基盤整備に取り組み始めた。ただSDGsを2030年までに達成するためには、政府や国際機関による援助だけではなく、新たな資金源が不可欠だ。2019年7月に外務省で、筆者が座長を務めた「SDGsの達成のための新たな資金を考える有識者懇談会」の初会合が開催され、河野太郎外務大臣（当時）と問題意識を交わした。

当時のUNCTAD（国連貿易開発会議）の推計では、新興国で必要とされるSDGs関連に必要な投資額は年間3.3兆～4.5兆米ドルであり、政府予算、開発援助機関、民間助成財団など従来の資金提供者が投入している総額は1.4兆米ドルであった。したがって、必要な金額の中央値になる3.9兆ドルから投資総額を差し引くと、SDGsを達成するために2.5兆米ドルが不足していると言われていた。

ただ2020年の世界的なCOVID-19パンデミックの影響で、1.7兆米ドルがさらに不足し、総額は年間4.2兆米ドルの不足になっているとOECDは推計している[1]。

このような莫大な投資資金は従来の資金提供者だけでは足りないことが明らかで、Innovative Financing Mechanisms（革新的資金調達）が求められている。平たく言えば、いかに民間投資資金をSDGs達成へ動員させるかということである。

2020年7月に「SDGsの達成のための新たな資金を考える有識者懇談会」は茂木敏充外務大臣（当時）に最終報告書を提出し、感染症対策の財源を確保する新たな入出国税の設置、環境に配慮するグリーンボンドの投資家の税

1　Global Outlook on Financing for Sustainable Development 2021.

優遇や発行体のリスク・アセット規制の緩和などさまざまな新たな資金源を促す可能性に加え、「インパクト投資」の促進を提言した。

そして、2021年10月に発足した岸田文雄政権が翌年6月に発表した骨太方針における「新しい資本主義のグランドデザイン及び実行計画」に、日本政府による総合的な経済政策において「インパクト」という概念がおそらく初めて、それも3回も、明記された。

『社会全体で課題解決を進めるためには、課題解決への貢献が報われるよう、市場のルールや法制度を見直すことにより、貢献の大きな企業に資金や人が集まる流れを誘因し、民間が主体的に課題解決に取り組める社会を目指す必要がある。こうした観点から、従来の「リスク」、「リターン」に加えて「インパクト」を測定し、「課題解決」を資本主義におけるもう一つの評価尺度としていく必要がある。』

『社会的起業家への投資、官民ファンド等によるインパクト投資（経済的利益の獲得のみでなく社会的課題の解決を目指した投資）を推進する。』

『グローバルヘルス（国際保健、ユニバーサルヘルスカバレッジ）分野への民間資金の呼び込みに向けて、健康投資・栄養対策等の取組事例の普及や投資インパクトの可視化を行う。』

また、同年10月に再開された「新しい資本主義実現会議」では新しい資本主義のグランドデザインおよび実行計画の実施ついての総合経済対策の重点事項に、

『インパクト投資の拡大に向けて、実務的な計測方法の具体化を図るとともに、社会的課題に取り組む民間の活動に対しての休眠預金の活用方法について、本年末までに結論を得る』

という表現で明記されている。

金融市場、メディア、世間からも高く評価されているとは言えない「新しい資本主義」であるが、岸田総理が明言している重要な考えが報道されておらず、世間が見落としているキーワードがあると当実現会議の構成員である筆者は思っている。それは「外部不経済を資本主義に取り込む」という表現

だ。

　一般読者にとって、外部不経済という表現は難しいというマスコミの判断があるのかもしれない。ただ、簡単に言えば、環境問題や社会格差など資本主義が取り残してきた地球規模課題が外部不経済だ。SDGsが達成しようとしているゴールでもある。じつは新しい資本主義とは「取り残さない」包摂性あるインクルーシブ資本主義なのである。

　新しい概念ではないかもしれない。ただ、これからの新しい時代には、自分たちの子供・孫たちの世代やこれから生まれてくる未来世代に、きわめて重要な政策を岸田総理は実現させようとしている。

　金融庁のサステナブルファイナンス有識者会議の下に「インパクト投資等に関する検討会」が2022年10月に設置され、政府による「インパクト投資」を促進する整備体制が増してきている。

　2023年5月にG7広島サミットが開催された。それに先立ち、内閣官房の下に2022年9月に「インパクト投資とグローバルヘルスに係る研究会」が設置され、筆者が座長を拝命した。その最終報告書が提言した、G7先進国がグローバルサウスへの責務としてグローバルヘルスの促進に「インパクト」という概念を実現させる「グローバルヘルスのためのインパクト投資イニシアティブ（Triple I for Global Health）」という取組みが首脳宣言において承認された。

　このように、SDGsとインパクトの密接な関係性が展開していることに日本政府も着眼しており、これからの環境整備の実践に期待している。

2 インパクトを意図とする投資

　さて、そもそもインパクトを意図する投資とは何か。それはポジティブな測定可能な社会的インパクト「と」経済的リターンの両立を目指す投資である。ただ社会課題に応える有意義な投資ならば経済的リターンは投資家の期待収益より低いはずだという先入観が少なくない。また経済的リターンを目指せば、本当に資金が必要とされているところまで行き届かないという懸念

もある。そして経済的リターンを求めた投資の「おまけ」や「お化粧」として社会貢献している建前の投資に陥っている場合もある。

ただ、インパクト投資の定義とは、ポジティブな環境的・社会的インパクトを「意図」としながらも経済的リターンを求める投資である。ポジティブなインパクトの持続可能性を実現させるためには、当然ながら経済的リターンが必須だ。

〔図表3-1〕が示すように、2015年に日本企業の最大の株主であるGPIF（年金積立金管理運用独立行政法人）が国連責任投資原則（PRI）に署名したことによって日本で浸透し始めたESG（環境・社会・ガバナンス）投資とインパクト投資は、似て非なる特徴がある。

ESG投資の起源は責任ある投資、「ネガティブ・スクリーニング」の運用である。投資先企業に財務的だけではなく、非財務的な情報開示を求め、運用者が定める条件を満たさない企業はポートフォリオから外す手法（ダイベストメント）だ。ただ、投資先企業を厳選するアクティブ運用から、すべてに投資するインデックス型のパッシブ運用の台頭により、「外す」という選択肢がないため、企業へESGの改善を要求するエンゲージメント型も主流になっている。

一方、筆者が2008年に仲間たちと創立したコモンズ投信が2009年から運用しているコモンズ30ファンドを「ESGファンド」と提示したことはないが、世代を超える持続可能な価値創造への長期投資を目指しており、上記の図における「ポジティブ・スクリーニング」による対話型投資に努めている。

このような投資手法のグラデーションにおいて、インパクト投資が目指すところはポジティブな「スクリーニング」だけではなく、「インパクト」を意図することに境目がある。逆に言えば、インパクトを意図していない投資は、インパクト投資と言えない。

では、どのように「意図」を示すことができるのか。筆者の考えでは2つの要件を満たす必要がある。①インパクトの測定（メジャメント）および目標設定、②ロジックモデルを投資プロセスに用いることだ。あわせて、イン

[図表3-1] インパクト投資とESG投資の関係性のイメージ

	← ESG投資 →		← インパクト投資 →	
一般的な投資	（ネガティブスクリーン）	（ポジティブスクリーン）		一般的な寄付
Financial Only	Responsible	Sustainable	Impact	Impact Only
市場競争力のある財務的リターンを創出可能な案件への投資				
		環境・社会・ガバナンスへの配慮・リスクの緩和を念頭に置いた投資・資金提供		
			環境・社会・ガバナンスへの取組に積極的な案件への投資・資金提供	
			社会的課題解決を目的とし、社会的インパクトが把握可能な案件への投資・資金提供	
			市場競争力ある経済的リターンあり	市場レートよりも低い経済的リターン
経済的リターンを意図する従来型の投資スタイル。環境・社会・ガバナンスに対する積極的な関心はない	財務面からだけではなく、企業価値を毀損しない観点から、環境・社会・ガバナンスに対する配慮やリスク緩和を念頭に置いた投資スタイル	企業価値向上の観点から、環境・社会・ガバナンスを重視する投資スタイル	投資家に対して市場競争力のある経済的なリターンを生みながら、社会的なリターンを同時に提供する	経済的なリターンを生みながら、社会的なリターンも同時に提供する。経済的なリターンは一般的な市場レートを下回る場合もある	経済的なリターンを生みながら、社会的なリターンを生みながら、社会的なリターンも同時に生みながら、社会的なリターンも同時に提供する。リターンは一般的な市場レートを下回る場合もある	社会的課題解決を支える。投資家に対する経済的なリターンは目的としない

（出所）Global Steering Group for Impact Investment (GSG) 国内諮問委員会「日本におけるインパクト投資の現状と課題（2021年度調査）」（2022年3月31日）。

パクト測定マネジメント（IMM：Impact Measurement and Management）という概念だ。

　まず、インパクトを測定しなければ目標に向かって進んでいるかを検証できない。そして、そのインパクト測定のためには指標が必要となる。たとえば、GIIN（Global Impact Investing Network）という米国の民間インパクト評価の団体は、とくに投資家向けにインパクトの測定や管理の在り方を提示し、IRIS+という測定指標のカタログを提供している[2]。これらの指標はSDGsの17のゴール、169のターゲットおよびその他50以上のフレームワーク、スタンダード、プラットフォームと照準を合わせている総合的カタログであり、定期的に更新している（現在は2022年6月にリリースしたバージョン5.3）。

　このようなインパクト測定の指標を用いることは、IFRS（国際会計基準）のように財務的成果の評価のグローバルな共通言語になるということと類似している。基準があるからこそ、透明性が担保され、他との比較が可能になる。そして、透明性が担保され、他との比較が可能になれば、機関が組織的に運用する、より大きな金額が社会的課題解決へ向かう、新たな資金の流れが生じる可能性が高まる。「良いことをしている」という性善説は個人レベルでは通用するかもしれないが、組織の場合、そうはいかない。第三者へ説明責任が生じる資産運用だからだ。

　また「ESG／SDGsなんて、日本が昔からやっていた三方良し」という話をよく耳にする。ただ、測定という観点から考えるとはたしてそう言えるか。売手の「良し」は売上げや利益などで測定しやすい。また、買手の「良し」も商品を活用したおかげで時間制限とか満足度など、ある程度の測定が可能かもしれない。ただ、世間の「良し」は、どのように測定できるのか。そもそも「世間」とは誰のことを示しているのか。

　「三方良し」は日本人が昔から大切にしてきたすばらしい概念だ。むし

2　https://iris.thegiin.org/metrics/

〔図表3-2〕 ロジックモデルのフレームワーク

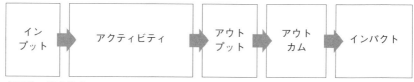

インプット → アクティビティ → アウトプット → アウトカム → インパクト

（出所） 筆者作成。

ろ、三方の「良し」をきちんと測定して目標設定しているのであれば、世界に胸を張って唱えることができる。

　一方で、測定することがインパクト投資の目的になってはならず、あくまでも手段である。目的は経済社会に新たな価値を創ることである。そのために、ロジックモデルあるいはセオリー・オブ・チェンジを用いることで価値創造を可視化する投資プロセスが重要だ。

　〔図表3-2〕がごく簡易に示すように、経済的・社会的な活動にはさまざまなインプットが必要になる。たとえば、資金とか人材だ。

　そして、活動からモノやサービスなどのアウトプットがある。アウトプットがあるから変化や効果などが生じる。アウトプットは活動の主体から生じるが、アウトカムには第三者の評価が必要になり、また、短期的・中期的・長期的な要素があるということもポイントであろう。最終的にアウトカムの評価によって、インパクトの程度が判断できる。

　このようにインパクトを多面的に分析することがロジックモデルであり、国連開発計画（UNDP）、国際金融公社（IFC）、経済協力開発機構（OECD）、国連責任投資原則（PRI）、GRI、Global Impact Investing Network（GIIN）、Social Value International（SVI）、World Benchmarking Alliance（WBA）、Global Steering Group for Impact Investment（GSG）など国際機関が2018年に発足したIMP（Impact Management Project）は、インパクト・モデルの構築の際に「5つのインパクト基本要素」を考慮することを促している。

　① WHAT　アウトカムの理解、ステークホルダーへの重要性

② WHO　ステークホルダーたちは誰であり、どのような状態に置か
れているのか
③ HOW MUCH　アウトカムを提供できたステークホルダーたちの
数、変化の度合い、期間
④ CONTRIBUTION　本活動のアウトカムが、無かった場合と比べ
るとどれほど改善したか
⑤ RISK　想定外のインパクトが生じたか

以上、インパクト投資をきちんと実施すると、従来の経済的リターンを求
める投資やESG投資と比べても時間、労力とコストが掛かるということが分
かる。したがって、政府、開発機関や民間財団の援助によるTA（Technical
Assistance）ファンドがIMMの投資プロセスの一部を請け負う場合もある。

そもそもインパクトを測定することが投資先企業にとって余計な業務（コ
スト）と思われては本末転倒である。投資先企業にとってインパクトを測定
することが売上動向等を測定することと同様に企業価値の向上の源泉になっ
ているという同調が重要である。

インパクト投資の要になっているIMMとは決して完成された投資プロセ
スではなく、進行中の「アート」と言えよう。ただ、間違いなく、これから
の新しい時代に必要な新しいお金の流れを作ることであろう。

3　UNDPのSDGインパクト

さて、SDGsに係る他のインパクトについて紹介させていただきたい。
UNDP（国連開発計画）が企画している「SDGインパクト」という基準およ
び認証プロジェクトである。SDGsの17の目標、169のターゲットは包括的で
あるため、要素があまりにも多くて何に取り組めばSDGsを達成しているの
かという判断に企業などが悩まされていることは確かであろう。SDGsの達
成に沿っていることを確認できるグローバル基準および認証があれば、民間
セクターから新たな投資資金の登用が期待できるであろう。

UNDPのSDGインパクトは「プライベートエクティ」「債券」と「企業」における３つの分野においてSDGsを達成する定義を一言で表し、４〜８の基準において「満たさない」「部分的に満たす」「満たす」と整理することによって認証へとつなげることを基本的な考えとしている。ルール（細則）・ベースよりもプリンシプル（原則）・ベースのアプローチである。

　また、本件についてUNDPの役割は、新たな基準を作るということではなく、すでに存在しているさまざまな基準を総合的に取り込む招集力を発揮することである。認証もUNDP本体が寄与するものではなく、第三者機関がUNDPインパクトのガイドラインに基づいて認証する。現在では、３分野の基準は定められており、認証ガイドラインの最終形態が進行中だ。

　2019年夏に筆者はSDGインパクトの運営委員会委員を拝命したが、世界的なCOVID-19パンデミックの直前の2020年２月にUNDP本部で会合に初めて出席した時に気になったことがあった。日本では都会や大企業だけではなく、地方でも、中小企業でも、ソーシャル・セクターや地域社会でも、SDGsへの認知度、関心、そして行動も高まっていると肌で感じていた。ただUNDPというSDGsの一丁目一番地では日本の存在感が中国やタイよりも薄かったのだ。SDGsまでがガラパゴス化しており、日本は世界でもっとプレゼンスを高めることが急務であると痛感し、「Please come to Japan」と挙手した。

　ただコロナ禍が世界中で拡大するタイミングだったので、海外からの渡航が不可能な状態に陥った。ならばウェブ会議でと思い、日本の機関投資家などの参加により、当時検討中だった債券の基準作りについてUNDPインパクトのスタッフとの意見交換会を設けた。

　日本の機関投資家は債券投資の比率が高いので親和性あるという試みであったが、SDGインパクトの関心が日本で広まるのは企業分野であると考えた。日本の企業は、さまざまな分野において認証を獲得することにはかなり熱心だからだ。

　しかし企業が念頭に置くべきは、SDGインパクトは意思決定のための基準

であり、パフォーマンス測定や報告の基準ではないということだ。共通言語やプロセスを提供することで、企業がSDGsを組織体制および意思決定に組み込めるように４つの分野に分けて設計されている。

　1)戦略、2)アプローチ（執行・管理）、3)透明性、4)ガバナンスである。TCFD（気候関連財務情報開示タスクフォース）の４つの主要な柱（戦略、リスク管理、指標および目標、ガバナンス）と合致しながら設計されていることが分かる。

　「戦略」で求められているのは、SDGsがいかに企業のパーパスと戦略に組み込まれているかということだ。一部署だけでなく、経営層のコミットメントおよび全組織の賛同がなければクリアできない基準であることは明らかだ。

　ここで大事なことがある。その基準を「満たしているか／満たしていないか」という物差しではなく、「現状」と「あるべき姿」を見比べるギャップ分析の重要性だ。ギャップが存在していることが「悪」ではない。ギャップを埋めることに、これからの新たな価値が生じる。

　SDGインパクトについては、国内格付会社の大手のR&I（格付投資情報センター）が早い段階から第三者認証機関として関心を示した。また一般財団法人SIMI（社会的インパクト・マネジメント・イニシアチブ）が特定非営利活動法人ソーシャル・バリュー・ジャパンとともに、UNDPと連携を取りながら、SDGインパクト基準研修プログラムを立ち上げた。これは世界に先駆けてのことであり、2022年７月にUNDPのアヒム・シュタイナー総裁もキックオフイベントに出席された。SDGsの一丁目一番地で日本のプレゼンスが高まったことに間違いない。

　「知らないところでルールが決まっている」とぼやくだけでなく、自分たちがそのルール作りに関与する。SDGインパクトのみならず、サステナビリティを推進する世の中の動きで、この観点がきわめて重要である。

　また、UNDPがそもそもSDGインパクトを設置した理由を最後に指摘しておきたい。SDGインパクトに関心を寄せている日本企業でも見落としている

ことだ。それは、途上国・新興国の開発協力に新たな投資資金を促すことで
あり、SDGインパクトとは基準・認証プログラムだけではなく、SDGs関連
で投資資金が必要なプロジェクトを示すInvestor Map（投資家海図）も提供
しているということである。まさに、新しい資金の流れへの意思決定を促す
ことをUNDPは期待している。

4 インパクト投資の変遷

　さて、筆者の視点から見えている「インパクト投資」の変遷を紹介した
い。筆者が「社会起業家」に関心を持ち始めたのは20年ぐらい前、2001年の
9.11という衝撃を受けてから間もなくであった。前職であった大手ヘッジ
ファンドの創業者が本社の近くにあった消防署隊員の遺族を支える基金を即
時に立ち上げたことに、あらためて米国のソーシャル・セクターと営利セク
ターの間のダイナミズムに啓発された。同業の創業者が設立していた「ロビ
ンフッド財団」というヘッジファンドマネジャーやニューヨークのセレブた
ちが貧困層を支援する活動のことは知っており、さすがヘッジファンドマネ
ジャー、社会貢献にも「ソーシャル・リターン」を求めるという考えにも筆
者は関心を寄せていた。

　日本でも、営利セクターとソーシャル・セクターの架け橋が必要であると
痛感し、筆者が起業した直後でもあったので、その橋を構築する構想を描い
た。米国西海岸のビジネスパートナーと相談し、共同運用を始めるファンド
の成功報酬の1割を財源に日本の社会起業家を支援するプログラム
（SEEDCap）を設けた。今では社会起業家の代表格になっているフローレン
スの駒崎弘樹さんが駆け出しの頃にご支援できたことが懐かしい思い出であ
る。

　筆者が独立した同年の2001年に米国ではアキューメン・ファンドが設立さ
れた。元バンカーであったジャクリーン・ノボグラッツさんが途上国の社会
的課題解決にPatient Capital「忍耐強い資金」を供給するという信念で立ち
上げた画期的なファンドであった。元祖インパクト・ファンドと言えるであ

ろう。

　とはいえ、資本市場の従来の価値観は忍耐強いとは言い難い。したがっ
て、アキューメン・ファンドは米ロックフェラー財団などからの援助資金を
投資の軍資金とした。そのロックフェラー財団が、2008年頃に使い始めた言
葉があった。「インパクト投資」である。

　世界的金融危機のリーマンショックと同年であったということは偶然では
あるまい。筆者がパートナーたちと運用していたファンド・オブ・ヘッジ
ファンドもSEEDCapとともに大打撃を受けて、事業継続が絶たれた。た
だ、同じタイミングで温めていた種が芽を吹いていた。世代を超える長期投
資を目指すコモンズ投信の設立だ。企業の持続可能な成長への関心の機運が
高まっていたのだ。2009年に設定したコモンズ30ファンドで売上げに相当す
る信託報酬の約１％を原資に、社会起業家の支援をコモンズSEEDCapとし
て細々と再スタートを切ることもできた。現在はこの支援活動を通じて日本
を代表する社会起業家たちのネットワークが形成されている。

　企業の財務的な価値に加え非財務的価値の重要性、経済的なリターンと社
会的なリターンは二項対立するものではないという創業理念で、日本の一般
投資家に長期投資を通じて資産形成を促した。

　そして、2013年、当時のＧ８サミット議長国であった英国のキャメロン首
相の発意により、インパクト投資の促進が先進国の政策アジェンダとして示
され、時代の潮流が顕著に現れた。

　この展開で日本では2014年７月に「Ｇ８インパクト投資に関するタスク
フォース日本国内諮問委員会」が創設され、筆者は委員として就任した。ビ
ジネス、金融、ソーシャルセクターなど、分野を超えた経済界のリーダーが
集まり、日本でのインパクト投資の発展に必要な施策を議論してまとめた報
告書を本部会議に提出し、日本の存在感を当時の世界に示した。

　現在はGSG（Global Social Impact Investment Steering Group）として当初の
Ｇ８以外の各国にメンバーが拡大し、30か国が加盟している。投資におい
て、リスク・リターン・インパクト、の３軸が機能している社会の実現を目

指し、現場から行政まで幅広く、さまざまな提言を行っているグローバルネットワークである。会長のロナルド・コーエン卿は、英国のベンチャーキャピタル業界の先駆けであり、現在では「インパクト投資の父」と称しても過言ではない。近年、日本のさまざまな動きに注目を寄せており、期待感が高まっているようだ。

　日本のGSG国内諮問委員会も精力的に活動を展開している。最近では「インパクト投資」という枠組みにとどまることなく、「インパクト会計」なども含む「インパクト・エコノミー」へと領域が広がっている。

　ロックフェラー財団の取組み等を起源とする現在の「インパクト投資」は主に社会的課題を解決するスタートアップ、従来のリスク（不確実性）とリターン（収益性）の2次元の軸に加え、インパクト（課題解決策の意図）の軸を加えた新たな資金の流れを作ることであった。

　英国では「ソーシャル・インパクト・ボンド」という「債券」ではなく「契約」で、社会課題解決の成功を引き金とする「ペイ・フォー・サクセス」で公的負担を軽減させるという仕組みがあるが、これは民間企業の「投資」とは似て非なる仕組みである。

　両者とも、従来の資本市場においては脇役の存在であった。ただ、2022年10月にGIINが発表した「Sizing the Impact Investment Market」の推計によると世界のインパクト投資の規模は1.164兆米ドルに達した。円換算で約160兆円であり、東京証券取引所プライム市場の時価総額の2割強に値する。インパクト投資はセンターステージに立っているとは言えないかもしれないが、無視できるアセットクラスではないことも明らかだ。

　ちなみに、GSG国内諮問委員会が2022年4月に発表した「日本におけるインパクト投資の現状と課題―2021年度調査―」の推計によると、日本におけるインパクト市場の投資残高は1.3兆円だ。世界の1％にも達していなく、とくに日本の資本市場の規模と比べると、かなり世界で出遅れているという現状が見える。言い換えると、日本ではインパクト投資におけるかなりのアップサイドの可能性があることも明らかだ。

5 ポストESG──企業のインパクト会計

　インパクト投資の要である測定から派生したのが、インパクトを企業会計に反映するという試みだ。2020年2月に出席したUNDPインパクト運営委員会で委員としてご一緒していたロナルド・コーエン卿のコメントが印象に残った。「ポストESGの流れが始まっている」。

　ESGとは企業に非財務的情報開示を求め、投資家に判断材料を提供することを要としている。したがって、やらされている感で受け身スタンスにとどまる企業が少なくない現状もある。一方で、企業は環境や社会にネガティブだけではなく、ポジティブなインパクトも与えていることは明らかだ。それらインパクトを測定し、目標設定する企業の能動的な取り込みがポストESGというわけだ。

　2020年夏にコーエン卿から英ファイナンシャル・タイムズに寄稿された記事の紹介をいただいた。企業会計にインパクトを反映する試みが始まっているという内容だった。とはいえ、環境や社会へ与えるインパクトを数値化して企業会計に計上することにさまざまな課題や整理が必要であり、否定的な声が上がる。しかしながら、コーエン卿は訴えた。「我々が現在では当たり前と思っている企業会計の基準は、かつては飛躍で否定された。しかしながら、計り知れないショックが経済社会を襲ったので現在では当たり前になっている」。

　そのショックとは1930年初期の世界大恐慌であった。当時、企業会計の透明性を高めるべきだという要請の声が上がった。しかし、規模も業種も異なる個社を統一した財務的な基準で定めることは無理であるという反論があったそうだ。でも、今では当たり前になっている。

　そして、現在（2020年当時）、世の中は再び計り知れないショックに陥っているとコーエン卿は指摘する。COVID-19のパンデミックだ。経済活動が急停止したことによって、その活動がいかに地球環境に負荷を与えていたかが明白に可視化された瞬間だ。したがって、50年後ぐらいに現在を振り返った

ときに、2020年の時、あのショックがあったからこそ、インパクトを企業会計に反映することが当たり前になっていると言われているかもしれない。

　企業の会計が変われば、企業の行動も変わる。インパクトとは、社会的課題を解決するスタートアップの領域から、上場企業の領域も含むことになる。まさに、「インパクト・エコノミー」である。そのような展開が生じれば、環境や社会への影響は多大だ。コーエン卿の考えは、これからの新しい時代の流れになり得る、なるべきであると筆者は直感した。

　この画期的な試みの発案者はハーバード大学のジョージ・セラフェイム教授であり、「インパクト加重会計」という研究を展開していることが後日分かった。同氏は2017年に、筆者の高祖父にあたる渋沢栄一の思想について内外の専門家が共同研究した「合本主義プロジェクト」の成果をまとめた『グローバル資本主義の中の渋沢栄一』（東洋経済新報社、2014年）の英語版『Ethical Capitalism：Shibusawa Eiichi and Business Leadership in Global Perspective』（トロント大学出版、2017年）の出版記念セミナーがハーバード大学で開催された際、同じパネルの登壇者であったということに気付いた。

　この奇遇に驚き、筆者のインパクト加重会計について関心が高まっていた最中、コモンズ30ファンドの長年の投資先であるエーザイの柳良平CFO（当時）の自社の企業価値の分析にも目がとまった。同社のESG KPIを重回帰分析でPBR（純資産倍率）を検証したところ、人件費や研究開発費が遅延して正の相関関係が生じていたという内容だった。つまり、企業の人や研究という非財務的な「見えない価値」への投資が長期的な価値創造と相関しているということだ。因果関係とは言い切れないが、相関している関係性に意味があるはずだ。

　インパクト加重会計は企業のEBITDAの影響という単年度の収益モデルである一方、「柳モデル」は長期的なバリュエーション・モデルであるが、真の企業価値の可視化の問いについては同じであると思い、筆者は両者を引き合わせた。

　その後、エーザイのESG KPI等社内データを活用してインパクト加重会

計のモデルで検証したところ、「賃金の質」がEBITDAに343億円の増益のインパクトがあるという検証結果が生じた。さらに、「顧みられない熱帯病」であるリンパ系フィラリア症のエーザイの治療薬の無償提供を同モデルで検証したところ、およそ1,600億円のEBITDAインパクトが生じているという結果になった（2020年9月、月刊資本市場）。

ちなみに、インパクト加重会計における「製品インパクト」は世界で先駆けている実証だ。ESGにおけるS（社会）は、「人への投資」という人的資本および世界のヘルスケアを支える製品のインパクトの可視化で、日本は世界をリードできる可能性がある。

6 日本の経済界とインパクト

新しい資本主義実現会議の初期に、「新しい資本主義であれば、新しい企業価値の定義も示すべきではないか」という趣旨の発言が有識者構成員から上がった。大企業の経営トップとして自分たちの仕事ぶりが市場による時価総額だけで判断されている現状に違和感を抱いていたようだ。その発言を受けて、企業の財務的な価値だけではなく、非財務的な価値を可視化する「インパクト加重会計」という動きが世の中にあることを筆者は紹介した。

その後、インパクトの測定や投資が、2022年6月に発表された「新しい資本主義の実行計画及びグランドデザイン」および同年10月の重点事項として明記され、内閣官房や金融庁でインパクト投資を検討する有識者会合が設けられたことはすでに紹介したとおりだ。

日本経済団体連合会（以下、「経団連」）も「インパクト」に関心を寄せ、2022年6月に「インパクト指標を活用し、パーパス起点の対話を促進する」という報告書を発表している。インパクト指標の活用で、企業価値に重要な影響を与える社会的課題（マテリアリティ）とは何か、自社の事業やイノベーションが高まるサステナビリティの市場機会の獲得に向けてどの程度の競争力を有するか、どの程度の成果をもたらしたか、を定量的に示せることに期待をしている。

企業のサステナビリティ関連の情報開示のグローバル基準を定めている
ISSB（国際サステナビリティ基準審議会）の検討には「インパクト」という概
念は現時点では守備範囲には入っていない。ただ、サステナブルな経済社会
を次世代に残すためには上場企業の役割が大きいという意味ではインパクト
を推すGSGとISSBの基本的な精神は合致している。両者の意見交換も行わ
れているようなので、今後のコラボレーションに期待したい。

　上場企業および投資家がリスクとリターンという２次元から、インパクト
も含む３次元の事業活動の価値判断に動くことは、2030年のSDGs達成のた
めの新しいお金の流れを作るだけではなく、2050年のカーボン・ネット・ゼ
ロ社会の達成、そして、その更なる先の持続可能な経済社会の常識になると
いう時代の流れを感じさせる。

　とはいえ、上場企業向けのインパクトファンドの経験則は、社会的課題を
求めるスタートアップへのインパクト投資と比べると浅い。いまだに２次元
的に、それも短期的に利益を最大化することが上場企業の役割であるという
考えの勢力は健在であるし、そもそもさまざまな価値観の株主が参加してい
ることが公開資本市場の健全性を担保している。長期投資家一色、インパク
ト投資家一色の株式市場が健全な資本市場とは言えない。

　したがって、上場企業の経営者が当社の存在意義が社会的課題の解決であ
るという信条を貫くことは簡単ではない。会社のパーパスがスローガンにと
どまり、社会に貢献しているというPRやマーケティング的な仕事となり、
いわゆるESG、SDGs、インパクトの「ウォッシュ」というお化粧に陥る。

　しかしながら、社会的課題解決を貫く信条を持つ経営者がいないわけでは
ない。そして、インパクトを重視する投資家は公開資本市場でも存在感を示
すべきだ。たとえば、かんぽ生命はコモンズ投信とともに2022年５月から国
内上場企業向けインパクトファンドの運用を100億円で開始した。アセット
オーナーが表現したいインパクトの意図を基に、アセットマネジャーがイン
パクト達成のロジックモデルを用い、投資先候補企業と対話を通じて厳選投
資を実践している。

〔図表3−3〕 インパクト創出を意図したロジックモデル（今後投資先企業と協議予定）

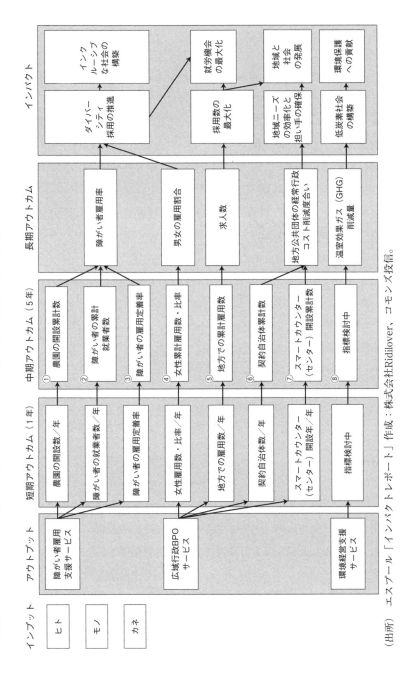

（出所）エス・ヌール「インパクト・レポート」作成：株式会社Ridilover、コモンズ投信。

インパクト測定マネジメント（IMM）は、株式会社Ridilover（リディラバ）と協働しているが（〔図表3－3〕以下のロジックモデルをご参照）、インパクト投資の実践には、従来の投資の枠組みにとどまらない、若手精鋭とのコラボレーションは不可欠であると筆者は考える。

まず、ロジックモデルの原案ができたところで、投資候補先企業とコモンズ投信、リディラバの3社でミーティングを実施するが、四半期の業績などの話はいっさいなく、ロジックモデルについての議論、そしてアウトカムKPIの設定について議論する。

ミーティングには、経営者、CFO、IR、経営企画、サステナビリティ推進室など複数の部署が参加するケースが多い。アセットオーナーであるかんぽ生命も参加する場合もある。

議論を経て、ロジックモデルの原案を企業側で修正を加えて完成させるが、複数回、コモンズ投信と企業との間をこのロジックモデル案が往復する。投資候補先大企業のCFOとの対話では「このような面談は初めてです」と感嘆の声が上がるなど、感触は良いようだ。

前例がないチャレンジである。ただ、インパクトの手法は長期投資で企業との対話の新しいツールとして使える手応えは確かである。

7　経済同友会のアフリカ向けインパクトファンド

経団連、商工会議所と並ぶ3大経済団体である経済同友会でも、インパクトに関する動きが具体的に始まっている。2021年10月に経済同友会アフリカPT（プロジェクトチーム）が提言した「アフリカ投資機構（仮称）の設立を～開発投資の加速に向けたさらなる官民連携強化の道筋～」を民が先駆けて実施するために、2022年8月末にチュニジアで開催されたアフリカ開発会議（TICAD8）を迎えるタイミングで、「アフリカ投資機構準備委員会」を設置した。また、その構想をTICADの本会議、サイドイベント、個別面談などで当時のアフリカPT岩井睦雄委員長（日本たばこ産業株式会社の会長）らとともにアピールした。

本ファンドは、ヘルスケア、食料（栄養、農業など）、ジェンダー教育という People Centric（人中心）な分野に、テクノロジーを駆使し、またファイナンスも織り込まれているような社会的課題解決のスタートアップに投資することをもくろんでいる。

　またスタートアップと言っても、エンジェルやアーリー・ステージ（初期）ではなく、グロース・ステージ（成長期）に出資することによって、日本の経済界との技術、人的、事業のコラボレーションを促し、アフリカ大陸へのインパクトある進出を促進するエコシステムの構築を目指している。

　TICADでアフリカ開発銀行との会合ではアキンウミ・アデシナ総裁は本構想に高い関心を示していただき、2022年11月初めにコートジボワールのアビジャンで開催された「Africa Investment Forum」でジャパン・セッションを特別に設けると招待された。筆者がアフリカPTの副委員長として再びアフリカに渡航し、アフリカと日本の経済界がインパクトファンドをともに創る構想を提案し、アフリカ開発銀行と経済同友会の協力関係の意図を正式に示す趣意書（Letter of Intent）を交わした。

　正確に言うと、経済同友会「が」ではなく、アフリカPT（プロジェクトチーム）の提言を受けて、経済同友会の会員「が」それぞれの判断で、新運用会社への出資およびファンドへの出資を容認しているという形態である。2023年1月に運用会社「&Capital」が設立され、2023年冬から2024年にかけて投資家（LP）を募るロードマップを描いている。さらに日本の公的な出資で官民連携のインパクトファンドの実践として、次回の2025年のTICAD 9でアフリカ首脳に成果を示すべきであろう。

8　新しい時代の成功体験——メイド・ウィズ・ジャパン

　そもそもなぜアフリカなのか。その答えは明白だ。これから高齢化少子化が加速する令和日本に新しい成功体験を作るというきわめて重要な社会的課題を解決するインパクトのためである。

　日本から見ると地球の反対側にあるアフリカ大陸は地理的にも、文化的に

も、経済的にも、意識的にも遠い。ところが全部で54か国あるアフリカ大陸には現在、13億人ぐらいの人々が暮らしていて、インドと中国に匹敵するような人数だ。そのアフリカ大陸の人口は2050年には倍増しておよそ25億人が暮らしていると国連は推計している。

アフリカ大陸の年齢中央値はおよそ20歳であり、6〜7割が25歳以下と言われているＺ世代の大陸である。日本の年齢中央値はおよそ48歳で、ミレニアル世代・Ｚ世代は人口的マイノリティだ。

ただ、ミレニアル世代・Ｚ世代の彼らはインターネットが常時つながっていない生活を知らない。いわばDX化が必要ないデジタル・ネイティブである。インターネットには国境がない。もし、日本に暮らして仕事をしているデジタル世代の若手に「自分は世界とつながっているんだ」というスイッチが入ったら気付くはずだ。

自分たちはまったくマイノリティではなく、世界で最も人口数が多いマジョリティであることを。これからの新しい時代の、新しい価値観で、新しい成功体験を十分作れる可能性ある世代であるということに。

ただ、そのマジョリティの大部分がアジアやアフリカというグローバルサウスに暮らしている。多くの国々の大勢の彼らが求めているものは何か。それは仕事に就いて、生計を立てて、家族を養いたい。我々が当たり前と思っていることだ。

しかしながら、グローバルサウスの新興国・途上国はさまざまな環境的・社会的課題を抱えており、その当たり前の成長が実現できないかもしれない。だから、SDGsなのだ。そして、そのSDGsへ新しいお金と人の流れを作るのがインパクト投資である。日本は、世界の多くの国々の大勢の人々の豊かな暮らし、持続可能な社会を支えられる可能性がある。

もし、これからの世の中の多くの国々の大勢の人々に、「自分たちの生活が成り立っているのは日本が一緒に伴走してくれているんだよね」という意識が広まればどうであろう。これからの日本は、国土内の人口が減るとしても、十分に豊かな繁栄する時代を迎えることができる。

日本は昭和時代の「メイド・イン・ジャパン」、主に先進国の大量消費を満たす大量生産の成功体験から進化すべきだ。バッシングを受けたためにモデルチェンジした、「あなたの国で作りましょう、メイド・バイ・ジャパン」は合理的であった。ただ、平成日本はバッシングで始まったが、終わる頃には素通りされたパッシングになっていた。

　日本に令和時代の新たな成功体験を作るべきだ。「メイド・イン・ジャパン」だけではなく、「メイド・バイ・ジャパン」だけではなく、「メイド・ウィズ・ジャパン」である。日本と豊かな暮らし、持続可能な社会をともに創るという実践だ。これが実現できたら、世界最大級のインパクトを実現させることになる。

　近年のテクノロジーの急速な発展で、アフリカなど新興国には先進国と同じ社会インフラの構築を後からなぞるというより、リープフロッグ（蛙飛び）現象も起きている。循環型のサステナブルな社会モデルは日本など先進国も模索しているが、多くの成功体験の慣習、秩序、既得権益者などが存在し、社会的イノベーションが技術的イノベーションに追いついていない側面が多々ある。

　そういう意味で、アフリカ現地でのテクノロジーによる社会的イノベーションの実装は、日本の技術の規格を現地で展開するということだけではなく、現地での経験値を応用して日本へ「逆輸入」というシナリオの可能性もある。まさに「メイド・ウィズ・ジャパン＆アフリカ」だ。アフリカなど新興国へのインパクト投資に日本からのコミットメントを高めるべき理由は、このような循環型の社会モデルの共創だ。

　経済同友会が提言して実践するアフリカ向けインパクトファンドという次元から、大きな話へと展開している。ただ、従来の「利益最大化」という狭義的な経済モデルから、外部不経済も取り込むインパクトという「価値最大化」へ経済界の意識が高まっているということは歓迎すべき新しい時代の潮流だ。

　またアフリカを舞台に、これからの時代における「価値」の実証実験があ

ると考えている。インパクト投資の変遷で示したとおり、社会的課題を解決するスタートアップに投資するという側面とインパクト測定を活用した上場会社向けのインパクト会計が平行に流れているインパクト・エコノミーが芽吹いている。インパクト投資を机上から実践に落とし込むには起業家がインパクトを測定することが自分の事業展開のKPIになるという実感が必要だ。つまりインパクト投資のIMMを通じての企業価値のバリューアップだ。

　一方、上場企業においてインパクト会計などを通じて意識がさらに高まれば、インパクトあるベンチャーをM&Aで取り込むことは、自社のインパクトのロジックモデルにおける目標達成に適するかもしれない。仮説にすぎないが、ベンチャーファンドの投資に不可欠である「エグジット」出口戦略が、インパクトによるバリューアップによって描けるようになれば、新しいお金の流れが生じることは必須であろう。

　「アフリカ」と「インパクト」は、2つのフロンティアへのチャレンジである。言い換えると、ダブル「前例ない」ことへのチャレンジでもある。その前例を作ることに、経済同友会の関与に意義がある。また、新しいお金の流れを作ること、これからの世代を主体とする「メイド・ウィズ・ジャパン」という新しいエコシステムを作ることは、企業個社ができることでもない。企業が共同的に行動を起こして官民連携で未来を作ることに意義がある。これは間違いない。

9 　終わりに──共通言語を求めて

　インパクト投資は、SDGs達成のために新しいお金の流れを作るだけではなく、「取り残さない」新しい時代を実現させるためのパラダイムシフトである。2次元的なリスク・リターンの否定では決してない。複雑な世の中を2次元で簡素化して理解を高めることは重要な役割だ。簡単に理解できれば、その考えは広まる。簡素化は、効率性や生産性も高める。

　ただ我々は2次元の世界に生きていない。3次元というリアルな世界に生きている。環境や社会はリアルである。リスク・リターンにインパクトとい

う軸を加えれば、取り残されていた環境や社会を投資へ取り込む道筋が見えてくるかもしれない。リスク・リターン・インパクトの3次元で価値判断できる投資家が増えれば、インパクトを意図とする企業も増えて、今まで取り残されていた外部不経済を資本主義に取り込むことができる。

　そういう意味でインパクト・エコノミーを実現させるレバレッジポイントは明らかだ。それはインパクトを意図した投資家が増えることだ。

　有能なアセットマネジャーがインパクト投資を実践したいと志しても、運用する資金がなければ始めることができない。とくに我が国では、すでに出来上がったものを選別して投資するというマインドセットから、新しい価値創造に向けてともに創るというパーパスに目覚めていただきたい。

　リスク（不確実性）は共通言語である。リターン（収益性）も共通言語だ。共通言語が存在しているから、場所や立場が異なっても人々は交わりながら新たな価値を創造できる。社会課題解決のインパクトも共通言語になれば、投資家と企業だけではなく、官民が真に連携できる。経済界とソーシャル・セクターもさらに高い次元で連携できる。

　もう一つ大事な共通言語がある。日本でも、アフリカでも、世界の時空を超える人類共通言語だ。それは、笑顔。日本、アフリカ、世界の子供たちの笑顔が絶えないように、我々は今、何をすべきか。答えは明らかであろう。笑顔こそ最大のインパクトだ。

第 4 章

サステナビリティ情報の開示

ニッセイアセットマネジメント株式会社
執行役員 運用本部副本部長
チーフ・コーポレートガバナンス・オフィサー
井口　譲二

1 はじめに

　有価証券報告書（以下、「有報」）におけるサステナビリティ情報の記載欄の新設やサステナビリティ開示基準の設定など、サステナビリティ情報の開示に向けた整備が進む。

　サステナビリティ情報の開示には2つの役割があると考えている。1つが、持続可能な社会への企業の移行をサポートするサステナブルファイナンスを支える役割、もう1つが、開示プロセスの実践を通じた企業価値の向上である。1つ目のサステナブルファイナンスを支える開示には、機関投資家・金融機関（以下、「投資家等」）が資金供給の可否の判断を行う際に必要となる「企業の開示」と、投資家等が資金を集める際に求められる最終受益者への「投資家の開示」という2つの開示があるが、「投資家の開示」も「企業の開示」を活用して作成されることとなるため、結局は、「企業の開示」の在り方が最も重要な課題になる。2つ目の役割である、開示プロセスの実践を通じた企業価値の向上は、サステナビリティ情報の開示プロセスにおいては新たな企業行動が求められることを意味しており、この点、企業の状況を忠実に描写することを目的とする財務会計基準の考え方とはまったく異なるところとなる。また、このことは、サステナビリティ開示基準の在り方にも大きな影響を及ぼすことになると考えている。実際、後述する国際サステナビリティ基準審議会（ISSB）のサステナビリティ開示基準にも企業価値向上のメカニズムが埋め込まれている。

　本稿では、サステナビリティ情報開示の役割への理解を目的とし、近年のサステナビリティ情報開示拡充の背景にある考え方、有報やサステナビリティ開示基準の動向、そして、サステナビリティ情報の保証の課題について、投資家の視点で考察する。なお、本稿の執筆時点では、ISSBのサステナビリティ開示基準の基準化が終了しておらず、ISSB等に関する意見は公開草案に基づいたものとなる（本稿での考察・意見は、所属する団体とは関係なく、個人のものとなる）。

2 サステナビリティ情報開示拡充の潮流の背景

　近年のサステナビリティ情報の開示拡充の潮流の背景には、投資家における長期志向（Long termism）の広がりがある。日本の場合[1]は、2014年のスチュワードシップ・コード[2]導入が、その始まりであったと考えている。スチュワードシップ・コードは、日本企業の持続的な成長を促すための投資家の望ましい行動規範を示したものであり、ソフトローではあるが、コードに署名した投資家には、「スチュワードシップ責任」を果たすことが求められている。

　〔図表4－1〕は、コードに定められるスチュワードシップ責任からの抜粋となる。筆者なりに要約すれば、スチュワードシップ責任とは、「中長期的な投資リターンの拡大を図ることが投資家の責任であり、これを実践するため、中長期的な視点で企業価値創造プロセスを分析し、投資判断およびスチュワードシップ活動を実践する」ことになる。短期志向（Short termism）の投資ではなく、長期志向（Long termism）の投資に努める責任が求められているのである。

　現在、このコードに300以上の国内外の機関投資家が署名しており、日本

〔図表4－1〕　スチュワードシップ責任

> サステナビリティ（ESG要素を含む中長期的な持続可能性）の考慮に基づく建設的な「目的を持った対話」などを通じて、当該企業の企業価値の向上や持続的成長を促すことにより、「顧客・受益者」の中長期的な投資リターンの拡大を図る責任を意味する

（出所）　スチュワードシップ・コードに関する有識者検討会「日本版スチュワードシップ・コード」のスチュワードシップ責任の主要箇所を筆者抜粋・下線を引く。

1　拙著『財務・非財務情報の実効的な開示―ESG投資に対応した企業報告―〈別冊商事法務No.431〉』（商事法務、2018年）。海外の場合、長期志向の広がりのきっかけは、2008年頃に発生したグローバル金融危機と言われている。
2　スチュワードシップ・コードに関する有識者検討会「日本版スチュワードシップ・コード」（2020年3月）。

の株式市場に投資する大宗の投資家がスチュワードシップ責任を履行する状況にある。このことは、短期志向が主流であった日本の株式市場が、コード導入により、長期志向を重視する市場に変化したことを意味する。

(1) 投資家の長期志向化と情報の重要性の変化

ここでは、投資家の長期志向への姿勢の変化が、情報の重要性に与える影響を考える。投資家の志向が変化すると、投資判断に必要とされる情報も異なることから「情報の重要性（materiality）」も変わることとなるのである。結論的に言えば、情報の重要性が、従来の財務諸表を中心とする財務情報からサステナビリティ情報（非財務情報ともいう）に移ることとなる。

① 非財務情報（財務情報以外の情報）の重要性の高まり

長期志向化により、投資家の視点が中長期化すると、企業を見る視点も変わることになる。〔図表4−2〕は、この関係を示しており、横軸が投資判断期間、縦軸の幅が、財務情報と非財務情報の重要度を示している。

〔図表4−2〕の一番左の短期視点の投資とは、四半期ベースで投資判断

〔図表4−2〕 投資視点の中長期化と非財務情報の重要性

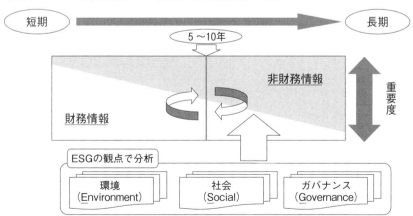

（出所） 拙稿「財務・非財務情報の実効的な開示―ESG投資に対応した企業報告―〈別冊商事法務No.431〉」（商事法務、2018年）を一部修正。

を行う投資手法が典型的な例となる。この場合、投資判断の鍵は、業績の上振れ下振れを予測・確認することであり、四半期決算短信などの財務情報のみが有用な情報となる。一方、投資家の視点が中長期化すると（〔図表4－2〕でいうと、投資判断期間に沿い、右の方に移行すると）、財務情報だけではなく、中長期的な企業の考え方を示した中期経営計画の妥当性、経営者のサクセッションなどを監督する取締役会の実効性、炭素排出量が大きい企業では環境課題への対応など、財務情報にあらざる情報である「非財務情報」がより重要な情報になることを示している。

　つまり、スチュワードシップ・コード導入により、投資家が長期志向化すると、投資判断期間が中長期化することとなり、「非財務情報」の重要性が高まることとなるのである。そして、この非財務情報を分析する視点として活用されるのが、環境（E）・社会（S）・ガバナンス（G）、いわゆるESG要因となる。これが、近年、投資家の運用プロセスの中で、ESG要因が重視される理由となる。

② **重要なサステナビリティ情報とは**

　本稿では、これ以降、投資家にとって重要な財務情報以外の情報について、「非財務情報」ではなく、「サステナビリティ情報」という用語を用いる。

　これは、長期志向の投資家が求める「非財務情報」とは、財務諸表の認識基準を満たしていないため、財務諸表上には表示されないが、将来的には、売上高や利益などの財務情報に転じ、キャッシュフローの割引現在価値である企業価値に反映される情報となるからだ。つまり、投資家が求める「非財務情報」は、将来にわたって「非財務情報」ではないため、「非財務情報」という用語は適切でないということになる。また、ここでいう「サステナビリティ情報」は、投資家への情報提供を目的とする情報であり、投資家以外のステークホルダーが求める情報は含まないことになる（シングルマテリアリティの視点）。

　グローバルなサステナビリティ開示基準を策定するISSBも、その基準の

名称を「非財務情報開示基準」ではなく、「サステナビリティ開示基準」とし、同様の考え方を採るが、このような考え方は、私の知る限り、グローバル機関投資家団体であるICGNとPRIが、2018年に共同で公表した報告書[3]で初めて指摘され、大きく広がったと考えている。

③　ダイナミックマテリアリティの議論

　ISSBの策定する基準の素案として、2021年11月に公表されたプロトタイプ[4]では、〔図表4－3〕にある「ダイナミックマテリアリティ」という考え方が示されている。企業が開示する情報を、「①サステナビリティ報告（環境などの外部環境に影響を与える情報）」「②サステナビリティ関連の財務情報（現在、財務諸表上にはないが、将来的には財務諸表に反映されると予想される情報）」「③財務報告（財務諸表上の情報）」の3つの領域に分け、投資家に対する情報の重要性（マテリアリティ）の変化に伴い、情報がこの領域を動的（ダイナミック）に移動するとしている。たとえば、領域②に属するサステナビ

〔図表4－3〕　ダイナミックマテリアリティの概念図

企業開示の3層構造

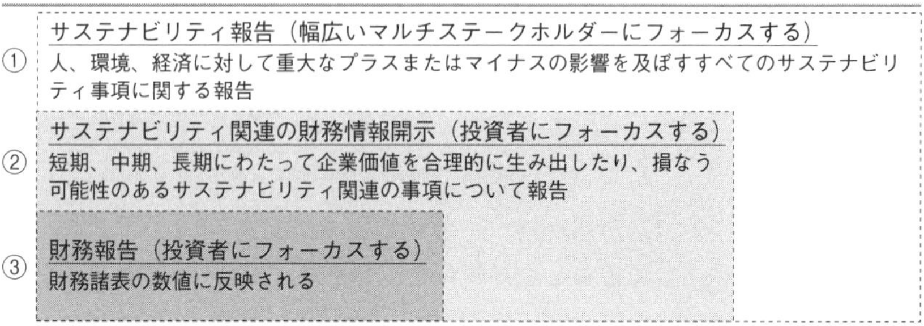

①	**サステナビリティ報告（幅広いマルチステークホルダーにフォーカスする）** 人、環境、経済に対して重大なプラスまたはマイナスの影響を及ぼすすべてのサステナビリティ事項に関する報告
②	**サステナビリティ関連の財務情報開示（投資者にフォーカスする）** 短期、中期、長期にわたって企業価値を合理的に生み出したり、損なう可能性のあるサステナビリティ関連の事項について報告
③	**財務報告（投資者にフォーカスする）** 財務諸表の数値に反映される

（出所）　金融庁「ディスクロージャワーキング・グループ（第7回）」（2022年3月24日）の事務局資料より筆者抜粋。

3　ICGN&PRI（2018）"A Discussion Paper By Global Investor Organisations On Corporate Esg Reporting".

4　IFRS Foundation（2021）General requirement for Disclosure of Sustainability-related Financial Information Prototype.

リティ情報は、将来的には、財務諸表の認識基準を満たし、領域③の財務諸表上の情報に移行することになる。領域①の外部に影響を与えるサステナビリティ情報（炭素排出量など）も、規制等（脱炭素に関わる規制など）があれば、企業価値に関わる情報となるため、領域②へ移行し、将来的には領域③に移行することになる。こういった情報の区分けをした上で、企業価値に関連する②の領域に属するサステナビリティ情報を重要な情報とし、基準策定の対象としている。

この領域②の情報を重要な情報とする考え方は、その後のISSBでの基準策定の基礎となっており、中長期投資家の情報の重要性の認識とも一致することになる。

(2)　サステナビリティ情報の開示拡充への要求の高まり

議論してきたように、2014年のスチュワードシップ・コード導入以降、投資家にとって、サステナビリティ情報は重要であったが、その重要性は、近年、飛躍的に高まっている。

深刻化する気候変動課題への対応として、G20の要請により設置されたTCFD（気候関連財務情報開示タスクフォース）が、2017年6月に「気候変動がもたらす財務的インパクトについての開示手法」を公表[5]していたが、この取組みをさらに強化する形で、グローバル共通のサステナビリティ開示基準の策定を目的としたISSBが、2021年11月に設立されている。また、国内でも、有報でのサステナビリティ情報の開示拡充に向けたルール改訂が、2022年11月に実施されるなど、国内外でサステナビリティ情報の開示に向けた整備が急速に進んでいる。本章では、近年のサステナビリティ情報の重要性の急激な高まりと開示ルール等の整備の背景について考察する。

①　持続可能な社会の到来と企業開示

サステナビリティ情報の重要性の急激な高まりの背景には、脱炭素に代表

5　TCFD（2017）"Recommendations of the Task Force on Climate-related Financial Disclosures".

される持続可能な（サステナブルな）社会への移行が目前に迫っていることがある。この持続可能な社会では、環境・社会面における課題といったサステナビリティ課題を解決する企業が必要とされるが、このことは、このような企業でないと、企業価値の向上を達成できないことも意味する。このため、今後、持続可能な社会に適合できるよう、多くの企業で経営戦略やビジネスモデルの抜本的な改革が求められることになると考えている。

2021年6月に施行されたコーポレートガバナンス・コード[6]では、サステナビリティ事項の監督を取締役会の責務として明確化しているが、この改訂（〔図表4-4〕）には、サステナビリティ事項が中長期的な企業価値向上に影響するならば、当然のことながら、取締役会が監督すべきである、という考え方があったと考えている。持続可能な社会への移行が迫る中、サステナビリティ要因の企業価値へ与える影響が、市場参加者の誰もが認識するほどに飛躍的に高まったということになる。

② サステナブルファイナンスの安定的な運用と企業開示の重要性

持続可能な社会への適応に向けた企業の対応が急がれる中、企業を資金面から支えるのが、サステナブルファイナンスとなる。このサステナブルファイナンスが円滑に実施されるためには、投資家等から企業に適切に資金供給が行われるだけではなく、投資家等が最終受益者から資金を継続的に獲得できるということも重要となる。つまり、金融庁「サステナブルファイナンス有識者会議」の視点[7]にもある、インベストメントチェーン（投資連鎖）全

〔図表4-4〕 コーポレートガバナンス・コードの改訂

4-2② 取締役会は、中長期的な企業価値の向上の観点から、自社のサステナビリティを巡る取り組みについて基本的な方針を策定するべきである。また、人的資本・知的財産への投資等の重要性に鑑み、（中略）企業の持続的な成長に資するよう、実効的な監督を行うべきである。

（出所） 東京証券取引所「コーポレートガバナンス・コード」から筆者抜粋・下線を引く。

---

6 東京証券取引所「コーポレートガバナンス・コード」（2021年6月）。

体の実効的な運営の確保が必要となるのである。

〔図表4－5〕には、インベストメントチェーンを記載しているが、インベストメントチェーン上には、個人投資家に代表される「最終受益者」、その資金を運用する「(機関)投資家」、資金の供給を受ける「企業」といった主体が存在する。企業は、右にある持続可能な社会へ移行する必要があり、そのために必要となる資金が最終受益者から投資家、そして企業に供給されることになる。このインベストメントチェーンで、とくに重要となるのは、a 投資家⇒企業（投資家が企業へ資金供給を行う局面）、そして、b 最終受益者⇒投資家（投資家が最終受益者から資金を集める局面）の2つの局面となるが、各々の局面で必要となる取組みは以下のとおりと考える。

a 投資家⇒企業（投資家が企業へ資金供給を行う局面）

投資家がサステナビリティ要因を考慮した投資を行うことを促進するとともに、企業のサステナビリティ事項への対応状況を投資家が確認できる環境を整えることが必要となる。

この点、金融庁「サステナブルファイナンス有識者会議」の報告書[8]では、「サステナブルファイナンスの意義を踏まえ、ESG要素を考慮することは、(中略)受託者責任を果たす上で望ましい対応と位置付けることができる」とし、投資家のサステナブルファイナンスに対する積極的な姿勢への期待を示している。一方、投資家が、企業のサステナビリティ事項への対応状況を確認できるよう、「企業の開示」ルールの整備を図ることも必要となる。

b 最終受益者⇒投資家（投資家が最終受益者から資金を集める局面）

投資家が企業へ資金供給を行うには最終受益者から資金を集める必要がある。この際、投資家保護の観点から、最終受益者に対し十分な説明を行う必要があることは論をまたないが、とくに、サステナブルファイナンスを目的として資金を集める場合には、最終受益者の意図もあることから、より詳細な開示が求められることとなる（ESGウォッシュの回避）。

7　有識者会議第二次報告書。
8　有識者会議第一次報告書。

〔図表4-5〕 持続可能（サステナブル）な社会への移行を支えるインベストメントチェーン

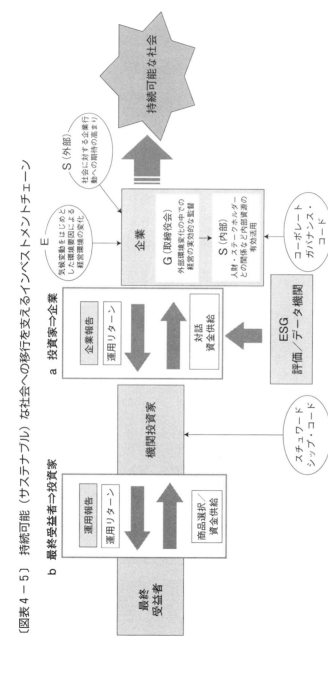

（出所） 筆者作成。

この意味で、「投資家の開示」も重要となるが、開示内容においては、サステナビリティ要因の活用に関わる運用プロセスのほか、運用プロセスが適切に実践されていたかを示すため、投資先企業の状況の開示も必要になる場合が発生すると考えられる。この「投資先企業の状況の開示」で必要となるのが「企業の開示」となる。「投資家の開示」にも対応できる「企業の開示」ルールの整備も求められることとなるのである。

　議論をまとめれば、近年、持続可能な社会の到来に伴い、企業の円滑な移行をサポートするサステナブルファイナンスのインベストメントチェーンのより実効的な運営が求められている。この運営の基盤となるのが「企業の開示」であり、適切な開示ルールの整備が必要となる。

3 サステナビリティ情報の有用な開示と投資意思決定への影響

　サステナビリティ情報の重要性の高まりについて見てきた。本章では、投資家の情報の活用手法を確認した上で、有用なサステナビリティ情報の開示に求められる要素、そして、本稿のキーワードの一つである、財務情報とサステナビリティ情報の統合的な開示の必要性について考察する。また、サステナビリティ情報が投資家の意思決定に及ぼす影響も確認することになる。

(1) 投資判断に直結するサステナビリティ情報の活用

　〔図表4－6〕には、中長期投資を実践する投資家の間でも最も活用されている「ESGインテグレーション（統合）」手法の運用プロセスを記載している。この運用の目的は、中長期的なリスク調整後リターンの最大化となるため、投資家にとって大事なことは、長期業績予測策定を通じた企業価値の適切な算出となる。

　一方、〔図表4－6〕の左の「サステナビリティ情報」欄が企業の開示状況となる。企業を取り巻くステークホルダーには、投資家だけではなく、さまざまなステークホルダーが存在するため、情報提供の必要からさまざまな

〔図表4-6〕 ESG要因を活用した中長期投資（ESGインテグレーション手法）

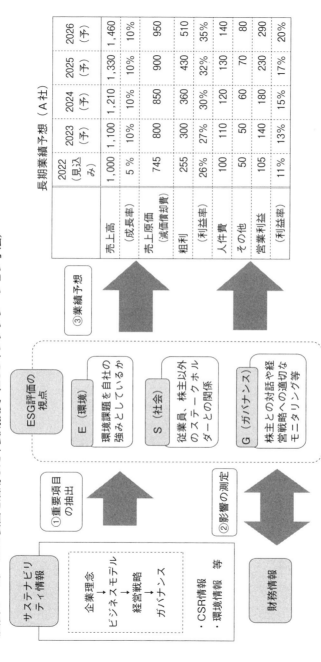

長期業績予想（A社）

	2022 (見込み)	2023 (予)	2024 (予)	2025 (予)	2026 (予)
売上高	1,000	1,100	1,210	1,330	1,460
（成長率）	5%	10%	10%	10%	10%
売上原価（減価償却費）	745	800	850	900	950
粗利	255	300	360	430	510
（利益率）	26%	27%	30%	32%	35%
人件費	100	110	120	130	140
その他	50	50	60	70	80
営業利益	105	140	180	230	290
（利益率）	11%	13%	15%	17%	20%

③業績予想

ESG評価の視点

E（環境）
環境課題を自社の強みとしているか

S（社会）
従業員、株主以外のステークホルダーとの関係

G（ガバナンス）
株主との対話や経営戦略への適切なモニタリング等

①重要項目の抽出

②影響の測定

サステナビリティ情報
企業理念
↓
ビジネスモデル
↓
経営戦略
↓
ガバナンス
・CSR情報
・環境情報 等

財務情報

（出所） 拙稿「財務・非財務情報の実効的な開示―ESG投資に対応した企業報告―〈別冊商事法務No.431〉」（商事法務、2018年）を一部修正。

88

情報も存在することとなる。投資家は、このさまざまな種類の情報の中から、ESGの視点ごとに、企業価値に関わるサステナビリティ情報を識別し（〔図表4－6〕の「①重要項目の抽出」）、長期業績予想に織り込み（同「③業績予想」）、算出される将来キャッシュフローの予測値を現在価値に割り引くことにより、企業価値を導き出すこととなる。

　この結果、算出された企業価値が現在の株価よりも高ければ、買いの判断を行う可能性は高くなり、低ければ、売却あるいは買い見送りの判断をする可能性が高くなる。このようにサステナビリティ情報の識別と活用は、投資家の意思決定に直結することとなる[9]。

〈ESGインテグレーション手法を通じた持続可能な社会への貢献〉
　なお、説明したように、ESGインテグレーション手法では、リスク調整後リターンの最大化が目的となる。しかし、この手法を実践すれば、環境・社会課題に対しソリューションを提供することが可能な企業は、ESG視点での機会面を高く評価されるため、企業価値が高く算出されることとなり、投資対象（資金提供先）となる可能性も高くなる。このように、ESGインテグレーション手法においては、その運用プロセスを忠実に実践すると、環境・社会課題解決能力のある企業への資金提供を通じ、結果的に持続可能な社会の構築にも貢献することにつながると考えている。

(2)　サステナビリティ情報の有用な開示に求められる要素

　議論してきたように、中長期投資家にとって、企業価値に影響を与える機会とリスクに関わるサステナビリティ情報は重要としてきたが、ここでは、この識別されたサステナビリティ情報が有用な情報となるために必要な開示の要素について考える。

①　求められる2つの開示要素
　識別されたサステナビリティ情報が有用な情報となるためには、2つの要

9　拙著・前掲注1・第3章。

素がとくに必要になると考える。ａ 全社の経営戦略との連動性、ｂ サステナビリティ戦略の進捗の可視化、である。ここでは、サステナビリティ情報の中でも「人的資本」の開示に焦点を当てた内閣官房「人的資本可視化指針」[10]を用い、求められる２つの要素について議論したい。なお、ここで取り上げる２つの要素は、後述するサステナビリティ開示基準でも考慮されていることが確認できる（とくに、コア・コンテンツの「戦略」「指標及び目標」）。

ａ 全社の経営戦略との連動性

　有用なサステナビリティ情報の対象となる事項は企業価値に影響するため、サステナビリティ事項への企業の対応（以下、「サステナビリティ戦略」）は、企業価値向上を目的とする全社の経営戦略と連動する必要がある。

　「人的資本可視化指針」の中では、資本効率の改善を目指す経営戦略を取り上げ、経営施策における（サステナビリティ情報である）人的資本の活用と開示の重要性が指摘されている[11]。

　具体的には、〔図表４－７〕にあるように「ROIC（投下資本利益率）逆ツリー（逆）」が活用され、投資家に（〔図表４－７〕の上の項目の）「資本効率」改善の経営戦略の実効性を納得させるためには、経営戦略の施策である「関連する経営施策等」の説明にとどまるのではなく、〔図表４－７〕の左端にある、「人的投資」まで開示する必要があることを示している。

〈経営戦略達成への確信度を高める効果〉

　じつは、この指針に示された考え方は、投資家が経営戦略の実効性を判断する際の課題と重なる部分も多い。現状、企業から経営戦略の公表があっても、「関連する経営施策等」までの開示や説明はあるが、その後の「人的投資」までは触れられていない場合が多いからである。

　指針では、「人的投資」として、「社内人材の育成等」「外部専門人材の採用等」「報酬制度見直し」「従業員エンゲージメント」などの項目が列挙され

10　非財務情報可視化研究会「人的資本可視化指針」（2022年8月）。
11　拙稿「「サステナビリティ情報の開示拡充」、「人的資本可視化指針」と、監査役等への新たな期待」（月刊監査役2022年12月）。

[図表 4 − 7] 投資家に実効的な経営戦略と納得させる開示手法

人的投資・経営戦略・資本効率・企業価値のつながり（例示的なイメージ図）

資本コストを超える資本収益性と成長による企業価値の向上

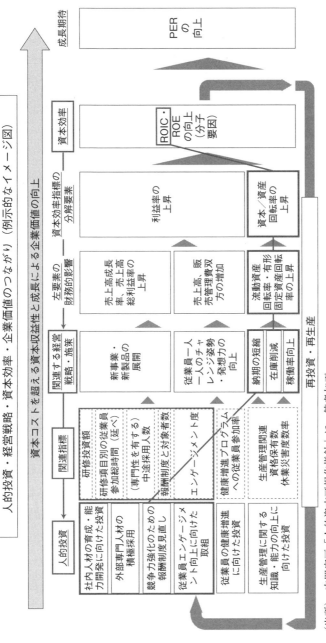

（出所）内閣官房「人的資本可視化指針」に、筆者加工。

ているが、ROICの分母に当たる投下資本の削減において、当該項目で必要とされる人的資本の戦略は以下のようになろう。

たとえば、顧客の状況を確認しながら、納期の短縮をし、投下資本の削減をしようとすると、情報技術を活用したデジタル戦略の導入が想定されるが、デジタル戦略の経験が少ない企業の場合、社内にスキルがないため、まず、「外部専門人材の採用」が必要となろう。また、単にシステム機器の導入だけではなく、そのスキルを組織全体で活用するには「社内人材の育成」のためのリスキリングの実施、従業員の姿勢を資本効率向上へと変化させるための「評価（報酬）制度見直し」、さらに、経営戦略の考え方の浸透度を把握する「従業員エンゲージメント」の実施といったことも必要となると考える。このような「人的資本の戦略」の開示があれば、投下資本の削減という経営施策の実効性に対する投資家の理解が増すことになる。

ここでは人的資本戦略の場合で説明したが、サステナビリティ戦略全般についても、経営戦略と連動させることにより、企業価値向上に向けた経営施策の内容が具体的となり、経営戦略の目標達成に向けた投資家の確信度が増すことになるのである。

b　サステナビリティ戦略の進捗の可視化

投資家が最終的に期待するのは、サステナビリティ戦略自体の成果ではなく、その成果が経営戦略の達成を通じ、財務諸表上（売上高や利益等）で確認でき、将来キャッシュフローの割引現在価値である企業価値に織り込まれることとなる。ただ一方、サステナビリティ戦略の効果を財務諸表上で確認できるまでには数年の期間がかかることもあるため、経営戦略の進捗の確認の代替として、サステナビリティ戦略の進捗を定量的な指標（KPI）で確認することが必要となる[12]。

指針でも、「関連指標」（〔図表4－7〕の「人的投資」の右）として示されているが、前記したデジタル戦略でいえば、戦略の達成に向けた進捗が理解

12　拙稿・前掲注11。

できるように、「社内人材の育成」では研修終了人数・研修費用／時間など、「外部専門人材の採用」では中途採用人数などを確認することとなる。このような情報があれば、投資家は、財務諸表上での成果を確認できなくても、経営戦略の進捗状況を推察できることとなろう。

② サステナビリティ情報開示に基づいた投資家の行動

　繰り返しとなるが、投資家が最終的に期待するのは、サステナビリティ戦略自体の成果・達成ではなく、サステナビリティ戦略の達成による、経営戦略の目標の達成、そして、企業価値向上となる。したがって、サステナビリティ戦略と経営戦略の連動性はきわめて重要となる。また、サステナビリティ戦略の成果が経営戦略（財務諸表上）に反映されるまでには時間がかかるため、サステナビリティ戦略の進捗の可視化も重要となる。

　このような要素が加味されたサステナビリティ情報の開示がある場合、経営戦略達成への確信度が増すため、投資家は長期業績予想に経営戦略（たとえばROIC改善）の効果を織り込むことができるのである。

(3)　サステナビリティ情報と財務情報の統合的な開示

　有用なサステナビリティ情報の開示について説明してきたが、サステナビリティ情報だけで、中長期投資の判断を行えるわけではない。長期業績予想の策定に活用したサステナビリティ情報が財務情報に転換されていく進捗の確認等において、財務情報を活用する必要もあるからだ（〔図表 4 － 6〕の「②影響の測定」など）。つまり、中長期投資においては、財務情報とサステナビリティ情報の統合的な活用が不可欠となる[13]。

　後述する、ISSBのサステナビリティ開示基準でも、サステナビリティ情報と財務情報とのコネクティビティが重視されているが、この見方は中長期投資家の視点と重なることとなる。

13　拙稿「投資家の着眼点：人的資本」（企業会計2022年 7 月号）。

〈財務情報との統合的な活用〉

　前節で用いた「人的資本」の例を用い、投資の意思決定おける財務情報との統合的な活用について説明する。〔図表4－8〕には、投資家が、企業の資本効率改善の経営戦略（ROIC経営の導入）の公表を受けてから、サステナビリティ情報（人的資本）と財務情報を活用しつつ、最終的な投資判断に至るまでのプロセスをステップ①〜⑥に分けて説明している。太字・下線の部分は財務情報の活用を行うステップとなる。

　財務情報は、ステップ①の長期業績予想の前提となる過去数値の確認のほかに、その後のプロセスでも活用される。ステップ②にある、資本効率改善を目指すROIC経営の評価には、前述したように「人的資本戦略」の施策（社内人材の育成や外部専門人材採用など）の確認が必要となる。この例では、経営戦略は実効的であると判断できたため、ステップ③にあるように、ROIC目標の達成を予想、財務情報を活用して構築した長期業績予想を上方修正す

〔図表4－8〕　資本効率改善を目的とする経営戦略（ROIC経営）に対する投資判断のプロセス

（ステップ①③④⑥は財務情報も活用（以下、太字・下線部分））
ステップ①：投資判断・企業分析の前提として、収益構造・財務状況（全社及びセグメント状況）の把握。
ステップ②：ROIC経営導入成功には、経営者のかけ声だけではなく、人的資本の有効活用が必要になると認識。人的資本戦略も含め、経営戦略の実効性を確認する。
ステップ③：経営戦略に実効性があると判断する場合：長期業績予想を上方修正⇒目標株価上昇⇒「買い」の判断。
ステップ④：②の経営戦略の進捗を確認するため、人的資本戦略のKPI、決算発表時に財務諸表で成果の確認を行う。
ステップ⑤：④で、進捗が確認できない場合、経営者に聞き、必要に応じ、改善を求める。
ステップ⑥：⑤を通じ、経営戦略の実現が難しいと判断する場合：長期業績予想を引き下げ⇒目標株価低下⇒「売却」の判断。

（出所）　内閣官房「非財務情報可視化研究会」第二回提出資料から抜粋、一部修正。

ることとなる。その結果、目標株価が上昇し、長期的な視点で「買い」の判断を行うこととなる。

　投資実施後、経営戦略の進捗状況の確認が重要となるが、ステップ④にあるように、人的資本戦略のKPI（社内研修終了人数や外部専門人材の採用人数など）や決算発表時の財務諸表上の数値で経営戦略の進捗を確認する。その結果、進捗が想定よりも遅れていると判断されれば、ステップ⑤にあるように、経営者に改善を求め、経営者との対話いかんによっては、ステップ⑥で、長期業績予想と投資判断の再考を行うこととなる。

　このように、中長期投資においては、サステナビリティ情報とともに、その進捗の確認と効果の測定において財務情報も必要となるため、財務情報とサステナビリティ情報の統合的な開示が不可欠な開示形態となる。

⑷　サステナビリティ情報の投資意思決定への影響

　サステナビリティ情報の有用性について議論してきたが、本節では、筆者の属する運用会社の事例も用い、サステナビリティ情報が投資意思決定に与える影響を確認したい。なお、一つの運用会社の事例ではあるが、長期志向の投資を実践する投資家に一般的に見られる事象と考える。

①　企業価値評価に与える影響

　まずは、サステナビリティ情報の投資家の企業価値評価へ与える影響についてである。当社では2008年からESGインテグレーション手法を採用し、長期業績予想を策定するプロセスの中で、企業価値に関わるサステナビリティ要因の機会とリスクを識別し、長期業績予想に活用している。同時に、このプロセスの中では、「ESG要因を企業価値向上に有効に活用している」と判断した場合、高い評価とする「ESG評価」を約400社の日本企業に実施している。このESG評価は実質３段階となるが、この評価を用い、アナリストが策定した将来５年間の中長期業績予想を括り直した結果が〔図表４－９〕となる。

　ESG総合レーティング１は、最もESG評価の高い企業群への業績予想とな

るが、左図の売上高予想、右図の利益率改善予想においても、ESG評価が高い、つまり、ESG要因を有効に活用して企業価値向上につなげていると判断される場合、アナリストは強い業績予想を行っていることが確認できる。これはサステナビリティ事項に適切に対応できていると判断される企業は、持続的な成長も期待できることが要因となっている。この結果、ESG高評価企業の将来のキャッシュフロー予想値も高くなるので、算出される企業価値も高くなり、これらの企業に投資が実施される可能性は高くなることとなる。

② サステナビリティ情報が株価に与える影響

　サステナビリティ情報の株価への影響を独立的に抽出するのは難しい。しかし、説明したように、ESG評価の高い企業は予想される企業価値も高く算出されるため、論理的に考えれば、長期業績予想が的確であれば、予想され

〔図表 4 − 9 〕　サステナビリティ情報が企業価値評価に与える影響

ESG評価とアナリストによる売上高予想の関係

ESG評価とアナリストによるEBITDA利益率改善予想の関係

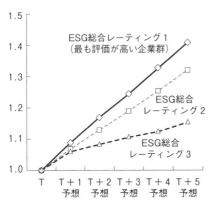

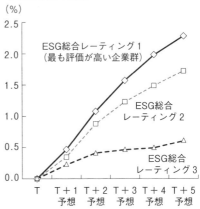

（注）　Tは2016年度。各企業の2016年度の売上高を1とし、売上高予想の平均値を表示（T＋1からT＋5はニッセイアセットのアナリストによる予想値）。

（出所）　ニッセイアセットDBより筆者作成。

（注）　Tは2016年度。各企業の2016年度のEBITDA利益率からの改善予想幅の平均値を表示（T＋1からT＋5はニッセイアセットのアナリストによる予想値）。

〔図表4−10〕 サステナビリティ情報が株価に与える影響

▶ESGレーティング別パフォーマンス（国内株式）
対TOPIX・期間2008/12/1−2022/3/31
◆ESG総合レーティング累積超過リターン（単純平均）

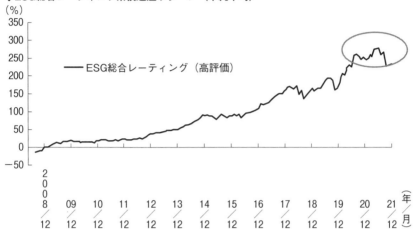

(注) 累積超過リターンは対TOPIX（単純平均により計算）。上図はニッセイアセットが
　　　独自に付与しているESGレーティングの評価が高い企業群のパフォーマンスを示した
　　　もの。記載したデータは過去の試算結果を示したもので、市場環境によって変動し得
　　　るものであり、将来の利回りを保証するものではありません。
(出所) ニッセイアセットマネジメント「サステナビリティレポート2022」。

た企業価値が実現する形でESG評価の高い企業の中長期的な株価パフォーマ
ンスも良好になると予想される。実際、〔図表4−10〕は、当社のESG評価
がいちばん高い企業群の2008年からの株価パフォーマンスを示しているが、
たしかに良好であったことが確認できる。

　このように、長期志向の投資においては、サステナビリティ情報が、長期
業績予想を通じ、企業価値評価、そして、投資意思決定に大きな影響を与え
ていることが理解できる。

4 サステナビリティ開示の枠組み・基準

　サステナビリティ情報の重要性の高まりと有用性について説明してきた
が、次に、サステナビリティ情報の開示ルール等の整備の動向について説明

する。ここでは、有報におけるサステナビリティ情報の開示拡充と、その記載内容を定めるサステナビリティ開示基準の策定動向を取り上げる。

(1) 有報におけるサステナビリティ情報の開示

金融庁の金融審議会ディスクロージャーワーキング・グループでの議論を経て、サステナビリティ情報の開示を定めた「企業内容等の開示に関する内閣府令（以下、「内閣府令」)[14]」等の改正が、2023年1月に公表された。改正の背景には、これまで議論してきたように、中長期投資家の投資判断にとって、財務情報と同様、サステナビリティ情報は欠かせない情報となったことがある。

同時に出された一連の改正の中では、将来情報であるサステナビリティ情報の有報開示に対する企業の虚偽記載の懸念に配慮する形で、「企業内容等の開示に関する留意事項について（企業内容等開示ガイドライン)[15]」の改正も行われている。改正の中では、その前提となる事実や仮定等について合理的な記載がされる場合などにおいては、記載した将来情報と実際の結果が異なる場合でも、ただちに虚偽記載の責任を負うものではないことが明確化されている。このような措置により、より有用なサステナビリティ情報が有報で開示されることを期待している。

① サステナビリティ情報の記載欄の設置

有報のサステナビリティ情報の開示拡充では、『記載欄』の新設が行われ、「ガバナンス（取締役会等の監督)」「リスク管理（管理手法)」「戦略（対処手法)」「指標／目標（目標の設定と定量的な進捗管理)」の4つの項目の開示が要求されている。これは、TCFD提言や、後述するISSB基準といった国際的な枠組みとも整合している。この4つの項目の中で、「ガバナンス」「リスク管理」は必ず開示し、「戦略」「指標／目標」については、「ガバナン

14　金融庁「企業内容等の開示に関する内閣府令」（2023年1月）。
15　金融庁「企業内容等の開示に関する留意事項について（企業開示内容等開示ガイドライン）」（2023年1月）。

〔図表4−11〕 有報におけるサステナビリティ情報の開示拡充

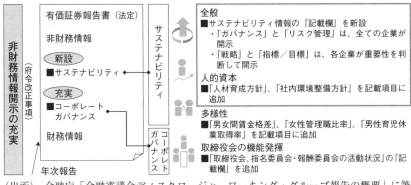

（出所） 金融庁「金融審議会ディスクロージャーワーキング・グループ報告の概要」に筆者が太枠を追加。

ス」「リスク管理」で示された開示プロセスにおいて、企業価値に影響を与える重要なサステナビリティ事項が識別された場合、開示することとされている（〔図表4−11〕）。

　今回の開示拡充は、記載欄の設置であり、各記載欄への具体的な開示内容は、当面は任意での開示となるが、金融審議会ディスクロージャーワーキング・グループ報告（以下、「金融庁DWG報告書」）[16]では、将来的には、サステナビリティ開示基準の活用が期待されている。詳細については、後段でも触れるが、2022年3月、グローバルなサステナビリティ開示基準の策定を目指すISSBからIFRSサステナビリティ開示基準案（以下、「ISSB基準」）が公表されている。

　また、人材育成方針等が「戦略」「指標／目標」の必須記載項目とされたが、この人的資本の開示強化の背景には、持続可能な社会への移行に向け“企業の在り方”に大きな変革が求められる中、人的資本の実効的な活用が成功の鍵になるとの投資家の一致した見解がある[17]。

16　金融庁「金融審議会ディスクロージャーワーキング・グループ報告」（2022年6月）。
17　拙稿・前掲注11。

② 有報でのサステナビリティ情報開示の意義

これまで、日本のサステナビリティ情報の開示は、任意の統合報告書を中心として行われてきたが、今回の開示ルール変更に伴い、有報での開示が中心となる企業報告のパラダイムチェンジが生じると予想している。有報におけるサステナビリティ情報の開示には、以下の3つの意義がある。

a グローバルの企業開示体系との調和

グローバルでは、サステナビリティ情報の開示の中心は、監査済みの財務諸表も掲載されたアニュアルレポート（年次報告書）となる。日本で、この役割を果たすことが可能な開示媒体は有報となり、資本市場のグローバルでの広がりを考えると企業開示体系を調和させる必要性は高い。実際、サステナビリティ情報も含め、グローバル投資家の有報の開示拡充を求める声は非常に大きい[18]。

b サステナビリティ情報と財務情報の統合的な開示の実現

すでに説明してきたので、詳細には議論しないが、中長期投資において、サステナビリティ情報と財務情報の統合的な開示の活用は不可欠である。そして、これを可能とする報告書類は、任意の統合報告書ではなく、有報となる。また、有報での開示は、投資家が、一つの開示媒体で、企業価値創造プロセスを一覧的に見ることも可能とする。

c 組織全体の意見を示す報告書

重要なサステナビリティ事項への企業の取組みにおいて確認したいのは、組織全体の統一された見解であり、担当者はもちろんのこと、経営者個人の見解でもない。重要なサステナビリティ事項は、中長期的な経営戦略等と関わりを持つことを考えると、取締役会を含めた組織全体の意見の確認が求められる。この点、任意の報告書の発行の承認レベルは、さまざまであり、担当部署レベルで決裁が行われることもあると聞いている。一方、有報の発行は、取締役会への報告・承認事項となるので、有報での開示は、投資家が望

---

18 ICGN（2022）"Japan Governance Priorities 2022".

む、組織として確認・認識したサステナビリティ事項の開示につながると考えている。

〈任意の報告書の新たな役割〉

　有報での開示の意義について説明してきたが、任意の報告書の役割がなくなるわけではない。有報で表現できない事項について、補完的に説明するといった役割は残ると予想しているからだ。

　実際、「企業内容等開示ガイドライン」でも、任意開示書類についての言及がある。内容を要約すると「有報のサステナビリティ情報を補完する詳細な情報についての任意開示書類への参照を認めるとともに、有報の参照先に虚偽記載や誤解を招く表現があっても、それが意図的でない場合、有報の虚偽記載の責任から免責される」となっており、詳細な情報については、任意の報告書での参照が認められるとともに、参照時の虚偽記載の解釈について明確化されている。一方、任意の報告書を有報の参照先とする場合、これまでのようにまったく虚偽記載への考慮をしなくてよいという状況でもなくなったとも筆者は理解しており、従前よりは、有報の参照先の任意の報告書の記載内容について注意を要するようになると考えている（関係箇所抜粋「参照先の書類に虚偽の表示又は誤解を生ずるような表示があっても、当該書類に明らかに重要な虚偽の表示又は誤解を生ずるような表示があることを知りながら参照していた場合等、当該書類を参照する旨を記載したこと自体が有価証券届出書の虚偽記載等になり得る場合を除き、直ちに有価証券届出書に係る虚偽記載等の責任を負うものではない」[19]）。

(2)　ISSBのグローバルなサステナビリティ開示基準について

　前記したように、有報では、サステナビリティ情報の記載欄が新設されることとなったが、次の段階としては、記載欄への具体的な記載内容を定めることが必要となる。当面は、記載欄への開示内容については任意の開示にな

19　金融庁・前掲注15。

ると思われるが、将来的には、財務諸表の開示内容を定める財務会計基準に相当するサステナビリティ開示基準が必要となるのである。サステナビリティ開示基準設定の動向について確認したい。

① サステナビリティ開示基準設定主体――ISSB・SSBJの設置

　サステナビリティ情報の開示基準設定に向けた国内外の動きが激しくなっている。国際会計基準（IFRS）設定の実績があるIFRS財団の下に、2021年11月、国際サステナビリティ基準審議会（ISSB）が設置された。また、日本では、2022年7月に、国内のサステナビリティ開示基準策定を目的とするサステナビリティ基準委員会（SSBJ）が設置されている（〔図表4－12〕）。

　財務会計基準の場合、企業会計基準委員会（ASBJ）が策定する日本基準、国際会計基準審議会（IASB）が策定する国際会計基準（IFRS）等の基準を、金融庁長官が告示指定することで、有報に開示される財務諸表に適用可能となるが、12月に公表された金融庁DWG報告書[20]では、サステナビリティ開示基準についても、金融庁長官の告示指定により、我が国の「サステナビリ

〔図表4－12〕　日本企業へのサステナビリティ開示基準の適用

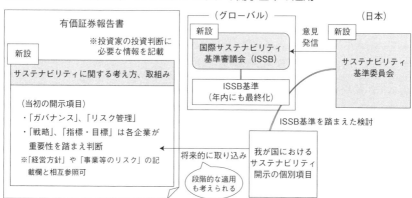

（出所）　金融庁「ディスクロージャーワーキング・グループ（第7回）」（2022年3月24日）の事務局資料より筆者抜粋。

---

[20]　金融庁「金融審議会ディスクロージャーワーキング・グループ報告」（2022年12月）。

ティ開示基準」として、有報に開示されるサステナビリティ情報に適用される方向性が示されている。

　一方、国際会計基準のIFRSとISSBが策定するISSB基準が異なる点は、ISSB基準は、グローバルベースラインとされ、日本（各国の法域）で一定の基準の上乗せや調整をした上で適用されることが想定されているところとなる。ただし、金融庁DWG報告書では、グローバルでの比較可能性も確保し、国内において統一的に適用し得る開示基準を策定し、有報に取り込んでいく方向性が示されていることに加え、SSBJも、国内のサステナビリティ開示基準の策定において、国際的な整合性を重要な視点[21]としていることから、国内で一定程度の調整が行われるとしても、ISSB基準が日本のサステナビリティ情報開示に大きな影響を及ぼす状況に変わりはないと考えている。なお、SSBJは2023年4月に、ISSB基準に基づいたサステナビリティ開示基準を2024年度中（遅くとも2025年3月31日まで）に確定することを公表している[22]。

② ISSB基準の全般的な特徴

　2022年3月に、ISSBから、全般的要求事項であるIFRS S 1 号「サステナビリティ関連財務情報の開示に関する全般的要求事項」（以下、「S 1 基準」）[23]とテーマ別の要求事項としてIFRS S 2 号「気候関連開示」（以下、「S 2 基準」）[24]の 2 つの公開草案が公表された。基準の全般的な特徴として、以下の4点が挙げられると考えている。

　a　投資家の意思決定に資する情報の提供

　ISSB基準の目的は、S 1 基準 1 項で、「一般目的財務報告の主要な利用者

21　サステナビリティ基準委員会「サステナビリティ基準委員会の運営方針」（2022年12月）。

22　サステナビリティ基準委員会「現在開発中のサステナビリティ開示基準に関する今後の計画」（2023年4月）。

23　IFRS Foundation（2022）"(Draft) IFRS S1 General requirement for Disclosure of Sustainability-related Financial Information".

24　IFRS Foundation（2022）"(Draft) IFRS S2 Climate-related Disclosures".

が企業価値を評価し企業に資源を提供するかどうかを決定する際に有用な企業の重大なサステナビリティ関連のリスク及び機会に関する情報の開示」と定められている。ここで使われる「一般目的財務報告の主要な利用者」とは、IASBが策定した「財務報告に関する概念フレームワーク」の1.2で、「現在及び潜在的な投資者、融資者及びその他の債権者」とされている。

　つまり、ISSB基準は、投資家等の意思決定に有用となる情報の提供を目指していることになる。この点は、投資家以外のステークホルダーへの情報提供をも目的（ダブルマテリアリティ）とする欧州のサステナビリティ情報開示基準「欧州サステナビリティ報告基準（ESRS)」とは一線を画することになるが、このような重要な情報の絞り込みは、中長期投資家の有用性を高めることはもちろんのこと、企業の開示作業も容易にするという点で、望ましいと考えている。

〈インパクト開示について〉

　説明したように、ISSB基準では、投資家等への情報提供のみを目的としているが、投資家以外のステークホルダーへの視点も重要であるとし、一部のグローバル投資家から懸念の声が上がっている。ただ、ISSB基準に環境や社会への影響（インパクト）の開示への考慮がないと主張しているとすると、これは誤った指摘となる。S 1 基準 6 (c)にも、基準の対象となる情報として「地球及び経済との関係並びにそれらに対する影響（インパクト）及び依存など」が含まれていることからも分かる。

　実際、S 2 基準では、炭素排出量などの環境へのインパクトの開示を求めており、企業価値に影響を与えることが前提にはなるが、インパクトの開示もISSB基準の対象になっていることが理解できる。この点、最近、脚光を浴びている上場株式へのインパクト投資手法では、環境や社会へのインパクトだけではなく、運用リターン獲得の観点で企業価値向上も視点の一つとしているため、ISSB基準の考え方でも十分に対応可能と考えている。

　b　財務情報とのつながりの重視（統合的な開示枠組みの提供）

　本稿では、統合的な開示枠組みの重要性について何度も言及しているが、

S 1 基準の42項でも、「（サステナビリティ情報と）財務情報とのつながり」について言及され、「投資家が、サステナビリティ関連のリスク及び機会に関する情報が、どのように財務諸表における情報と結びついているかを評価できるように情報開示されるべきである」とされている。

　実際、サステナビリティ情報と財務情報の統合的な開示を可能とするため、ISSBは、財務会計基準の考え方を記載した「財務報告に関する概念フレームワーク（以下、「概念フレームワーク」）」[25]を基礎として、サステナビリティ開示基準の策定に取り組んでいる（〔図表４−13〕）。具体的には、企業が開示内容を決める際に重要となる「重要性の定義」（主要な利用者の意思決定に影響を与えることが合理的に予想される場合には重要性がある）、「有用な情報の質的特性」（目的適合性relevance、忠実な表現fair representationなど）など

〔図表４−13〕　統合的な開示枠組みを提供するISSB基準

（サステナビリティ開示基準）　　　　　　　　（財務会計基準の考え方）

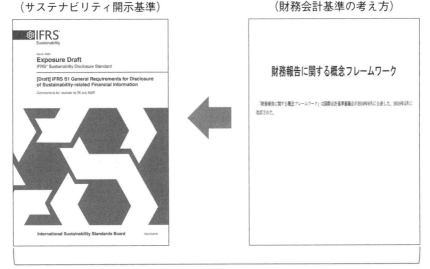

（財務情報・サステナビリティ情報の統合的な開示に向けての共通基盤）
（出所）　筆者作成。

25　International Accounting Standards Board（IASB）（2018）「財務報告に関する概念フレームワーク」。

を、「概念フレームワーク」に定められた考え方に可能な限り揃えようとしている。このような財務情報との連係を重視した基準策定は、中長期投資の実行に不可欠な統合的な情報の活用を容易にする点で望ましいと考える。

c　情報の記載場所（開示媒体）

情報の記載場所は、各法域がルールに基づき定めることであり、基準には明記がない。ただし、基準では、一般目的財務報告の一部として開示することが要求されており、これまで議論してきたように、財務情報との統合的な開示が可能となる「年次報告書」、日本では、有報における開示が妥当とされていると解釈している。

d　基準の構造

〔図表4－14〕のとおり、S1基準は、サステナビリティ情報の開示のテ

〔図表4－14〕　サステナビリティ情報の包括的な考え方を示すS1基準案

S1基準案の概要

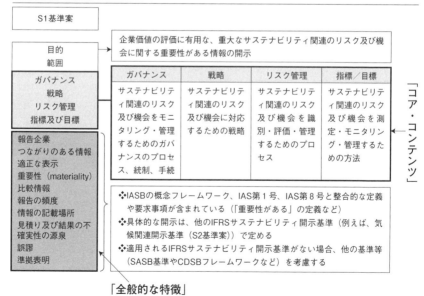

「全般的な特徴」

（出所）　SSBJ作成図表に筆者追記。

ンプレートとなる「コア・コンテンツ」（ガバナンス・戦略・リスク管理・指標／目標）とISSB基準の基本的な考え方を示した「全般的な特徴」の２つの部分から構成されており、後半の「全般的な特徴」（付録C：情報の質的特性も含める）は、財務会計基準における「概念フレームワーク」と同じ位置付けとなる。また、「コア・コンテンツ」では、企業と投資家が慣れ親しんできたTCFDと同じ開示様式が採用されているが、このことは、ISSB基準が早期に市場の理解を得ることを可能にすると考えている。

　一方、〔図表４－15〕のとおり、S２基準は、テーマ別の基準と位置付けられ、気候変動の開示に関し、S１基準のテンプレートとなる部分を応用した形で、「ガバナンス」「戦略」「リスク管理」「指標及び目標」における開示要求事項をより詳細に定めている。今後、気候変動に続き、別のテーマのサステナビリティ開示基準が策定されると予想されるが、その場合も、S１基

〔図表４－15〕　ISSB基準の基準構造

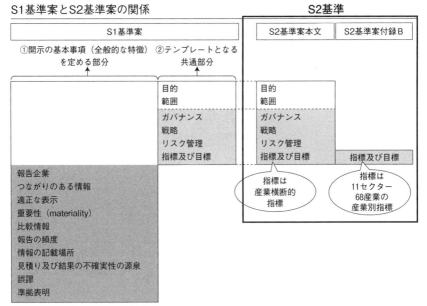

（出所）　SSBJ作成図表に筆者追記。

準をベースとしつつ、テーマ別の詳細な開示基準が策定されると考える。

　なお、S2基準付録Bには、11セクター・68産業の指標を定めた「産業別指標」もあったが、多くのステークホルダーから「基準内での位置付けが不明確、国際化の観点で再検討する余地がある」との指摘があり、2022年10月に開催されたISSB理事会で、産業別指標の開示の有用性は認めるものの、当面の基準化は見送られることとなった。

(3)　企業価値向上のメカニズムが組み込まれた基準体系

　ISSB基準について説明してきたが、この基準（そして、有報のサステナビリティ情報開示要求）には、企業価値向上（毀損防止）に向けたメカニズムが組み込まれていると考えている。これは、「ガバナンス」「戦略」「リスク管理」「指標／目標」の4つの項目の開示が要求されているが、この開示要求事項に応えようとすると、開示の前に、「ガバナンス」では〈重要なサステナビリティ事項の取締役会における監督〉、「戦略」では〈サステナビリティ事項への対処方法の策定〉、「指標・目標」では〈目標設定と進捗の管理〉など、識別されたサステナビリティ事項に対する行動方針等の策定も求められることになるからである。基準に準拠した開示プロセスを履行しようとすると、企業価値向上に向けた企業行動までも要求されることとなるのである。

　この点は、財務状況の善し悪しにかかわらず、その状況を忠実に描写することを目的とする財務会計基準とはまったく異なる基準の特徴を持っていることとなる。

①　開示を通じた企業価値向上

　このように、開示基準に企業価値向上プロセスのメカニズムが組み込まれている背景には、サステナビリティ情報の開示の究極的な目的は、開示を通じた企業価値向上にあるという考え方があると理解している。

　〔図表4－16〕は、ISSB基準における開示を通じた企業価値向上のプロセスを示している。開示の中では、まずは、サステナビリティ開示基準に基づき、企業価値に関わる重要なサステナビリティ事項を識別し、それに対する

〔図表4-16〕　サステナビリティ情報の開示を通じた企業価値向上

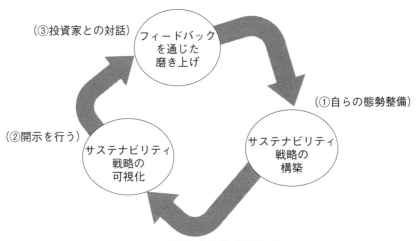

（出所）　内閣官房「人的資本可視化指針」を参考に筆者作成。

態勢（取締役会の監督態勢やサステナビリティ戦略の構築）の整備を実施する（①態勢整備）、次に、その態勢等を基準に沿い開示する（②開示を行う）、そして、外部の第三者として客観的な目を持った投資家等と議論し、態勢整備の改善のヒントとする（③投資家との対話）、最後に、自らの振り返りや外部の声を生かし、態勢の再整備を行うといった形で、開示を通じた企業価値向上を実践することとなるのである。

② サステナビリティ情報の品質格差の課題

　このような開示プロセスは、サステナビリティ事項への適切な対応を通じ、企業価値向上（毀損防止）に寄与する一方、企業行動を伴うため、すでに取り組んでいる企業とこれから取り組む企業のサステナビリティ情報に大きな品質格差が生じることも意味する。この品質格差は、財務情報以上に大きいと想定され、この格差をどう埋めていくかが、今後、資本市場での重要な検討課題となろう。

5　サステナビリティ情報の信頼性確保に向けて

　これまで議論してきたようにサステナビリティ情報は、財務情報と同様に、投資家の意思決定において重要な情報となるので、その信頼性を高める仕組みの確保も、財務情報と同様に重要となる。金融庁DWG報告書でも、中期的に重要な課題として、サステナビリティ情報の保証（以下、「保証」）の検討を進めていく必要があるとしている。

①　保証に向けた制度整備

　現状、保証は、グローバルでも任意での適用となっている。しかし、米国や欧州では、2024年頃からの段階的な強制適用も計画され、こういった動きを受け、財務会計の国際監査基準（ISA）の策定を行ってきた国際監査・保証基準審議会（IAASB）や国際会計士倫理基準審議会（IESBA）が保証の基準策定に向け動き出している状況にある[26]。

　また、主要各国の規制当局の集まりである証券監督者国際機構（IOSCO）も、2022年9月に、IAASB・IESBAが保証基準の策定を始めることに対し、歓迎する声明[27]を出すとともに、その声明の中で、考慮すべき事項として、「ISSBとも協調しつつ、監査法人以外の保証提供者向けの基準とする」「保証対象と保証レベルを明確化する」「既存の保証基準等に基づいた基準策定の検討とステークホルダーとの対話を重視する」などを挙げている。

②　投資家としての期待と懸念

　投資家として、情報の信頼性が高まる点で、保証の枠組みが整備されることは望ましい。保証の在り方に対する期待は以下の2点となる。1点目は、これまで議論してきたように、中長期投資やサステナビリティ開示基準で、財務情報との統合的な開示が求められる中、保証についても財務情報とサス

---

[26]　金融庁金融審議会「ディスクロージャーワーキング・グループ（第2回）」事務局資料（2022年11月2日）。

[27]　IOSCO（2022）"IOSCO encourages standard-setter's work on assurance of sustainability-related corporate reporting".

テナビリティ情報との一貫した監査・保証が実施されることである。2点目は、財務諸表監査では、監査主体を公認会計士または監査法人（以下、「監査法人等」）に限るとともに、監査法人等を律する公認会計士法が制定され、監査業務における品質管理や利益相反管理など高品質の監査を担保する仕組みが整えられているが、保証においても、同様の仕組みが整えられることとなる。

〈財務諸表監査とサステナビリティ情報の保証の共通した課題〉

しかし、上記のIOSCOの声明、あるいは、欧米の保証制度導入においても、監査法人等以外も活用可能な保証の枠組みの導入が目指されている状況にある。日本でも、すでに40％近い保証が監査法人等以外で実施され、米国などでも同様の状況であることを鑑みると、やむを得ない面がある一方、保証においても、利益相反の管理や組織的な保証業務の必要など、財務諸表監査と共通する多くの課題が発生する懸念がある。

実際、2022年12月に公表された金融庁DWG報告書[28]では、高品質の保証の確保のため、保証の担い手を法制度の中に位置付け、当局の監督対象とする方向性が示されている。なお、ESG評価・データ提供機関の品質向上の観点から策定されたものとなるが、同年12月に金融庁が公表した「ESG評価・データ提供機関に係る行動規範」[29]では、組織的な取組みや利益相反管理などについても定められており、ルール化において参考になる部分が多いのではないかと考えている。

このようにサステナビリティ情報の信頼性を高める観点で、保証の強制適用に期待するところは大きいが、高品質の保証の確保の在り方については、資本市場の新たな課題になると考えている。

6 終わりに

本稿では、サステナビリティ情報の重要性の高まりの背景と開示ルールの

28　金融庁・前掲注20。
29　金融庁「ESG評価・データ提供機関に係る行動規範」（2022年12月）。

整備について、投資家の観点で論じてきた。また、最後にサステナビリティ情報の保証の課題についても言及した。

　有報のサステナビリティ情報開示の拡充、そして、サステナビリティ開示基準の策定により、中長期投資家が望む、充実したサステナビリティ情報と財務情報の統合的な開示が実現の方向にあり、このことは、重要となるサステナブルファイナンスのインベストメントチェーンの実効的な運営にも大きく寄与すると考える。

　ただし、その定着までには、サステナビリティ開示基準の適切な適用、情報の信頼性を高める取組み（保証）など多くの課題も残されている。サステナビリティ情報の開示は、サステナブルファイナンスの基盤であり、課題の解決に向けた行動が求められると考えている。

第 5 章

ESG評価やデータ提供の変遷、実態と期待される行動

En-CycleS（Engagement Cycle for Sustainability）
独立コンサルタント
特定非営利活動法人日本サステナブル投資フォーラム　理事
岸上　有沙

1 はじめに

筆者がサステナブル投資、それを支えるESG評価やデータ提供に関わり始めたきっかけに、1人の経営者との出会いがある。その経営者は、環境や資源に配慮し、国の社会保障がまだ弱い中、安心して働ける従業員の労働環境を整えていた。これは本来、あらゆる営利企業に期待する役割だが、実際に当たり前のこととして実践している企業は珍しいと感じた。この企業のように、短期の業績だけではなく、長期目線で環境や従業員に配慮した企業を評価するお金の流れを実現することで、個々の経営者を後押ししたい。この思いがその後の活動の原点となった。

その後、英国に拠点を持つFTSE Russell社のサステナブル投資部署に携わることを選択した。Nikkei225のように、時価総額を中心として一定のルールに基づいて銘柄を選定し、インデックスという形で投資判断ツールを提供している会社だ。そこでESG（環境、社会、ガバナンス）要素を考慮するインデックスも作成しており、先に挙げた「長期目線のお金の流れ」が実現できる可能性を感じたからだ。

そして2017年7月、世界最大手のアセットオーナーであり、日本の公的年金の積立部分を運用するGPIF（年金積立金管理運用独立行政法人）が、資産の運用先にESG要素を明確に取り入れたインデックスを、FTSE Russell社作成のものを含めて初めて採用した。この動きは、日本はもとより各国の機関投資家が企業のESG要素への取組みを企業価値、ひいては投資判断において価値ある情報として認める一つの象徴的な出来事となった。

このように、ESG評価・データ（以下、「ESG評価」）情報やそれを提供する機関は、サステナブル投資の発展において大きな役割を担ってきた。同時に、経済・金融活動におけるESG評価の重要度が増す中でその評価体制も大きく変化してきており、期待とともにその役割の課題や限界も見えてきている。

筆者はこれまでにインデックス管理の一環としての各国企業とのエンゲー

ジメント、ESGレーティングの開発と管理、アジア太平洋地域を中心とした
各国機関投資家との対話や商品開発といった実務に携わるとともに、ESG評
価を含め、広義でのサステナブルファイナンス[1]における施策づくりの議論
に参加してきた。ここでESG評価のすべてを語ることは難しいが、本章では
これまでの関わりを軸に、ESG評価・データ提供機関（以下、「ESG評価機
関」[2]）が、1)具体的にどのように調査を実践しているか、2)どのような組
織変遷をたどって成長、多様化してきたか、3)サステナブルファイナンス全
体の流れの中でどのような役割を担い得るのか、そして4)ESG評価機関への
期待が高まる中、より良いESG評価の提供に向けてどのような行動が社会や
行政から求められているか、について紹介していく。

2　ESG評価の疑似体験

　ESG評価を受ける側、活用する側として、その評価結果に触れることは
あっても、評価を提供する側の実態に触れる機会は少ないだろう。ここで
は、その実態への理解を深めるため、主に4つの評価手法（アプローチ）を
〔図表5－1〕のとおり紹介する。なお、(4)のラベル債券の外部評価に関し

〔図表5－1〕　発行体のESG評価における主な評価手法・アプローチ

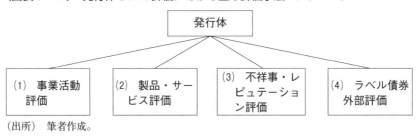

（出所）　筆者作成。

1　本章の「サステナブルファイナンス」は、金融庁サステナブルファイナンス有識者会
　議での議論を踏まえ、より広義の「持続可能な環境や社会の実現を伴った経済・金融
　（投融資・保険引受け含む）行動」と捉えて利用する。
2　ここでは「ESG評価機関」と総称を省略するが、5で論じているとおり、「評価」と
　「データ」を区別するか否かは論点の一つである。

ては、次節の3で概要を紹介しているのでここでは省略するが、企業や自治体といった発行体[3]の環境・社会要素への取組みと関連した評価軸の一つとして、あわせて〔図表5－2〕で紹介している。

(1) 事業活動評価

発行体が事業活動を通じて影響を授受する環境・社会要因を把握し、的確に対応しているか否かを評価することを指す。これまでの「ESGレーティング」と呼ばれる評価の主軸となる評価アプローチと言える。この事業活動評価は、さらに3つの工程に区分することができる。

① 優先すべき環境・社会要素の特定

はじめに、数多く存在する環境・社会要素の中で、優先的に評価すべき要素を特定する必要がある。この優先順位の判断は、ESG要素に関する法定開示や会計基準がまだない段階では、ESG評価機関が先んじて行ってきた。今後はISSB（国際サステナビリティ基準審議会）などを通じて、財務リスクの観点から特定されるESG要素が増えると考えられる。しかしその体制が確立されるまでは、ESG評価機関においても引き続き優先順位を考えていかなければならないだろう。

ではどのように優先すべきESG要素を定めるのか。その判断には客観的なデータや調査が必要となる。例として「水の枯渇」という要素の重要性を探る。世界経済フォーラムが発行したGlobal Risk Report 2022を参照すると、「水の枯渇」を経済に影響を及ぼす要因として個別に捉えてはいないが、「グローバルな資源枯渇」の要素に含まれている。また、1～2年の短期でとくに深刻化した課題としては認識されていないが、今後5～10年ではリスクが顕在化する上位5つの課題の一つとして認識されている[4]。さらに、上流で

---

3 投資対象として株式や債券を発行する立場として、企業、自治体、政府、政府系機関を総じて発行体と記載する。
4 World Economic Forum〔2022〕"Global Risks Report 2022" p24,25,40（https://www.weforum.org/reports/global-risks-report-2022/）

の管理が下流に位置する国の水不足につながるなど、地政学的なリスクにもつながると指摘している。ここでは例として簡略化しているが、このような情報を基に、発行体の「水の枯渇」に関する取組状況を評価機関として優先的に情報を収集し、評価すべきか否かの判断が必要となる。

② 影響を授受する発行体の特定

次に、その要素に最も影響を与え、受ける企業をどう定義付けるか。たとえば、どの地域でどの業種で活動する企業が水の枯渇リスクに最もさらされているか、などである。実際に調査する企業を絞り込むに当たって重要な情報となり得るが、その裏付けデータはESG評価機関から独立した団体に依存することが多い。

たとえば、World Bank Open Dataで開示された感染症の蔓延率から従業員への健康に優先的に取り組むべき地域を定める、あるいはTransparency Internationalが作成・開示しているCorruption Perception Indexを活用して腐敗防止に優先的に取り組むべき地域を定める、などである。発行体に開示を求める項目は異なるが、ESG評価全体において重要な情報ではあるため、念頭に置いておきたい評価アプローチの一つと言えるだろう。

③ 発行体の取組分析

①、②を経て、個別の発行体での取組評価に入ることとなる。発行体が、特定要素に取り組む意義を経営の一環で認識できているか。リスク軽減と機会の増大に向けた行動が取れているか。これらの分析を行うための指標の整理が、第4章で取り上げられている開示基準内容となる。

(2) 関連製品・サービスの特定・評価

発行体は事業活動に加えて、提供する製品やサービスを通しても環境や社会に大きく貢献、または負の影響を与え得る。こうした関連製品・サービスの特定・評価は、サステナブル投資の実行においては、クラスター爆弾の製造など、特定製品の製造に関与する発行体を投資対象から除外する「ネガティブ・スクリーニング」を行う上で多く使用されてきた。

現在では、EUタクソノミーの定義付けに基づくグリーン製品の特定や、SDGs（持続可能な開発目標）達成に向けたソリューションとなる製品の特定など、より肯定的な視点での評価が進んでいる。その際、個別の技術や製品情報だけでなく、その製品がどのような環境や社会効果を生み出し、どのように企業の収益と結び付いているかなどの製品とESG要素、またビジネス戦略との関連性に関する情報が求められている。

日本においては、投資対象を狭めるネガティブ・スクリーニングを行う投資文化に馴染みがなかったこともあり、これまで環境や社会へのインパクトを意識した製品・サービス情報を開示する企業は少なく、投資家から過小評価される要因ともなり得た。この課題を認識し、GX（グリーントランスフォーメーション）戦略に基づき、「機会」として捉えられる製品・サービスに関する開示・評価の基本指針が策定されており[5]、気候変動に関連したものをはじめとして、今後ポジティブ・インパクトのある製品・サービスがより的確に評価される行動と情報開示が日本企業に期待される。

(3) 発行体の不祥事／レピュテーション・リスク評価

発行体が特定のESG要素に対する経営方針を掲げ、管理体制を提示していたとしても、それが時としてうまく機能しなかった場合、事故や事件、現地コミュニティからの苦情等として現れることもある。この場合、必ずしも発行体側が一番に情報を発信するインセンティブが働かないため、評価を行う際の情報源として、メディア媒体や現地で活動する非営利団体などの第三者機関の発信に頼ることが多い。

レピュテーション・リスクに特化した評価を長年にわたって行ってきたRepRisk社を例に見ると、情報源となる各種メディア媒体の信頼度、取り上げられている事故や不祥事の深刻度合い、そして当該企業において同様な不祥事が繰り返し生じているか等の分析を行っていく[6]。事故や不祥事の因果

5　GXリーグ GX経営促進ワーキング・グループ「気候関連の機会における開示・評価の基本指針」（2023年3月）。

関係が法的に明らかとなるには数年～10年単位の期間を要することが多いが、その結論以前にレピュテーション・リスクが顕在化するため、投融資の視点からは有益な情報と捉えられている。そのため、企業のリスク管理体制としての事業活動評価に加えて活用される情報となる。

　企業から独立した形での情報収集および評価がこの手法の価値となるため、企業との対話機会が発生しにくい手法となる。また、主にニュース媒体に頼った評価であるため、炎上や誤報道などが課題視される現在、「責任あるメディア報道」が評価の質と密接に関わる手法とも言えるだろう。

　以上のように評価の実践方法を具体的に複数の視点で見ることで、1) 発行体に向けたESG開示基準では定義しきれない評価が存在し、2) 発行体の開示情報以外に頼ることも多く、3) 事業活動に加え製品やサービスに関する情報開示が評価につながるなど、評価をめぐる議題がより鮮明に見えてくるだろう。

3 変容し続けるESG評価・データ機関

　2で紹介したESG評価を実際に行う「ESG評価・データ提供会社」とはどのような会社なのか。それを理解するために、「ESG評価」に係る組織の変容と背景をたどり、その多様な実態を以下の(1)～(6)で紹介する。

(1) 主なESG調査機関の誕生

　1980年代より、後にグローバルな調査機関となるEIRIS（英国）、KLD Research & Analytics（米国）、Sustainalytics（カナダ）、OEKOM（ドイツ）が誕生した。これらを中心に、独立した調査会社として「ESG評価」と呼ばれるようになる調査を行っていた[7]。筆者も実際に肌で感じることとなる

6　RepRisk社公式ウェブサイト "RepRisk Approach"（https://www.reprisk.com/approach〔最終アクセス日：2022年12月21日〕）。
7　設立当初はコーポレートガバナンスに関する専門性は少なく、環境や社会面での調査を主としてきた。

が、これらの機関には、お金の力を通じて環境や社会課題の解決に貢献したいという熱い思いを持ったアナリストが多く集まっていた。

こうした調査機関は、直接アセットオーナーや運用会社にデータを提供するほか、2000年前後から金融商品作成の一助として、インデックス会社や証券取引所などに評価データを提供するようになった。2006年には責任投資原則（PRI：Principles for Responsible Investment）[8] が設立され、ESG情報を投資判断に組み込んでいくことを掲げるアセットオーナーや運用会社がじょじょに増えた。これはESG情報を活用し、投資対象とのエンゲージメントなど、投資家が長期目線のアプローチやノウハウを蓄積する大事なきっかけとなった。しかし、ESG調査ニーズを急激に上げ、その調査に携わる機関の構造変革の引き金となったのは、2008年に起きたリーマンショックに端を発した一連の動きによるところが大きく、(2)で考察する。

(2)　金融サービスプロバイダーによるESG評価内製化への変遷

①　指数会社のESG評価内製化につながるLIBOR不正操作

ロンドンの銀行間の取引金利を決めるための参考ベンチマークとして、ライボー（LIBOR：London Interbank Offered Rate）が多くの銀行で使用されていたが、これが不正に操作されているとの疑惑がリーマンショック時より指摘された。これを受けて英国政府による改革案が打ち出され、2013年には不正操作に関わったとされる各金融機関への捜査が実施された[9]。

こうしたベンチマーク作成者と取引の当事者が同じ銀行という立場であることによるリスクを削減するため、取引に利用されるベンチマークの計算全般を指数会社などの別機関に託す管理体制へと変化していった。これを機に、国際的な監督当局であるIOSCO（証券監督者国際機構）は、より広範に

8　企業側の視点のUNGC（国連グローバルコンパクト）と金融視点のUNEP-FI（国連環境計画・金融イニシアティブ）の下で設立された。
9　ロンドンだけではなく、日本や米国など、各国の金融機関や取引金利も同様の問題が指摘された。

ベンチマーク（インデックス）の計算手法や管理体制の透明性を高めること
をうたった原則を掲げた[10]。一見ESG評価とは関係のない流れだが、金融
サービスプロバイダーとしての指数会社においても、インデックスの計算に
使用されるESG情報の評価手法に責任を持つインセンティブが働き、ESG評
価を内製化するきっかけの一つとなった。

② 投資家のESG需要を高めたスチュワードシップ・コード

　より多くの機関投資家がESG要素を考慮するようになったきっかけとし
て、英国を皮切りに日本を含む各国で制定されたスチュワードシップ・コー
ドが挙げられる。世界金融危機に対する反省から、高速取引行為よりも長期
視点で発行体（企業）の実態を掴み、責任ある投資家として発行体と継続的
な対話や投資行動を取ることが促された。

　これまでESG投資に明示的に取り組むことのなかった機関投資家も、長期
的な視点を求めた場合、おのずと環境や社会的な変化による影響が無視でき
なくなった。これにより、発行体との対話、議決権の行使、そして投資判断
を行うために、環境や社会要素に関する情報を求めるようになった。この情
報ニーズの高まりは、指数会社以外の金融サービスプロバイダーにおいても
ESGデータを内製するインセンティブとなった。

③ ビジネスモデルの限界によるESG調査機関の変容

　(1)で挙げたような独立した調査会社としてビジネスを成り立たせること
は、金融危機以前からの課題であった。評価される発行体は、ESG調査のみ
を実施している機関と、明確な金融商品を提供している機関では、どちらの
評価を気に留めるだろう。また、情報を活用する投資家は、膨大な評価デー
タと、そのまま運用や金融商品の販売に活用できるようにパッケージされた
情報とでは、どちらを活用しやすいだろう。いずれの問いにおいても後者を
市場が選ぶ傾向が見受けられ、金融危機によって各社の財務状況が圧迫され

10　International Organization of Securities Commissions（IOSCO）［2013］"Principles
　　for Financial Benchmarks" https://www.iosco.org/library/pubdocs/pdf/IOSCOPD415.
　　pdf

る中、ESG調査に特化したビジネスモデルの限界がさらに浮き彫りとなった。

④　ESG調査の内製化がもたらす是非

①〜③に挙げたインデックス管理の強化、長期視点の投資からのESG情報ニーズの増加や、ESG調査ビジネスモデルの限界などの要素が相重なり、グローバルな機関投資家のニーズに沿うべく、調査機関同士の買収や統合が進んだ。

こうした流れの中、(1)で挙げたような30〜40年の歴史を誇るグローバルなESG調査機関は、インデックス会社、議決権行使助言会社、ファンド格付会社、信用格付会社、データベンダー等、多岐にわたる金融サービスプロバイダーに内包される形へと姿を変えていった。これにより、機関投資家によるESG評価情報へのアクセスが格段に上がったことはサステナブルファイナンスの循環を促す上で喜ばしい発展だが、同時に新たな留意点が生まれるきっかけにもなった。

一つは、各金融サービスプロバイダーの従来からの情報提供や調査の視点と、新たに内製したESG評価手法との関係性にある。従来のサービスにおいては、ボラティリティの最小化、経営の強靭性、デフォルトリスク評価など、異なる視点や目標で情報を提供してきている。各プロバイダーの従来のアプローチを反映したESG評価を行うとすれば、「デフォルトリスクを算出するために必要なESG情報は何か」など、同じテーマでも異なる評価の視点や手法が生じ得る。この傾向は現時点では未知数だが、一方でこれまで投資判断で活用するESG情報の評価手法と結果の統一を求める声が多かったことを踏まえ、今後の変化に着目していく必要があるだろう。

また、この変化によって調査を実行するアナリストに求められるスキルや組織に属する人材構成への影響も考えられる。Thistlethwaite and Paterson［2015］[11]は非財務情報の基準作りに携わってきたGRI（Global Reporting Initiative）、IIRC（国際統合報告評議会）、SASB（サステナビリティ会計基準委員会）など9つの機関における専門性の構成が以前に比べて会計士に集中して

いると分析したが、ESG評価機関におけるアナリストの人材構成の変化も確認する必要があるだろう。

　最後に挙げる留意点は、利益相反のリスクについてである。多様なビジネスモデルを持つ各機関の活動の一部としてESG評価を実施することにより、利益相反や評価への影響も考慮しなければならないだろう。

　ここで紹介したESG評価を内包した金融サービスプロバイダーの存在はたしかに大きいが、サステナブルファイナンスの判断に大きな影響を及ぼしている評価機関はその他にも多く存在し、その傾向を続けて紹介する。

(3)　テーマ別のESG評価機関

　ESG要素全般を網羅的にカバーしている機関に加えて、個別要素を深掘りりしているESG評価機関もサステナブルファイナンスの判断において重要な役割を担っている。その代表例として、非営利団体として発行体の気候変動関連情報を世界最大規模で収集するCDPが挙げられる。国際開示基準がない中、これまで自ら開発した基準に基づき情報収集を行ってきたが、現在はISSB基準にのっとった情報収集の実行を発表している[12]。CDPが収集した情報を金融サービスプロバイダーが2次データとして活用することも多く、今後の気候変動関連データの質向上に向けた役割が期待される。

　CDPのほかにも、バリューチェーン上のGHG排出量（スコープ3）の測定や、気候変動適応に向けた新技術の評価など、開示基準では細かく定義されていない側面でのデータ収集や評価を実施する新たな機関が増えていくと考えられる。また、人権、倫理的なAI、栄養、メンタルヘルスなど法定開示

---

[11]　Thistlethwaite J. and M. Paterson［2015］"Private governance and accounting for sustainability networks" Environment and Planning C: Government and Policy 34(7), pp1197-1221.　https://doi.org/10.1177/0263774X15604841

[12]　CDP公式ウェブサイト "CDP to incorporate ISSB climate-related disclosure standard into global environmental disclosure platform"（https://www.cdp.net/en/articles/companies/cdp-to-incorporate-issb-climate-related-disclosure-standard〔最終アクセス日：2022年11月8日〕）。

が未整備な個別要素ほど、今後も民間、非営利団体、財団、投資家の呼び掛けによる協働など多様な形で評価が実施されていくと考えられる。

(4) AIを活用したESG評価・データの提供

AI（人工知能）や機械学習、ビッグデータの活用は各業界で進められているが、ESG評価機関もその例外ではない。情報収集の一部においてその技術を活用する機関もあれば、AI活用をビジネスモデルの主軸に置いている機関もある。

AI技術の活用は、調査コストを抑え、速やかに情報収集範囲を拡大し、情報の更新頻度を上げるなど、一見すると多くのメリットがある。他方、AI技術を活用する際に生じ得る潜在的な調査バイアスなど、倫理的なリスクも同時に考慮する必要があるだろう[13]。機械学習による情報収集を設立当初からうたっているRepRisk社は、同時に機械の限界を考慮したHI（Human Intelligence）の活用を強調してきている。この経験は、今後新規参入する会社でのリスクを理解する上で参考になると思われる[14]。

(5) 運用会社によるインハウスのESG調査と評価

もともと運用会社はESG評価機関の利用者であって、ESG評価の実施者ではなかった。しかし、すべての投資判断にESG要素を組み込む必要性が高まるにつれて、ESG評価を内製化している運用機関が増えている。欧州委員会が2021年に委託した調査によると、サーベイに回答した機関のうち46％が内製したデータに頼り、35％が外部データに頼り、35％が外部データと内部リサーチを掛け合わせて活用していると回答した[15]。同調査でESGインテグレーションにおいて最も重要な情報源を尋ねたところ、内製された調査と企

13　世界経済フォーラムが公表したGlobal Risks Report 2022においては、経済に最も影響を与え得るリスク項目の中で最も対応が遅れている分野としてAIが確認された（World Economic Forum・前掲注4・27頁）。
14　RepRisk・前掲注6。

業とのミーティングと回答した機関が最も多かった[16]。

　インハウスで内製された評価も(1)〜(4)で挙げているようなESG評価機関の情報を参照していることが多いため、ESG評価機関の重要性を否定するものではない。しかし、利用者であるとともに、発行体のその後の行動に影響を及ぼすESG評価を実行する機関の一つとして、運用会社の存在も注目に値するだろう。

(6)　ESGラベル債評価

　少し特徴の異なる評価として、グリーンボンド、ソーシャルボンドなどのESG要素を明示的に加味した債券発行をするにおいて推奨されている外部レビューが挙げられる。具体的には、このグリーンやソーシャルの資金使途特定型の債券やローンを発行するに当たり、調達資金の使途、プロジェクトの評価および選定プロセス、調達資金の管理、調達後の活動のレポーティングにおいて、発行体の活動が要件に適合しているかどうかを評価するものとなる[17]。また、サステナビリティ・リンク・ボンドにおいては、設定するKPIの妥当性・頑健性・信頼性、SPT（サステナビリティ・パフォーマンス・ターゲット）の根拠と野心度、そして使用するベンチマークの妥当性や信頼性などの外部レビューが望まれている。

　評価する内容も、評価の費用負担者も異なるが、この外部評価を実行する機関がこれまで紹介してきたESG評価機関が兼務していることもあり、評価の透明性など大原則としては同様の取組みが期待されることから、ESG評価の担い手の一つとしてここで紹介する。

15　European Commission, Directorate-General for Financial Stability, Financial Services and Capital Markets Union, [2021], "Study on sustainability-related ratings, data and research, Publications Office of the European Union", p.124 https://data.europa.eu/doi/10.2874/14850
16　European Commission・前掲注15・126頁。
17　環境省「グリーンボンド及びサステナビリティ・リンク・ボンドガイドライン　グリーンローン及びサステナビリティ・リンク・ローンガイドライン2022年版」（2022年7月5日）。

[図表5-2] 多様なESG評価機関の分類18

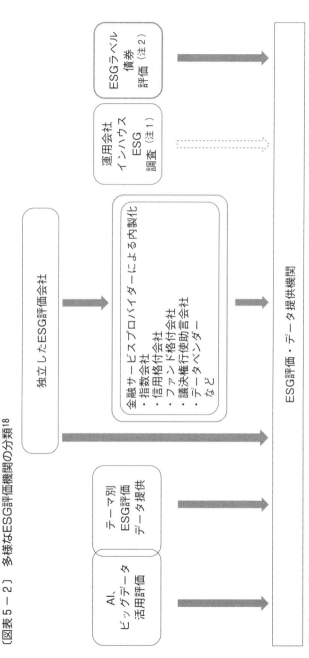

(注1) 運用会社やアセットオーナーなど、自社活用のためにESG評価を行っている場合は厳密には「提供機関」ではないが、サステナブルファイナンスの一連の流れに貢献するESG評価・データを生成する機関として、点線付きで挿入している。
(注2) ESGラベル債券の外部評価については、ここに列挙した機関が他部署で兼務している場合が多いため、その代表例として金融サービスプロバイダーを太線で囲っている。
(出所) 筆者作成。

以上を通じて、現存するESG評価機関の多様性とその背景、そして留意点を確認してきた。「ESG評価機関」は今後も変化すると思われるが、現状の整理として〔図表5-2〕を参照いただきたい。

4 ESG評価・データ提供機関の役割

サステナブルファイナンスは、限りあるさまざまな地球資源の中で[19]、持続可能な生活と経済活動を両立させるために不可欠なお金の循環と言えよう。その循環がうまく機能するためには、関係者が互いの役割を理解し、果たすことが重要となる。このことは、次節で詳しく紹介する「ESG評価・データ提供機関に係る行動規範」においても強調されている。

ここであらためてサステナブル投資の流れにおけるESG評価機関の役割への理解を深めるため、ESG情報の基準設定、開示、評価・データ収集、活用に直接携わる関係者に焦点を絞って紹介する。この4つの行動に携わる関係者を(1)ESG開示基準・枠組み設定機関、(2)発行体（企業および自治体）、(3)ESG評価・データ提供機関、(4)（機関）投資家[20]と整理し[21]、それぞれの役割を以下で簡潔に紹介する（〔図表5-3〕）。

---

18 本章および図表で紹介する分類は、筆者の考察による分類であり、公式に定められた分類ではない。
19 地球環境資源の有限性（プラネタリーバウンダリー）に関しては、次を参照いただきたい。Rockstrom, J. et al.［2009］"Planetary boundaries: exploring the safe operating space for humanity," Ecology and Society 14(2). (https://www.ecologyandsociety.org/vol14/iss2/art32/)
20 「投資家」は厳密には最終受益者となる年金受給者などの個人を指すが、ここでは主に年金基金や生命保険会社に代わって資産を実際に運用する運用会社の役割を意味する。個人投資家に向けてのESG情報開示の改善が議論される中、個人投資家も今後情報を活用する立場となることを鑑み、（機関）投資家と表記している。なお、ここではサステナブル投資に絞って「投資家」としているが、細かな評価軸は異なるものの、運用を実施する投資家から、融資、保険引受けを扱う銀行、保険会社に置き換えて考えることもできる。
21 後述の金融庁公表の「ESG評価・データ提供機関に係る行動規範」では企業・投資家・評価機関の3者に着目しているが、評価やデータ実施の基となる基準設定の役割の重要性を踏まえ、本章では4者目に基準設定機関を追加している。

〔図表5−3〕 サステナブル投資の流れにおける主な役割と関係者

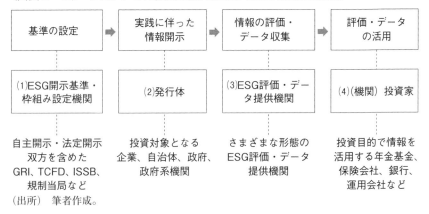

（出所） 筆者作成。

(1) ESG開示基準・枠組み設定機関

　ESG要素に関する情報開示の基準や枠組みは、発展途上の段階ゆえに柔軟性を重んじられ、GRIを中心とした自主開示指標を参照しつつ、その中から収集可能かつ利用者目線で有益な指標をESG評価機関が選択をしてきた。長い年月をかけて統一されてきた従来の財務報告データと異なり、評価軸が異なれば評価結果が異なることも当然と言えるが、今後は会計基準にのっとったISSBでの基準設定や有価証券報告書でのサステナビリティ関連開示義務など、ESG開示基準の整備が急速に発展していくことが予想される。これにより、規定された項目におけるデータ収集、評価結果も統一されることが期待される。

　他方、私たちの生活を取り巻く環境・社会は日々変化しており、サステナブルファイナンスにおいて把握する価値のあるESG要素がすべてタイムリーに法制化、会計基準化されることは現実として考えにくいだろう。よって、法定開示では未整備なESG要素に関しては、ESG評価機関が準基準を作成しながら評価を行う役割も引き続き求められるだろう。

(2) 発 行 体

　本来は開示基準を確認する以前に、発行体が自らの活動がどのように環境
（E）や社会（S）に影響を受け、また与えるのか、その影響がどのように
事業戦略や自治体の運営に関係し、そして統合していくべきか（G）を考
え、行動を取ることが望ましいだろう。この思考過程がなければ、チェック
リスト型の開示となり、企業のリスク回避やビジネス機会を逸することも生
じ得るからだ。こうした思考の上で、投資家やサステナブルファイナンスの
観点からどのような行動と情報開示が求められているかを理解し、開示項目
にのっとった、分かりやすい情報開示や説明が期待される。

(3) ESG評価・データ提供機関

　上記の(1)、(2)に挙げられる評価軸となる基準設定、発行体の能動的な思考
と基準に基づく行動と開示が整うことで、ESG評価機関の主たる役割がより
鮮明に見えてくる。簡潔にまとめると、サステナブル投資の判断に有益と思
われる情報を収集・評価するに当たり、明確な意図や手法を構築し、発行体
によって開示されている情報を理解し、定めた手法にのっとって的確に評価
を実施することである。

(4) （機関）投資家

　情報を活用する立場の投資家は、投資判断に際して何を求めているかを発
行体、ESG評価機関双方に明確に伝え、また開示・提供された情報を的確に
理解して活用することが求められる。とくにESG評価機関は各機関によって
着眼点や調査手法が異なるため、それに伴い提供された評価結果が意味する
ものや活用方法が異なってくることを理解する必要がある。その評価手法が
不透明、または利用する側のニーズにそぐわないと感じた際には、それを
ESG評価機関に明確に伝えていく役割があると考えられる。
　以上のように、ESG評価機関によるより明確な評価手法と的確な調査に加

え、発行体による認識・行動・情報開示、開示基準の整備、投資家による
ニーズの明確化と情報の理解が深まることで、サステナブル投資をはじめと
したサステナブルファイナンス全体の好循環につながってくるだろう。

5 創意工夫を止めない行動規範を目指して

(1) 世界初の行動規範作りに向かって

　ESG評価の質を問題視する議論はもともと、「ESGレーティング」と総称
される企業評価が、評価会社によって結果が異なることへの疑問がきっかけ
となった[22]。企業のデフォルトリスク[23]を測定する信用格付（クレジット・
レーティング）のように統一した基準に基づいた統一した結果を期待した
り、役員評価や投資ファンドのESG格付算出の裏付け情報として利用された
りすること等から、評価軸と結果の統一を求める声が背景にある。

　また、株式投資を中心としたESGレーティングの議論に加え、グリーンボ
ンド、トランジションボンド、ソーシャルボンドなど、環境や社会視点を資
金使途や債券発行の際に織り込んだESG関連債の評価軸の整備や正確性を求
める声も各国で高まっている。

　ESG評価やデータの役割の大きさが認識される中、その質を上げ、グリー
ンウォッシュ、SDGsウォッシュ、ESGウォッシュの回避につなげる声を受
け、IOSCOにおいて、「ESG格付け及びデータ提供者」と題した報告書を
2021年11月に公表し、10のレコメンデーションが提示された[24]。また、欧州

---

[22]　State Street Global Advisorsが2019年11月に実施した調査によると、最も広く使用さ
　　れているとされるSustainalytics社とMSCI社の 2 社が提供するレーティングの相関関係
　　は0.53にとどまり、他方Moody'sとS&Pの信用格付の相関関係は0.99とほぼ一致してい
　　る。State Street Global Advisors, [2019] "Into the Mainstream ESG at the Tipping
　　Point", https://www.ssga.com/library-content/pdfs/insights/into-the-mainstream.pdf.
[23]　発行体の経営状態の悪化、債務不履行で、債券投資の元本・利息の不払いが起こる可
　　能性。信用リスク。
[24]　IOSCO, [2021] "Environmental, Social and Governance (ESG) Ratings and Data
　　Products Providers Final Report", https://www.iosco.org/library/pubdocs/pdf/IOSC
　　OPD690.pdf

では、欧州アクションプランの下、債券のグリーン・ラベル規制の強化等が行われてきた。

　対する日本では、金融庁が2020年12月にサステナブルファイナンス有識者会議を設置し、サステナブルファイナンスの発展に必要な施策の一つとして、翌年6月に発行した第一次報告書において、ESG評価・データ提供機関に対する行動規範作りの検討が提示された[25]。この提案に基づき、2022年2月には専門分科会が設置され、同年7月に行動規範の案を含む報告書が公表された。分科会での議論およびパブリックコメントを経て、「ESG評価・データ提供機関に係る行動規範」が同年12月に策定された[26]。

(2)　行動規範策定に至るまでの主な論点

　この行動規範は、IOSCOによるレコメンデーションを踏まえて、国別の対応として策定された世界初の規範となる。その作成に当たっては、専門分科会メンバー[27]を中心に多角的な議論を重ねてきた。その主な論点は以下のようにまとめられる。

　はじめに、評価の軸となる基準作りがいまだ過渡期にあり、かつESG要素自体も多様である状況から、法規制という形ではなく、原則（プリンシパル）ベースのものとして、各機関が自発的に賛同し、規範の諸原則・指針を実施するか、実施しない場合にはその理由を説明するコンプライ・オア・エクスプレイン方式を採っている[28]。

　また、先述のとおり、ESGレーティングにおける評価のばらつきが当議論のきっかけとなっているが、多様なESG評価機関の現状を鑑み、評価軸の統一を促すことよりも、評価手法や情報収集プロセスの透明性に重きを置いて

25　有識者会議第一次報告書17頁。
26　金融庁「「ESG評価・データ提供機関に係る行動規範」の公表について」（2022年12月15日）。
27　専門分科会メンバー一覧はこちらを参照。https://www.fsa.go.jp/news/r3/singi/20220203-2.html
28　金融庁「ESG評価・データ提供機関に係る行動規範（和文）」8頁（2022年12月15日）。

いる。

　3点目として、ESG「評価」と「データ」を区別せずに規範の対象としている。各社のGHG排出量などレーティングを算出していない情報も重要となること、その際に推計値の計算など必ずしもデータと評価を明確に分けることができないことなどを背景にこのような結論に至っている。ただし、データは評価より広範囲となることから、賛同を表した機関においても、その整備に必要な時間を考慮しデータに関わる部分の遵守状況の開示は1年の猶予期間が盛り込まれている[29]。

　当規範の対象範囲の議論の続きとして、データ利用者が費用負担を行うSubscriber pay modelに加え、ESG関連債など発行者が費用負担して行うIssuer pay modelも明確に対象としている[30]。国際的にESG債券評価における質の担保も議論されており、具体的な手法に違いがあるとしても、評価の透明性や質といった原則は共通に適応できるものと考えられた結果である。

　なお、当規範の適用対象は評価・データ提供機関だが、インベストメントチェーンにおける関係者が相互に働き掛けることの重要性を認識し、企業・投資家への提案も含めた内容となっている[31]。その中で、運用会社がインハウスでESG評価を実施した場合においても、評価、データの利用の在り方について明らかにする必要性にも言及している[32]（〔図表5−4〕）。

　最後に企業との対話と調査の独立性に関する論点を紹介する。評価される企業からの声も踏まえ、ESG評価機関による企業との対話の実施が原則6に盛り込まれている。とくに事実誤認などが確認された場合は、その訂正に向けた速やかなコミュニケーションは重要としている。対話を通じて個別企業の実態をより細かく把握し評価者の理解も深まる反面、評価対象との過度な関わりによる利益相反の発生等を避けるため、評価の透明性と評価機関の独

29　金融庁・前掲注28・8頁。
30　金融庁・前掲注28・13頁。
31　金融庁・前掲注28・7頁、33〜38頁。
32　金融庁・前掲注28・33〜34頁。

〔図表 5 - 4 〕　ESG投資のバリューチェーンにおける相互の働き掛け

市場全体として相互の働きかけを通じ
評価等の質の改善

（出所）　金融庁「ESG評価・データ提供機関に係る行動規範」（2022年12月）より。

立性を確保した、バランスの取れた対話が必要と認識された内容となっている。

(3)　行動規範を構成する 6 つの原則

　以上のような論点を踏まえ、行動規範の具体的な内容として 6 つの原則と細分化された指針、背景にある考え方が規範に記されている。詳細は原文を参照されたいが、ここではその要約を紹介する（〔図表 5 - 5 〕）。

　同行動規範は、策定から半年後に初めて賛同機関が公表され、 3 年後をめどに規範の改訂を含めた更なる対応の要否を検討する予定である[33]。日本に続き、英国[34]でも同様な規範作りの検討が開始されている現在、国内外の

33　金融庁・前掲注28・ 2 頁。

〔図表5-5〕　ESG評価・データ提供機関に係る行動規範（要約）

原則1　品質の確保

当規範では評価機関同士での評価軸、評価結果の統一は求めず、ESG評価機関内において、一貫性のある調査手法を用いて調査の質の確保に努めることが含まれている。

原則2　人材の育成

ESG評価機関に限らず、持続可能な環境や社会の実現に伴った経済・金融活動を実現するためには、その接点を多角的に理解する多様なスキルと人材が必要となる[35]。専門性を育成し、またその専門性を的確に人事評価することで、結果的にESG評価・データの質向上にもつながることを意図した原則となる。

原則3　独立性の確保・利益相反の管理

ESG評価は、様々な組織体制やビジネスモデルの下で行われている。そのため、それぞれのビジネスモデルや会社全体としての取組状況に合わせた利益相反リスクを明らかにし、リスクの低減に努める必要性をまとめている。

原則4　透明性の確保

多様な評価アプローチを尊重するため、評価目的や手法、サービス提供に当たっての考え方、裏付けデータに関する透明性を確保することを重視している。

原則5　守秘義務

ESG評価機関が業務の一環で非公開情報を取得した場合、提供目的以外にその情報が使用されないよう、また守秘を前提とした方針や手続きを行うことがまとめられている。有価証券の価額に重要な影響を及ぼし得る情報はそもそも受け付けないことも考えられるが、ESG関連情報の中にはいまだその影響の有無が判明しておらず、一般に公開されていない情報を入手する可能性もあり、その際の守秘義務への対応をまとめた原則となる。

原則6　企業とのコミュニケーション

先述のとおり、ESG評価機関の独立性に配慮しつつ、ESG評価機関とのコミュニケーションを求める発行体側の声を反映した原則となる。

（出所）　金融庁「ESG評価・データ提供機関に係る行動規範」（2022年12月）より筆者作成。

34　FCA（Financial Conduct Authority），[2022] "Code of Conduct for ESG data and ratings providers", https://www.fca.org.uk/news/news-stories/code-conduct-esg-data-and-ratings-providers

35　金融庁「サステナブルファイナンス有識者会議」（第15回）事務局資料 21頁「人材育成のためのスキルマップ」（2022年12月15日）。

賛同と実施状況に合わせた規範の役割の変化を注視していく必要があるだろう。

6 終わりに

各関係者の努力によって2008年の世界金融危機というピンチをチャンスに変え、本章1に挙げた「長期目線で環境や従業員に配慮した企業を評価するお金の流れを実現する」という筆者の目標も一見するとかなったように思われる[36]。

しかし、今がサステナブルファイナンスにおいて最大のピンチであるとも言えよう。ESG要素を考慮することが当たり前となり、会計基準や有価証券報告書での開示義務が盛り込まれることにより、発行体が基準や規制遵守に頼った受け身の姿勢となり、「Why」を理解せずに経済・金融活動を行うリスクも高まっている。

COVID-19の蔓延に伴う諸政策、各地での紛争、また気候変動の影響による干ばつ等がもたらす国境を超えた人の移動。これらに複雑に絡む新たなる経済危機。このように日々変わる社会環境の中、私たちは標準化された基準に過度に頼った受動的な行動、情報開示、評価と投融資行動を行うことは避けなければならないだろう。

本章が、日々変化する環境・社会の状況に迅速かつ柔軟に、そして網羅的な目線で考え、本当の意味で持続可能な環境・社会の実現に沿ったESG評価情報を提供し、理解し、時に問い正し、活用する一助となればと思う。

---

[36] 本章では言及していないが、コーポレートガバナンス・コードの改訂と日本版スチュワードシップ・コードの制定を同時に行い、長期目線と対話の重要性を投資対象の事業と投資家双方の立場に強調したことがサステナブルな事業と投資の流れを推し進めるもう一つの大きなきっかけとなった。

第 **6** 章

エンゲージメント

一般社団法人科学と金融による未来創造イニシアティブ　代表理事
エミネントグループ株式会社　代表取締役社長CEO

小野塚　惠美

1 はじめに

　本章においては、米系・日系の運用・投資顧問会社において、20年以上、多岐にわたる資産運用業務に携わってきた経験、とくに2012年より機関投資家としてESGリサーチ、投資先上場企業との対話、議決権行使を中心としたスチュワードシップ活動に従事したこと、および金融庁「サステナブルファイナンス有識者会議」、経済産業省「非財務情報の開示指針研究会」、内閣府「知財投資・活用戦略の有効な開示およびガバナンスに関する検討会」にも参画した経験から、投資家と企業の目的のある対話すなわちエンゲージメントの経済社会的意義、エージェンシー理論からの理論的拡大、諸外国と日本での実践について述べる。加えてサステナブルファイナンスにおける証券会社や地域金融と企業のエンゲージメントについてもインタビューを基にその意義について考察する。

2 インベストメントチェーンにおける経済主体の社会的位置付け

(1) エンゲージメントの位置付け

　日本経済だけを取り上げてみても、さまざまな課題に満ちていることに、多くの日本人が気付いているはずだ。たとえば、これまで望ましいと考えてきたドル高円安の意味付けの変化（今や日本の弱体化を意味する）、企業の「稼ぐ力」の諸外国と比較しての低さなど、日本経済が主要国の中で弱化していることがある。加えて、女性活躍の弱さ、格差拡大、気候変動による災害などの社会課題も重大化している。このような状況に対して、機関投資家は鋭敏な感覚を持っている。経済の劣化はすなわち企業価値の低下、簡単に言えば株価下落につながるからだ。

　海外の投資家に日本の株式市場についての印象を聞いてみると、2010年代のガバナンス改革を経ても他国に比べて企業の価値創造への信頼度は低く、

マーケット全体に投資をする意義が薄いとする向きもある。日本の多くの企業が稼ぐ力を他の主要国並みに高めていないことで、価値創造、とくに株式市場の視点からは株主価値を上げる（投資した資金でリスクに応じたリターンを得る）ことができていないと見られているからである。株式会社が中心の日本経済で株式会社と株式市場がうまく機能していないのであれば大きな懸念である。では、現状の日本市場にどのような変化が起これば、海外から注目され、より大きな投資を呼び込めるのだろうか。その鍵は「エンゲージメント」すなわち機関投資家と投資先企業の目的のある対話にあると考える。

　近年の金融業界ではエンゲージメントが新たな価値創造のアプローチとして注目されている。世界の機関投資家が日本企業の経営者と対話し、世界の競争相手の状況を共有し、技術的「ガラパゴス」や低い収益率（稼ぐ力）のゆでガエル状態から脱却できるチャンスを作ろうとし始めている。

　本書のテーマであるサステナブルファイナンスにおいても、金融庁サステナブルファイナンス有識者会議における有識者会議第一次報告書では、「対話」および「エンゲージメント」が26回（脚注含む）、有識者会議第二次報告書では33回登場し、この活動のコンセプトの理解は持続可能な社会に向けた金融にとって重要であることを示唆している。

　おそらく国内の金融業界で「エンゲージメント」という単語が広く使われるようになったのは、2014年に日本版スチュワードシップ・コードが策定された辺りからということになろう。アベノミクスの成長戦略における「第三の矢」の中で、企業のガバナンス改革推進が叫ばれた。この中で、株式投資家が企業と対話することの重要性が言わば社会的に位置付けられたとみなすことができる。その実現のための施策の一つとして、政府から金融庁が関わり、機関投資家に対する期待を込めて日本版スチュワードシップ・コードがまず策定された。そもそもスチュワードシップという言葉自体が、馴染みのない単語であった。ここではスチュワードシップを「責任ある財産の管理人」という意味で用いる。信託銀行、投資顧問、投資信託の運用会社などの機関投資家は、資金の出し手（年金基金や大学基金など）から委託された資金

を、責任を持って運用することが期待されている、ということを意味している。

　ここで、資金の出し手、機関投資家、投資先企業、それぞれの社会的位置付けを理解する鍵となるコンセプトが「インベストメントチェーン」である。インベストメント（投資の）チェーンとは、年金資金であれば資金の出し手である個人（最終受益者）、年金基金（アセットオーナー）、運用会社（アセットマネジャー）である信託銀行や投資顧問会社などの機関投資家、そして資金の投資先となる企業の4者における「資金と対話（エンゲージメント）の循環」を指す。個人が直接企業に投資をすれば、株主総会に出席して質問する、議決権行使をして意見を表明することも可能だ。しかし、インベストメントチェーンでは、機関投資家が責任を持って、企業へ提供した資本の使われ方（経営方針や進捗などを含む）について理解し、改善の余地について対話をする。これがスチュワードシップ責任を果たすということである。このような資金と対話の循環が機能することで、企業の価値創造が高度化すると同時に、株式市場における投資リターンも中長期的に向上し、海外からマネーも呼び込めることになると期待できる。

　米国では、年金受益者など個人の声が機関投資家を動かし、企業が資本コストを上回るリターンを出す仕組み（G）や、脱炭素（E）や労働者の安全・衛生（S）を確保する企業へと資金が向かう流れがすでにできている。欧州でも、SFDR（サステナブルファイナンス開示原則）で運用会社がサステナビリティの観点からどのような活動をしているかを目論見書や定期報告で開示することが義務付けられているため、機関投資家は、年金資金のリターンと社会の持続可能性のバランスについて受益者に説明している。これは、投資家と個人の「対話」と位置付けられ、資金と対話の循環（改善を見守りながら投資を続ける）が成り立つ仕組みを支えている。

　日本版スチュワードシップ・コード策定から8年が経ち、エンゲージメントの成果も、企業の経営を監督する取締役会の在り方の改善（たとえば独立社外取締役の割合の向上）、ESGに関する情報開示の拡充、持合い株式の解消

（によって少数株主の声が反映しやすい仕組み）など、より株主価値向上を促す企業の改善という形で見えてきたと評価できる。一方で、改善スピードはまだ十分とは言えない状況でもある。

　今後、機関投資家の継続的な活動のみならず、最終的な資金の出し手である年金受益者や投信保有者など個人の「想い」と「ボイス」に期待したい。投資信託や年金の積立金などの資金は集まるほど大きな力となる。つまり、それが社会を動かすボイスになる。投資の連鎖（インベストメントチェーン）に個人が参画し、企業の稼ぐ力、働く人の活用の向上、社外の視点を入れて経営する価値の重視、などの思いを寄せてこそ、企業における変革が促されることになろう。

　そもそも株式投資において、株主は、企業へ財務資本を提供する代わりに、その権利として残余利益の分配と、株主総会での議決権行使を通じて、経営者を選び、監督する「取締役」を選任する権利を与えられている。株主の出資額は、銀行の融資と異なり、返済や金利支払の約束が付いていないし、仮に投資先企業が倒産しても債権保有者が優先される。そこで、株主は、融資などを提供する債権者よりリスクが高いことに応じた高い利回りを要求することになる。言い換えると、株主は、金利や償還金によるリターンではなく、投資先企業の利益が増えて配当支払能力が高まるほど、配当や未来の配当を現在価値に割り引いた株価が上昇することで、金利よりも高いリターンの獲得を期待することになる。

　そうなれば、株主にとって、詳細な経営情報は欠かせないはずのものとなり、年1回の株主総会で提供される株主招集通知による情報や株主総会での質疑だけでは、提供した資本が正しく事業や投資に使われているか、取締役会として十分な監督がなされているかについて十分な情報が獲得できたか不安が残る。また議決権の行使は通常年1回しかないため、株主の経営者への意思伝達の機会も不十分となろう。

(2) 株の投資家と債券の投資家の違い

　本章では基本的に株式投資を念頭に置いている。債券投資における発行企業への投資家のインベストメントチェーンを背にした対話（エンゲージメント）は、現時点では株式ほどの進展がないように思われる。グリーンボンドの発行額は増加の一途を辿り、2012年の2.3十億米ドルから2021年には511.5十億米ドルと発行残高は250倍にもなっている[1]。グリーンウォッシングと批判されるべき事例も現れるほどだが、「債券保有者は企業の所有者ではなく、株主とは異なり、企業の価値創造の共有者ではないということである」（オランダの社債ファンドマネジャー）[2]という本質的な問題がある。「株主と債券保有者の間に利益相反が生じる」ことになる。債券保有者のエンゲージメントのために、発行会社は「他のステークホルダーとの関連性」を高めることが求められている。たとえば、「なぜマネジメントの報酬がCDSスプレッドのような社債指標に紐付いていないのか」とそのファンドマネジャーは指摘している。一方で、フィンテックの発達が救いとなる可能性を指摘する声[3]もある。フィンテックとESGの接点は、企業が生み出した排出量をトークン化し売買しやすくする、温暖化ガスのデータを収集し投資家に開示するための技術を開発するとともに、社債投資に関わり、「グリーンボンドなどの発行にブロックチェーン（分散型台帳）技術を組み合わせる。これにより投資家が資金使途を追跡しやすくなる」ことが期待されている。

1　edie, "Global green finance market grew more than a hundred-fold over the last decade," https://www.edie.net/global-green-finance-market-grew-more-than-a-hundred-fold-over-the-last-decade/#:~:text=Research%20from%20TheCityUK%2C%20with%20the,than%20%24540bn%20in%202021（最終閲覧：2022年3月31日）

2　シューメイカー／シュローモーダ（加藤晃［監訳］）『サステナブルファイナンス原論』（金融財政事情研究会、2020年）351頁。

3　小平龍四郎「アジア発「ESG×フィンテック」のうねり　日本も直視を」（2022年11月13日付け日経ヴェリタス）

(3) 英国に始まるスチュワードシップ

　英国では、ふだんから投資先や投資先候補の企業と対話をしたり分析して売買の判断をしたりしている機関投資家（投資顧問など）が、投資家のプロとして企業情報を分析し、ステークホルダーのことも考慮しながら経営者と対話している。経営も株価もお互いにより良い成果が出るようにする活動が進展し、「スチュワードシップ」と呼ばれて大きなムーブメントとなってきた。具体的には、責任ある投資家（スチュワードシップ）の活動としてエンゲージメント（対話）が一年中実施され、結果としてより投資家にとってリターンを得やすい状況へと企業の変化を促しつつある。

　現時点で、主要な運用会社は、投資先企業に対してスチュワードシップ活動を実施している。注力するテーマの特定（たとえば取締役会の多様性）、対象企業の特定、実際に課題意識を共有し、株主価値の向上に関して行動の変化を起こしてもらう面談、その後も関連ニュースが出た際のフォローアップなどがある。本章の筆者は運用会社に勤務していた際、年間数百の企業を対象にこの活動を行っていた。この時に、面談を受ける事業会社の反応はさまざまであった。課題に気付き、早速行動変容を起こす（たとえば買収防衛策の廃止など）企業もあれば、事業活動に使用しない余剰資金を持ち続けることが原因で、ほとんど自己資本利益率（ROE）を上げられない企業もあった。

　もちろん、スチュワードシップ活動は、中長期的なリターンの向上を目的としているので、一度や二度の面談では成果を上げてくれないこともある。一方で、リターン向上に向けた機関投資家の活動の成果は、資金の提供者であるアセットオーナーへの説明責任を発生させる。スチュワードシップ活動の成果もアセットオーナーによるアセットマネジャーの評価の一部となっているところもあり、顧客満足の面から年次で前進、改善していることが求められている。それゆえ、アセットオーナーがアセットマネジャーと対話して、投資先企業の変化についての時間軸を正しく理解する必要がある。また、一方では、アセットオーナーへの説明責任が、企業、運用会社の担当者

には、良い意味での緊張感のチェーンとなってもいる。

(4) エンゲージメントの種類

　最後に簡単にエンゲージメントの種類について触れる。上述したエンゲージメントは、いわば「投資後のエンゲージメント」である。これは、投資戦略を単純にパッシブ運用とアクティブ運用とに分ける場合、パッシブ、アクティブどちらの手法においても、主にリスク低減（たとえば炭素税導入に際して脱炭素対策がどの程度整っているか、コスト増については準備ができているのかなど）の側面から実施されているエンゲージメントとなる（〔図表6－1〕）。

　一方、アクティブ運用の中には、リスク考慮面ではなく、投資のリターンの源泉としてエンゲージメントを活用する手法がある。たとえば、複数の事業を展開する企業に対して、不採算事業に対する考え方を投資先とディスカッションする。それにより投資先企業が事業ポートフォリオを転換し大きく収益構造を改善することができれば、これまで割安と見られていた企業の株価が、将来の投資効率の改善を期待して大きく上昇することが考えられる。このような、エンゲージメントを軸にした投資手法を、エンゲージメン

〔図表6－1〕　機関投資家によるさまざまなエンゲージメントのアプローチ

投資アプローチ	運用成績を上げるために対話（エンゲージメント）をするか	スチュワードシップ活動	
		議決権行使	対話（エンゲージメント）
パッシブ運用（特定の指数に追随することを目指す）	×	○	○
アクティブ運用（投資対象を選別して投資をする）	○（注：戦略によって濃淡あり）	○	○

（出所）　筆者作成。

ト投資（あるいはアクティビスト戦略）と呼ぶ。

3 エンゲージメントの金融理論からの考察

(1) エージェンシー理論とスチュワードシップ理論：2つのアプローチ

ところで、金融を考える理論において、エンゲージメントはどう位置付けられるのだろうか。村澤竜一[4]は、投資家と企業のエンゲージメント（対話）が、いわゆるエージェンシー理論に基づく株主の経営者の監視のための一方的な情報獲得という観点のみではなく、スチュワードシップ理論の観点から、株主も企業の成長のために貢献するためという観点を含むべきという興味深い主張をしている。

村澤は、経営者は組織志向的である、つまり「利己的存在ではなく利他的存在として捉え、組織目的の実現のために活動することが想定されている」という。これは、日本の経営者のエントレンチメント（現状維持の塹壕に籠もる）が批判された時期の「言い訳」と目された内容に近いことが懸念となる。しかし、村澤は、「機関投資家は、企業の取り巻く環境や状況に応じて、適切な形で、コントロールとコラボレーションの2つのアプローチを用いる必要があることを認識しておかなければならない」と、対話の目的の状況による違いについて述べている。経営者が自らの利得ばかりに興味を持ち、大袈裟に言えば大きすぎる社長室やプライベートジェットの利用に走ったり、逆に日本の経営者に見られるように、適切なリスクテイクをしない（現状維持）で現金を溜め込んだりしていれば、これまでのファイナンス理論の主流であるエージェンシー理論に基づく監督が適切となるだろう。

一方で、スチュワードシップ理論では、株主と経営者が顧客や従業員を含むステークホルダーの期待値を適切に理解しているという前提を持つ。この

4 　村澤竜一『機関投資家のエンゲージメント——協調型コーポレートガバナンスの探究』（中央経済社、2021年）。

場合、経営者は、組織目的の実現のために活動しているので、顧客・従業員・株主・地域社会などすべてのステークホルダーの価値を増すように行動する。このようなケースでは、株主による監督は、一部の株主の圧力が強まることで起きる利益機会の短期志向など、企業が長期的な価値を最大にすることを阻むようなリスクを低減させると言えよう。この指摘は、インベストメントチェーンの未来を考えるときに、たいへん重要である。株主と経営者は、エンゲージメントを通じて、ともにステークホルダーの利害調整に当たることになる。実際に、欧米企業のトップがsteward of capital（責任ある資本の管理人）と自らを称してメッセージを発信することがある。この場合、彼らは、企業への資本提供者である投資家（財務資本）と内部のステークホルダーである従業員（人的資本）への価値提供を意識しているとみなすことができる。スチュワードシップ理論は、それらの資本の適切な配分と価値創造に対するアカウンタビリティ（説明責任）を、インベストメントチェーンの中に求めている。株主は、一方的に自身の取り分の短期的な最大化を求めるのではなく、steward of capitalとしてすべてのステークホルダーへの価値の提供に向けて活動する。この努力自体が長期的な自らの利得の最大化にもなるはずと考えるからだ。

　もっとも、投資家として日本企業の稼ぐ力についての現実に戻ると、一般に「エージェンシー理論的」（株主の利得が十分に考慮されていない企業が多い）状況であると思われ、株主利益を中心とした利害調整を経営者が担うと想定せざるを得ないと考える。小野塚・貝沼（2021年）[5]は、基本的に顧客、取引先、従業員などとの利害調整を経営者が（単独で）steward of capitalとして能動的に行うことを期待し、その時点で企業価値を最も高めるステークホルダーに調整での重みをつけることをStrebel、Cossin、Khan（2020年）[6]

5　小野塚惠美＝貝沼直之「ESG開示からみる統合報告書のあり方」証券アナリストジャーナル2021年11月号。
6　Strebel, P., D. Cossin and M. Khan, "How to Reconcile Your Shareholders With Other Stakeholders," MIT Sloan Management Review 61(4) pp.1-8.（2020）

を引用しつつ主張し、統合報告書をその説明の手段とすることを提案している。

　さらに、このような理論に対する現時点での一般的な現実との乖離については、①機関投資家が実質的なエンゲージメントができる会社数が上場企業全体に対して少ない、②機関投資家は本質的に「社外者」で情報の非対称性があり、研究開発等の機密に触れないまま適切な判断をすることが困難、③アセットマネジャーは過当競争気味で、アセットオーナーの価格支配力の下にある日本で、アセットオーナーとの信頼を築いた上で時間をかけて活動する難しさ、などがあり、実務家は理想に近づくための道筋を議論する必要がありそうだ。しかし、スチュワードシップとエンゲージメントの学際的な規範性の考察は、まだ始まったばかりであり、今後世界とともにステークホルダーを幅広く考える経済行動の考察が進むことを期待する。

(2)　パッシブ化によるESG、議決権行使の立場

　2(4)の項でも述べたように、スチュワードシップにおけるエンゲージメントは投資判断の後に実施される。投資戦略を単純にパッシブ運用とアクティブ運用とに分ける場合、運用戦略に関係なくどちらの手法においても、主に中長期的目線で、リスク低減（たとえば炭素税導入に際して脱炭素対策がどの程度整っているか、コスト増については準備ができているのかなど）の側面から実施されているエンゲージメントとなる。多くの場合エンゲージメントのテーマは個社特有の視点よりもアセットオーナーや社会的期待、規範を反映したものとなる。近年では、気候変動、人権、ダイバーシティ、サイバーセキュリティなどグローバルなテーマが主流である。

(3)　統合報告書とエンゲージメント

　小野塚＝貝沼・前掲注5でも述べたが、統合報告書は、経営者が、顧客、取引先、従業員などとの利害調整をsteward of capitalとして能動的に行い、企業による長期的株主価値増大を実現するための手段である、と位置付け

る。Strebel＝Cossin＝Khan・前掲注6は、企業価値を最も高めるステークホルダーに利害調整において重みをつけることを主張する。上記のとおり、これは現状の日本企業にスチュワードシップ理論に基づく行動を期待するのは尚早であると見られることに依存している。一方で、Strebel、Cossin、Khan（2020年）も、米国を念頭に置いて、スチュワードシップ理論が成立するとの想定をしていないように見える。経営者が主に株主を含むステークホルダーの利害調整をすると想定しているからである。

とくにステークホルダーの利害調整が必要となるESGの観点において必須であるが、経営者は、ステークホルダーごとの「固有周期」（ここでは、投資ホライズン、人材開発、事業や製品、環境対策などに特有の期間・時間感覚をいう）とステークホルダー間のバランスを意識することを期待されている。統合報告書は、単なる開示にとどまらず、企業経営の在り方として、ステークホルダーの利害調整を固有周期でバランスを取った結果として示される場であるべきである。また、エンゲージメントの出発点となるトピック、見解、考察を提供するツールである。統合報告書に基づく投資家との対話は、そこから得られた知見を企業内の活動の活性化と今後の開示の充実につなげていくことができる。

4 サステナブルファイナンスにおけるエンゲージメント

(1) 証券会社による発行体とのエンゲージメント

エンゲージメントは従来、インベストメントチェーンの中で、主に機関投資家（とくに運用会社）と投資先企業との間における機関投資家側の目的を達成するための対話とされているが、サステナブルファイナンスにおける対話はもっと広い範囲で捉えるべきである。〔図表6－2〕にあるように、企業ファイナンスに関わる銀行や証券会社、サステナブルファイナンスを補助金等を通じて推進する政府もエンゲージメント活動に参画していると言えよう。

〔図表6－2〕　サステナブルファイナンスにおける対話の捉え方

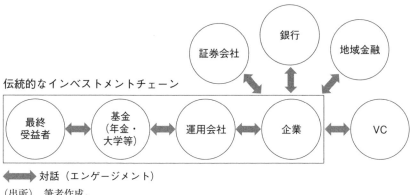

伝統的なインベストメントチェーン

⬌ 対話（エンゲージメント）
（出所）　筆者作成。

　ラベルボンド（グリーンボンド、ソーシャルボンド、サステナビリティボンド、サステナビリティ・リンク・ボンド、トランジションボンドなど）の発行に、2010年代半ばより関わる大手証券会社の発行部門（三菱UFJモルガン・スタンレー証券株式会社　投資銀行本部マネージング・ディレクターESGファイナンス＆新商品室長　田村良介氏）へのインタビューから以下のような興味深い状況を把握した。

　まず、エンゲージメントのベースとなる企業のサステナビリティに関する取組状況は企業の開示の状況、その他のファイナンス活動におけるCFOを含む経営トップ層とのやり取りから把握していく。その際、株式の投資家からすでにESGの取組状況においてエンゲージメントされている場合、経営層が負債部分においてもサステナビリティ・リンク・ローンやグリーンボンドなどを意識したファイナンスが検討されることが多いという。最新のサステナビリティ・リンク・ボンド（SLB）原則のQ&Aにある「SLBはすでに事業戦略にサステナビリティ戦略を統合していて、ESGへの取組みをさらに高度化するために取り入れるのが最適」[7]との見解と合致する。企業とのエンゲー

---

[7]　ICMA, "Sustainability-Linked Bond Principles Related Questions" June 2022から筆者訳。

ジメントが直接金融と間接金融の両方を通じて相乗効果が発揮できる場面である。

　証券会社は、投資家のニーズを運用会社の開示物や投資実績から把握し、企業のファイナンスニーズとをマッチさせ、その後のレポーティングにおける期待値と負荷についても説明しながら期間、ラベリングの種類について企業と対話しながら決定していく。

　起債の過程では、財務担当部署とは当然のことながら、ラベルボンドの場合にはサステナビリティ担当部署、投資家対応（IR）部署とも対話し、ファイナンス内容とともに、関連する活動の内容および投資ストーリーを練っていくそうだ。たとえば、2030年に向けた気候変動対応の目標がある場合、それは現時点から線形で到達する目標なのか、それとも曲線を描くのかなど、企業の活動の在り方までグリーンボンドの発行の過程における対話を通じて精緻化していくことになる。また、債券の償還期限によっては当初2030年までの目標しか策定されていない企業に対して、2025年などより早い段階での目標とそれに向けた活動を説明することを促す。これは投資家によるリターンの向上という目的のために、目標設定と活動の透明性を促すこととは違うものの、企業に気付きを与え、活動を洗練させていく意味でエンゲージメントと呼べる。筆者自身が株式投資家としてエンゲージメントしていた際も、当初はIR担当部署を中心に対話をしていたが、その重要性と活動の推進のために、経営層をはじめ社内の他の部署とのディスカッションも実施した。こういったことが、債券発行の過程でも行われていることが分かった。

　グリーンボンドはこれまで業界初や2番目といったアナウンスメント効果もあり、経営層自ら目標設定や活動の前倒しとともにグリーンボンド発行の発表を目指すケースもあったそうだ。この場合ファイナンス活動を起点とした社内横断的かつトップのリードによる連携がなされることになる。投資家によるエンゲージメントで手応えのあるケースでは、外部からの気付きの後に、トップのコミットメントと目標に向かった部署横断的で協調的な動きが見られることが多く、この点でも類似している。

一方でインタビューでは、課題も指摘された。まず企業に対しては、今後、ISSB等のグローバル基準による開示、有価証券報告書での非財務・記述式情報の充実が求められる中で、より積極的に情報開示と自社のサステナブル経営の価値創造ストーリーの説明を期待しているそうだ。グリーンボンド発行の現場からは、目論見書、年次の業界基準（たとえばグリーンボンド原則）にのっとった開示が難しい場合、発行の条件が不利になったり、投資家にとって魅力度が下がることがあるためである。求められていることを開示するという守りの開示から、攻めの開示への転換は、ファイナンスの戦略的姿勢としても期待されよう。

　投資家に対しては、企業が自社のビジネスモデルを変革する、長年携わってきた事業から離れ、事業ポートフォリオを組み替える過程で、企業の姿勢や取組みをより深いレベルで理解してほしいとの要望がある。国内でもトランジションを迫られる業種が複数存在する中で、サステナブルファイナンスの意義を理解し、より積極的にトランジションを後押しするような投資スタイルや目利きを期待している。ソーシャルボンドガイドライン[8]の中でも、「投資家は、ソーシャルボンドに関する投資判断に当たり、当該ソーシャルボンドの資金使途となるプロジェクトの社会的な効果について、適切に見極めることが望まれる」としている。加えて、トランジションに係る技術の理解やマネジメント（技術経営）について知識、分析スキルを深化することが期待される。

　また、政府にも、間接的ではあるが、サステナブルファインスを後押しすることを通じて企業の取組みへのエンゲージメントの機会がある。日本政府はサステナブルファイナンスに対して一定の財政的支援を行っており、これは政府としてサステナブルファイナンス市場を育成・促進しようとする意思を示すこととなる。しかし、債券は融資に比べて政府の補助が手薄だとの指摘もある。サステナブル融資に対しての利子補助とグリーンボンド発行に関

8　金融庁「ソーシャルボンドガイドライン」（2022年10月）。

する第三者評価機関の意見書発行の手数料の一部負担では、支援が桁違いという現状がある。債券発行についても、政府がさらに積極的な支援を行うことが望まれる。また、政府自身としてもGX推進の一環としてソブリンでグリーンボンドを発行することで、国としてのコミットメントの強いメッセージとなろう。

このように、サステナブルファイナンス加速に貢献するラベルボンド発行の現場でも、エンゲージメントが企業の気付きと活動促進につながっていることが分かる。

(2)　地域金融機関の融資、預金におけるエンゲージメント

エンゲージメントは地域金融におけるサステナブルファイナンスにおいても重要な役割を果たしている。京都・滋賀・北大阪を営業地域とする京都信用金庫 企業成長推進部 満島孝文およびソーシャル企業認証機構 石井規雄へのインタビューからは、事業法人、個人顧客のそれぞれとの接点においてエンゲージメントを活用していることが分かった。

「京都信用金庫はコミュニティ・バンクとして「金融サービスを通じて地域社会に新たな社会的紐帯（ちゅうたい）、人々の絆を育むこと」が、社会的使命である」と掲げ中小零細企業、個人を対象とする金融サービス事業を展開しており、まさにエンゲージメントに真正面から向き合っている。

まず、事業法人へは「ソーシャル企業認証制度S認証」という認証制度で2030年までに取引先の80％が認証されるように企業に対しエンゲージメントを重ねている。この認証企業に対し、取組みをさらに推進することを目的として「京信ソーシャル・グッド融資」として6つの分野（「地域」「文化」「医療・福祉」「教育」「環境」「働き方」）における課題解決に向けた運転資金、設備資金を提供している。これまでの融資において金融機関は、決算の業績把握、赤字事業への対策など現在の財務状況と返済能力の把握を中心とした関わりだったが、企業の経営の持続可能性を高める目的で会社全体の理解を深化させたところ、地域と事業の課題を俯瞰的に捉えた上で、事業の持続可能

性の向上を考えるようになった。また事業法人とも、社会課題解決における事業機会の発見など気付きを誘発する対話に発展しているという。

　「ソーシャル企業認証制度Ｓ認証」制度は、社会課題の解決やESG経営を目指す企業に対し、経営方針や事業内容、社会的インパクトなどを基準に、評価・認証を行う制度で、ソーシャル企業認証機構を通じて第三者委員会によって評価される。この認証は３年ごとに更新することで取組みの継続的なモニタリング効果も付与している。このような認証制度は、BCorpのような国際認証レベルを求めるのではなく、サステナブル事業の裾野を広げることに貢献している。加えてインパクト志向金融宣言にも賛同し、さまざまな金融主体とともにインパクトの創出について議論し中小企業金融におけるサステナブルファイナンスの在り方を検討している。サステナブルファイナンスを実践することが、地域の持続可能性に寄与し、結果として京都信用金庫のサステナビリティも向上させると考えるからである。

　一方、現場では課題もある。営業担当者が経営者との会話で熱弁をふるって取組みを説明するものの、相手企業からは「すぐに儲かる話なのか」と近視眼的なリアクションを受けることもある。インタビューでは、すでに社会課題を解決できる事業を持っている企業は少数派で、環境負荷や働き方などの課題に気付くような持続可能性の理解と、エンゲージメントに対するマインドの変容を促進する関係構築を継続したいとの意気込みを聞いた。

　このような企業に対するサステナビリティに関するエンゲージメントは金融主体によってさまざまな取組みがなされているが、社会を構成する重要な「個人」に対するエンゲージメントを実施しなければ、サステナブルな企業を選択する社会構造とはならない。このため京都信用金庫では、個人に対して、「京信ソーシャル・グッド預金」の取扱いを2022年１月から開始した。この取組みは、預金商品でありながらもサステナブルな取組みをする企業（Ｓ認証企業）を応援するもので、自分の預金が世のため、人のために役立つことを可視化できる。

　さらに、預金者専用SNSにより企業の取組みを紹介するだけでなく、企業

と出会う場やセミナー・体験プログラムなどで企業との接点も提供する。これらの取組みによって預金者が企業の取組みに共感することを目指し、この共感を起点として預金者個人が生活において購入者サービスを受けるときに選択する企業がサステナブルな企業となるようなきっかけとしていく。

この預金商品は、これまでの一般的な顧客特性（性別、金融資産、家族構成など）を中心とした商品の提案の中にあるサステナブル投資における預金商品版というイメージである。サステナブル投資においては投資信託などリスクを内包する金融商品が中心で、いまだ多くの個人顧客は忌避する傾向にある。しかし、SDGsをはじめとしたサステナブルな取組みに何らかの関与をしたいという意識は高まりつつあり、当商品はそういった顧客に対しての商品という位置付けもある。預金商品という導入しやすい商品の活用により、地域の個人のライフスタイルをサステナブルなものに変容させていくことを目的として発売された。

このように京都信用金庫は地域の預金者・事業者に対してソーシャル・グッド預金やS認証、ソーシャル・グッド融資を通じて、エンゲージメントを深め、マインド変化を促すことで両者がつながり地域全体がソーシャルになることを実現したいと考えている。

また、顧客が金融機関でのお金の流れの（預金が融資として貸し出される）仕組みを理解し、地域が豊かになるために自身のお金を振り向ける体験が、サステナブルファイナンスの裾野を広げる金融教育にもつながっていくものである。

地域金融機関は、これまでと同じようにお金を集めて融資をしたり、投資商品を提供したりしているだけでは地域企業の持続可能性を保てない。京都信用金庫における取組みは、地域金融ならではのサステナブルファイナンスを法人、個人の顧客とのエンゲージメントを通じて実践し、それに関わる内部の人材の高度化も促すことで金融機関自身のサステナビリティの向上に取り組んでいる。金融と地域のサステナビリティの両方の実現を目指すサステナブルファイナンスの好事例と言える。

世界の動きと日本への期待

(1) 非財務情報開示とエンゲージメント

　有識者会議第一次報告書[9]においても、十分な情報開示が金融機関や投資家が投資判断にESG要素を盛り込むための前提であり、サステナビリティ情報開示の標準化は比較可能性、整合性が向上し、資本市場の効率的な資源配分に資するものであるとしている。一方で、今後各国の開示ルールが整備され、欧州連合のようにサステナビリティ情報を環境や社会を出発点として影響を考える（ダブルマテリアリティ）視点と、ISSBのように企業財務に影響を与える事項について開示を求める（シングルマテリアリティ）視点が並存する中では、資金提供者である金融機関が、何を寄りどころとして対話をするのかという哲学、方針を明らかにし、それに対する自己の成果評価も行うことが、説明責任のチェーンにおいて期待されることとなる。

(2) 協働エンゲージメントへの期待

　2022年11月のCOP27では野心的な気候変動対策の強化と実施、非国家主体への取組みの強化に関する議論が深まった。有識者会議第二次報告書[10]の中で脱炭素に向けたトランジションに民間機関による連合の動きの急速な活発化を指摘し、GFANZへの国内金融機関の参加の増加を記している。金融機関、投資家が協働してカーボンニュートラルに向けた目標設定や移行計画について企業との対話を進めていくことへの期待は大きい。私の経験からも、多くの投資家が一体となって、同様のメッセージを送ることは企業の行動変容の大きな原動力となると実感している。

　米大手運用会社のフィデリティ・インターナショナルについて、同社アン・リチャーズのコメント[11]によれば、気候変動問題について、「資産運用

9　有識者会議第一次報告書9頁。
10　有識者会議第二次報告書11頁。

会社が持っている最も強力なツールは、エンゲージメント（建設的な対話）である」とした。同氏は、投資先企業に対して、気候変動問題の重要性を指摘し、ネットゼロカーボンをどう実現していくのかを問いかけ、ベストプラクティスを共有することができる、としている。投資撤退よりも問題解決のためにエンゲージメントで企業行動が変わることが、課題解決につながると見ている。運用会社として、全運用資産の温室効果ガス排出量を2030年に2020年の50％削減するという目標を立てたことで、「非常に多くの分析とエンゲージメントが必要になるだろう」と述べている。

(3)　サステナブルファイナンスに向けた積極的な姿勢と体制

有識者会議第二次報告書の中で「機関投資家においては、リスク管理と併せて持続可能な経済・社会を実現していく観点からは、中長期的な視点で必要資金を提供し、企業の経営に対する規律付けを担うことが期待される」とあり、機関投資家がESG課題の最新の動向を踏まえた事業への影響、課題解決に向けた技術の理解などを踏まえ対話を高度化することが期待される。それには、金融機関におけるスキルマップ（詳しくは第2章参照）を組織的に整備することに経営トップがコミットし、社内外の知見を柔軟に活用する発想をもって制度の設計を行うことが重要だ。「運用資産の成長可能性を高め、最終的な受益者の便益を長期的に拡大する観点から、自らの投資に係る基本的な方針において、サステナビリティに関する取組みを如何に考慮していくか、といった点について知見を深めていくことが重要」であり、ICGN（International Corporate Governance Network）のモデル・マンデート[12]のようなサステナビリティに関する期待値を運用会社への要望書に反映するガイドラインが参考になる。さらには、最終受益者への情報提供の充実とあわせて、その意向等を把握していくことも重要である[13]。

11　アン・リチャーズ＝ビクトリア・ケリー「2050年ネットゼロカーボン社会に向けた資産運用業のあり方」証券アナリストジャーナル2022年9月号。
12　ICGN-GISD「モデル・マンデート」（2022年6月）。

エンゲージメントを重視するというコモンズ投信取締役会長の渋澤健は、「財務価値としてみえているのは、企業本来の価値の一部、氷山の一角かもしれない」[14]として、見えない価値を企業とアセットマネジャーの対話のみではなく、同社の最終的なアセットオーナーである一般個人とのワークショップ、セミナーなどを通じて「お互いから学び合おうという取組みを行ってきた」と述べている。「ディスクロージャーは目的ではなく対話のための手段であり、対話は、その企業の持続的な価値創造に対して、アセットオーナーとして長期に資金をコミットするために必要なこと」だとの考えを述べている。

6 エンゲージメントを通じた価値創造へ

本章では、サステナブルファイナンスにおける対話について、伝統的なインベストメントチェーンにおける機関投資家と企業のエンゲージメントから、より拡張した企業を取り巻くさまざまな金融機関の中でもとくに証券会社や地域金融機関とのエンゲージメントについて触れ、最後には世界の動きと課題に言及した。今後も進化するサステナブルファイナンスにおいて、当事者が知見とスキルのアップグレードを追求し、自身の掲げる規律を守りながら対話を通じた価値創造を図っていくことに期待する。

---

13 有識者会議第二次報告書11頁。
14 渋澤健＝河合若葉＝神津多可思「2050年ネットゼロカーボン社会に向けた資産運用業のあり方」証券アナリストジャーナル2022年9月号。

第 **7** 章

ESG債とトランジション

BofA証券株式会社　取締役副社長

林　礼子

1 ESG債[1]の黎明期

　ESG債市場の始まりは2007年のEIB（欧州投資銀行）によるグリーンボンドに端を発すると言われている。その後も散発的に、国際機関を中心に発行が見られていたが、市場関係者にとっては"マイナー"とも言えるプロダクトであった。その後、グローバルな金融市場を揺るがした金融危機、ギリシャ危機などが続く中、同市場の注目を集めるには時間を要したと言ってよい。

　一方で、気候変動や温暖化、経済格差等の顕在化に対する懸念が増す中、市場が安定を取り戻し始めた2015年にパリ協定が締結され、SDGs（持続可能な発展のための目標）が定められた。

　軌を一にして、資本市場においても、じょじょに、気候変動・温暖化への対応を企図するグリーンボンドの発行が見られるようになってきた中、市場関係者間で、グリーンボンドの統一的な基準を求める声が高まり、2014年にグリーンボンド原則が、国際資本市場協会（ICMA：International Capital Markets Association）によって定められた。国際資本市場協会は、金融機関を中心に現在約600機関のメンバーから構成される自主規制団体であり、グリーンボンド等のESG債の原則のみならず、幅広い資本市場関連の国際的なルールを定めている。ボンド原則については、構成する市場関係者がワーキンググループを作り、議論を重ねた上でパブリックコメントを広く募り、その上で原則を定めるという方法を採っている。日本においては日本証券業協会とさまざまな協力関係にあり、2022年11月に6回目のサステナブルファイナンスに関する会議を東京で開催した。

1　資金使途が、環境改善（E）、社会貢献（S）に効果のある事業に充当される債券、あるいはこれらの目的の実現に貢献するKPIを設定し、KPIの達成度合いにリンクして金利が変動するなどの仕組みを持つ債券を一般的にESG債と呼ぶ。直近では、グリーンボンド、ソーシャルボンド、サステナビリティボンド、サステナビリティ・リンク・ボンド、トランジションボンドを示す。日本証券業協会では、SDGsの実現に貢献する債券という観点からSDGs債という呼称を用いている。

日本では、2014年に、日本初のグリーンボンドとして日本政策投資銀行債がユーロ建てで発行された後、じょじょに市場の注目を集め始め、2017年には、環境省主導の下で日本版グリーンボンドガイドラインが策定された。同ガイドラインは、ICMAのグリーンボンド原則にも整合しており、国際的な市場参加者からの期待にも応えるものとなっている。また同時に、環境省により、グリーンボンドの発行に伴い、通常の発行に加えて発生する費用（外部レビュー、コンサルティング等）を一部負担する補助金制度が導入され、市場の拡大に貢献している。

　さらに、社会・経済的格差等に代表される社会課題の対応を企図するソーシャルボンド、ソーシャルボンドとグリーンボンドの両方の性格を併せ持つサステナビリティボンドの発行が見られるようになり、これらの基準についても定めるべくICMAにおいて原則（サステナビリティボンドについてはガイドライン）が策定された。これらのボンドの特徴として、調達した資金について使途が定められており、ラベル付債と呼ばれている。

　さらに、市場の発展とともに、資金使途の定めはなく、発行体自身の定めるESGに関連する目標（KPI）の達成の可否に金利が連動するというサステナビリティ・リンク債の発行が始まるとともに、それに伴う原則も定められ

〔図表 7 − 1 〕　ESG債に係る日本政府のガイドライン等

ガイドライン	策定年	注記
グリーンボンドおよびサステナビリティ・リンク・ローンガイドライン	2022年	2017年のグリーンボンドガイドラインから継続的に更新
グリーンボンドおよびサステナビリティ・リンク・ボンドガイドライン		
ソーシャルボンドガイドライン	2021年	サステナビリティボンドも含む
クライメート・トランジション・ファイナンスに関わる基本指針	2021年	

（出所）　筆者作成。

た。日本においても、これらの原則に呼応する債券およびローンのためのガイドラインを策定し、日本の市場関係者の理解を深めるとともに市場の拡大を図っている（〔図表7－1〕）。

現在、国際資本市場において発行されているESG債の98％[2]が、ICMAのESG債の原則に準拠しており、市場関係者間において国際的に確立された基準と言ってよいだろう。日本のESG債のガイドラインも、先述のとおり、ICMAの原則に整合しているとみなされている。

2　ESG市場の拡大

前節で述べたとおり、ESG債市場で市場関係者が認める基準ができ、国際機関、各国政府、政府系機関、加えて、民間の事業会社や金融機関により、さまざまな発行が行われるようになった。ESGへの先進的な取組みを行ってきたのは欧州の発行体であり、発行額においても欧州がリードしてきている。市場の拡大とともに、米国およびアジアの発行体の参加も増えてきており、また、民間の発行額も相対的に増している（〔図表7－2〕）。

当然ながら、ESG債市場の拡大を支えてきたのは発行体による動きと同時に、潤沢な投資家の資金の流入も大きく寄与している。国連投資原則に基づき設立されたPRIへの署名機関数の伸び、ESGファンドの設立数の推移などからも、投資家による関心の高まりが確認される（〔図表7－3〕）。

市場が拡大するにつれて、規制当局による関与も増してきている。たとえば、ESG債市場をリードしてきた欧州においては、国際機関、各国政府、政府機関が積極的に発行し、また、これらの政府系機関により事業会社によるESG債への投資を通じての支援も行われている。

一方で、透明性・信頼性の向上がさらなる市場拡大にとって必要との観点から、ESG開示の厳格化（SFDR[3]、CSRD[4]）やEUタクソノミー[5]、あるいはEUグリーンボンドスタンダード[6]に代表される基準の厳格化も進めている。

2　ICMAによる2021年の発行をベースに推計（https://www.icmagroup.org/assets/documents/Sustainable-finance/GBP-infographic.pdf?vid=2）。

〔図表７－２〕 グローバルなESG債の発行額の推移

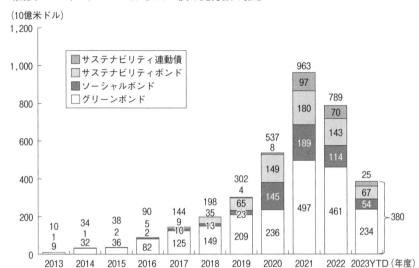

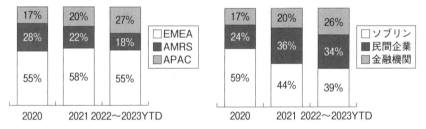

(注) EMEAは欧州・中東・アフリカ、AMRSは北中南米、APACはアジア・太平洋。
(出所) Dealogic 2023年5月25日。

---

3 Sustainable Finance Disclosureは、EUにおいて2021年3月に施行された、金融機関による持続可能性に関する情報開示を求める原則である。

4 Corporate Sustainability Reporting Directiveは、EUにおいて2024年から段階的に適用される（見込み）、事業会社による非財務情報開示の法令である。

5 EUにおいて、「環境的に持続可能な」経済活動の基準を定めたもの（2022年1月より施行）。

6 EUタクソノミーにおいて気候変動の緩和に貢献するとされた活動を資金使途とする債券の基準。ICMAのグリーンボンド原則よりも厳格と言われる。

〔図表7－3〕 グローバルなサステナブルファンドの設立数の推移

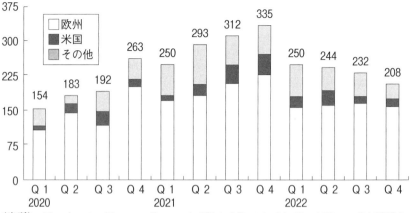

（出所） Morningstar Manager Research, "Global Sustainable Fund Flows: Q4 2022 in Review".

〔図表7－4〕 国内ESG債の発行額の推移

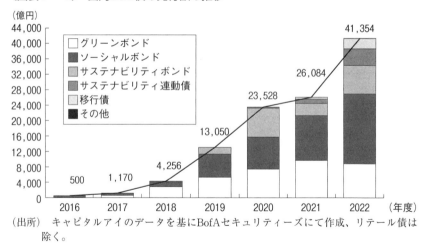

（出所） キャピタルアイのデータを基にBofAセキュリティーズにて作成、リテール債は除く。

　米国においては、トランプ政権下においてはパリ協定から脱退するという動きも見られたが、総じて米国の市場関係者はESG債市場に継続的な取組みが見られた。その背景として、ミレニアル世代に代表される人々のESGへの

関心の高まりとともに、グローバル企業にとっては欧州、アジア等の米国以外の資金も取り入れる必要性への理解も挙げられるだろう。

　2020年にバイデン政権に移行後は、パリ協定に再び賛同し、ESG投資を米国の成長の軸の一つと位置付けて積極的に支援している。結果、欧州についで米国の発行体によるESG債の発行も増えている。

　アジアにおいては、日本では、前章において述べたように、政府の支援もありESG債市場の拡大が進んできた（〔図表7－4〕）。また、アジアには、中国、インドという巨大な人口を抱える2国があり、さらに、化石燃料への依存率は高く温室効果ガスの排出量は世界の過半を占める。また発展途上国として今後もエネルギー需要が増す一方で、社会課題も多く抱えていることからも、アジアおよび日本において、グリーンボンドのみならず、ESG債市場の拡大が必要と見られる。

　他方、アジア諸国においては、それぞれ固有の政治的・経済的発展段階にあることに加えて地域全体をカバーするEUに該当する機関がないことから、アジア全体の統一的な市場ルールというものは存在していない。

3 トランジション・ファイナンスの登場

　ESG債市場の黎明期から今日に至るまで同市場の拡大をけん引してきたのはグリーンボンドである。グリーンボンドの資金使途は、気候変動の緩和や気候変動への適応、自然資源の保全、生物多様性の保全等、環境関連目標に貢献するグリーンプロジェクトを行うことを目的とするものとされている。代表的な例としては、再生可能エネルギーの導入、クリーン輸送、あるいは持続可能な水資源・廃水管理などが挙げられるだろう。しかしながら、気候変動を緩和する上できわめて重要なのは、現在温室効果ガスを大量に排出している、いわゆる多排出の産業、あるいは地域の変容である。

　2017年にREPSOLというスペインの石油・ガス会社が再生可能エネルギーの調達資金を得るためにグリーンボンドを発行した際に、市場から、ビジネスモデルを変えない中で発行するグリーンボンドは、グリーンウォッシュ

（見せかけのグリーン）であると批判を受けた。

　また、市場の拡大とともに、さまざまな資金使途を有するグリーンボンドが発行される中、どの産業・技術が、パリ協定の実現の観点からサステナブルかどうかを明確に分類するEUタクソノミー、その上でサステナブルとされた技術、製品に係る調達のみをグリーンボンドの資金使途と認めるというEUグリーンボンド・スタンダードが作られる動きが始まった。また、欧州での気候関連開示（SFDR、CSRD）も導入されることとなったこともすでに述べたとおりである。

　そのような中、「厳格な」グリーンボンド市場の拡大だけでは、むしろパリ協定の実現にはつながらないのではないかとの見方が市場関係者間で広まった。発行体として2050年のパリ協定の実現に向けた「移行」の軌道を、科学的根拠に基づき、かつ十分に意欲的なものとして示すことができれば、トランジション・ファイナンスとの位置付けでグリーンボンド等を発行し、サポートしていくべきであるという考え方が広がり始め、この考え方を明確化したのが、2020年12月に発表されたICMAのクライメート・トランジション・ファイナンス・ハンドブックである。

　このハンドブックの作成に至るまで、日本も含め多くのICMAの構成機関から多くのパブリックコメントが寄せられた。同ハンドブックによれば、いわゆる多排出産業もこの考え方に基づけばESG債を発行できるとされている[7]。

　日本においても、EUタクソノミーの策定、ICMAのトランジション・ファイナンスの議論と同時並行で、2020年2月から、「環境イノベーションに向けたファイナンスのあり方研究会」が経産省主導の下で立ち上げられた。その後、ICMAのハンドブック発表後速やかに、経済産業省、環境省、金融庁

7　https://www.icmagroup.org/assets/documents/Regulatory/Green-Bonds/Climate-Transition-Finance-Handbook-December-2020-091220.pdf（日本語訳：https://www.icmagroup.org/assets/documents/Regulatory/Green-Bonds/Translations/2020/Japanese-CTFH2020-12-041221.pdf）

の３省庁主催でクライメート・トランジション・ファイナンス検討会が発足した。

　2020年10月に菅前首相により、カーボン・ニュートラルへのコミットメントが発表され、欧米で加速し始めたESGへの取組みにより積極的に追随する方向で舵を切ったタイミングでもある。同時に、金融庁においても、サステナブルファイナンス有識者会議が発足し、さまざまな取組みの中核としてトランジション・ファイナンスの促進が挙げられた。

　翌2021年５月には、クライメート・トランジション・ファイナンス検討会によりトランジション・ファイナンスに関する基本指針が発表された[8]。これまでICMAのESG債の原則と整合するガイドラインを日本として策定してきたが、同基本指針も、ICMAのクライメート・トランジション・ファイナンス・ハンドブックと整合するとされている。

　同時に、経済産業省は、ICMAの同ハンドブックで発行体に求められているパリ協定の目標に向けた軌道（分野別ロードマップ）を、７つの多排出産業に関して示すこととし、発表されている。事業会社は、国際エネルギー機関（IEA）などが策定した国際的に認知されたシナリオ、またはNDC（国が決定する貢献）や上述のこの軌道を参照して移行を行うことを示せば、トランジション・ファイナンスに適合するということである。なお、このロードマップは、現状は脱炭素化への道筋・方向性、技術リスト、経路イメージの提供という位置付けであるが、既存ロードマップの排出経路イメージについて研究機関による定量化を検討している[9]。

　その上で、トランジションに資する事業について同省がモデル事業として認定することで、市場から積極的に資金を調達し、脱炭素化への移行が円滑に進むということを企図したものである。

　この動きを受けて、2022年度は、本邦資本市場において、トランジション

8　https://www.meti.go.jp/press/2021/05/20210507001/20210507001.html
9　https://www.meti.go.jp/shingikai/energy_environment/transition_finance_suishin/pdf/009_03_00.pdf

〔図表7-5〕 トランジションボンドの発行

(2023年3月31日時点)

条件決定日	発行体	債券名称	発行額 (百万円)	年限 (年)
2023/03/03	東北電力	東北電力株式会社第555回社債（一般担保付）（トランジションボンド）	10,000	10.0
03/03	東北電力	東北電力株式会社第556回社債（一般担保付）（トランジションボンド）	5,000	20.0
2022/12/14	東京瓦斯	東京瓦斯株式会社第1回利払繰延条項・期限前償還条項付無担保社債（劣後特約付）（トランジションボンド）	10,100	60.0
12/14	東京瓦斯	東京瓦斯株式会社第2回利払繰延条項・期限前償還条項付無担保社債（劣後特約付）（トランジションボンド）	9,700	60.0
12/02	西部ガスホールディングス	西部ガスホールディングス株式会社第19回無担保社債（社債間限定同順位特約付）（トランジションボンド）	10,000	5.0
12/02	西部ガスホールディングス	西部ガスホールディングス株式会社第20回無担保社債（社債間限定同順位特約付）（トランジションボンド）	5,000	10.0
11/18	北陸電力	北陸電力株式会社第360回社債（一般担保付）（トランジションボンド）	18,500	5.4
11/18	北陸電力	北陸電力株式会社第361回社債（一般担保付）（トランジションボンド）	15,300	10.0
11/18	北陸電力	北陸電力株式会社第362回社債（一般担保付）（トランジションボンド）	10,600	20.0
11/17	東邦瓦斯株式会社	東邦瓦斯株式会社第47回無担保社債（社債間限定同順位特約付）（トランジションボンド）	10,000	10.0

09/02	三菱重工業	三菱重工業株式会社第40回無担保社債（社債間限定同順位特約付）（第１回三菱重工トランジションボンド）	10,000	5.0
08/26	大同特殊鋼	大同特殊鋼株式会社第15回無担保社債（社債間限定同順位特約付）（トランジションボンド）	10,000	5.0
08/25	大阪瓦斯	大阪瓦斯株式会社第47回無担保社債（社債間限定同順位特約付）（トランジションボンド）	27,000	10.0
07/08	出光興産	出光興産株式会社第15回無担保社債（社債間限定同順位特約付）（トランジションボンド）	10,000	5.0
07/08	出光興産	出光興産株式会社第16回無担保社債（社債間限定同順位特約付）（トランジションボンド）	10,000	10.0
06/09	ENEOSホールディングス	ENEOSホールディングス株式会社第４回無担保社債（社債間限定同順位特約付）（トランジション・リンク・ボンド）	85,000	10.0
06/09	ENEOSホールディングス	ENEOSホールディングス株式会社第５回無担保社債（社債間限定同順位特約付）（トランジション・リンク・ボンド）	15,000	20.0
06/03	JFEホールディングス	ジェイ エフ イー ホールディングス株式会社第36回無担保社債（社債間限定同順位特約付）（トランジションボンド）	25,000	5.0
06/03	JFEホールディングス	ジェイ エフ イー ホールディングス株式会社第37回無担保社債（社債間限定同順位特約付）（トランジションボンド）	5,000	10.0
05/31	IHI	株式会社IHI第49回無担保社債（社債間限定同順位特約付）（トランジションボンド）	11,000	5.0
05/31	IHI	株式会社IHI第50回無担保社債（社債間限定同順位特約付）（トランジションボンド）	9,000	10.0

05/27	大阪瓦斯	大阪瓦斯株式会社第44回無担保社債（社債間限定同順位特約付）（トランジションボンド）	10,000	10.0
05/18	九州電力	九州電力株式会社第506回社債（一般担保付）（トランジションボンド）	30,000	5.0
05/18	九州電力	九州電力株式会社第507回社債（一般担保付）（トランジションボンド）	25,000	10.0
05/18	JERA	株式会社JERA第8回無担保社債（社債間限定同順位特約付）（トランジションボンド）	12,000	5.0
05/18	JERA	株式会社JERA第9回無担保社債（社債間限定同順位特約付）（トランジションボンド）	8,000	10.0
02/22	東京瓦斯	東京瓦斯株式会社第71回無担保社債（社債間限定同順位特約付）（トランジションボンド）	10,000	10.0
02/22	東京瓦斯	東京瓦斯株式会社第72回無担保社債（社債間限定同順位特約付）（トランジションボンド）	10,000	7.0
02/22	日本航空株式会社	日本航空株式会社第11回無担保社債（社債間限定同順位特約付）（トランジションボンド）	10,000	5.0
2021/07/21	日本郵船	日本郵船株式会社第43回無担保社債（社債間限定同順位特約付）（トランジションボンド）	10,000	5.0
07/21	日本郵船	日本郵船株式会社第44回無担保社債（社債間限定同順位特約付）（トランジションボンド）	10,000	7.0

（出所） JPX ESG債プラットフォームからBofAセキュリティーズが作成。

ボンドが相次いで発行された。これらは、ロードマップが示された運輸・輸送機関、鉄鋼、ガス、電力業界の事業会社であり、トランジション・ファイナンス基本指針が企図した成果と言ってよいだろう（〔図表７−５〕）。

　なお、これらの案件は、トランジション・ファイナンス基本指針に準拠しているのみならず、ICMAのグリーンボンド原則、日本のグリーンボンドガイドライン、クライメート・トランジション・ファイナンス・ハンドブックにも準拠している。また、経済産業省の分野別ロードマップにおいても参照しているTPI[10]、SBTi[11]といった国際的に信頼性の高い団体においては、削減経路の評価基準をIEA等の考え方をベースに策定しているが、さらに今後、分野ごとに基準を作成するとしている。

4 海外におけるトランジション・ファイナンス

　日本においては、トランジションボンドというラベル付債での発行が増えてきたが、海外においては、ハンドブックが発表された後、バンク・オブ・チャイナ、Snam等によるトランジションボンドが発行されたものの、日本対比で同ラベル付債はほぼ見られていない。

　その背景として、日本においては、多排出産業に対するロードマップが策定され、トランジションボンドの発行への支援の下、資金使途重視のラベル付債が主流となったが、海外においては、クライメート・トランジション・ファイナンス・ハンドブックは、グリーンボンド、ソーシャルボンドなどのESG債の発行に際してのコンセプトであってプロダクトではないという考え方が一般的であること、トランジションの軌道について市場関係者の中で必ずしも合意が取れていないこと、さらにサステナビリティ・リンク債が普及してきたことが挙げられる。

10　2017年に設立。資産運用会社が支援するグローバルな取組み（https://www.transitionpathwayinitiative.org/supporters）。

11　2014年に、国連グローバルコンパクト、CDP（気候変動関連開示を推進する機関投資家の団体）、WRI（国際環境NGO）、WWF（世界自然保護基金）が連携して設立（https://www.wri.org/initiatives/science-based-targets）。

サステナビリティ・リンク債の仕組みは前節で述べたとおりであるが、発行体および投資家の双方にメリットがあるとの見方から急速に海外市場で拡大している。すなわち、発行体にとっては、ラベル付債のように資金使途が限定されないため、発行額が自由に設定できるということ、投資家にとっては、ロードマップの信頼性等の検証をせずとも、発行体によって提示されるKPIのみをフォローすればよいため、発行後のモニタリングが相対的に軽微であることが選好の背景にある。

　日本においてもじょじょに拡大の兆しを見せているが、欧米での拡大傾向に比してそのスピードは緩やかである。その背景として、サステナビリティ・リンク債で一般的となっているステップアップの仕組み（あらかじめ発行体が定めたKPIをある一定のタイミングで達成できない場合には、その後の利率が上昇する取決め）がそもそも日本の社債投資家にとって馴染みがなく管理しにくいこと、本邦の主要債券インデックスの対象外であること、加えて、発行体がKPIを達成できない際に投資家が利潤を得ることについての道義的な懸念などがあると言われている。この懸念を解消すべく、ステップアップの代わりに一定の金額をNPOへの寄付等に使うという仕組みが日本で見られていることを付記する。

　いずれにしても、トランジション・ファイナンスはICMAや日本以外でも注目が高まっている。EUにおいても、当初サステナブルかどうかの二元論的な議論が中心であったが、2021年7月に、すべての経済活動をグリーン、レッド（アンバー）、イエローに分けて、レッド、イエローからグリーンへの移行をトランジションと定義することとした。

　気候変動対策のために世界の資本を動員するために活動している国際NGOであるCBI（Climate Bonds Initiative）では、2021年9月にディスカッション・ペーパーを公表し、信頼性の高いトランジション企業の要素を整理している。その際、産業別の脱炭素経路と乖離していても、整合に向けた取組みを行っている企業努力は評価されるべきであるとしてInterim Transitionという考え方を示したことは注目される。

気候関連開示で国際的に最も認められているTCFDにおいても、2021年10月に改訂ガイダンスを公表し、トランジション経路における不確実性や課題に関する仮説、想定などを示すことが期待されるとしている。

ICMAで発表したトランジション・ファイナンスの検討に際しての参照リストであるMethodologies Registryで示されているように、30にも上るさまざまな組織が、さまざまな視点でトランジションの経路についての議論を行っており、国際的に統一されているという段階ではない。

このような中、政府間協議においてもトランジション・ファイナンスへの関心の高まりや課題を受けて、議論を整理する動きが見られている。

G20では、サステナブル・ファイナンス・ワーキンググループを立ち上げ、2021年にサステナブル・ファイナンス・ロードマップを策定し、2022年10月にG20 Sustainable Finance Reportを発表した[12]。そこでは、トランジションに該当する業務と投資とは何かを定め、実際のレポーティングや金融商品の在り方、政策の在り方等をハイレベルで整理している。

OECDにおいても、2021年にCOP26でトランジション・ファイナンス・ワーキンググループを立ち上げ、OECD Guidance for Transition Financeを2022年10月に公表した[13]。ここではさまざまなトランジション・ファイナンスに関する状況および課題を整理している。なお、日本の技術ロードマップについては、トランジション計画作成のためのインプットの一つとして紹介されている。

また、2023年5月のG7財務大臣・中央銀行総裁会合ではトランジション・ファイナンスの重要性が議論され、首脳コミュニケでも言及された[14]。

12　https://g20sfwg.org/wp-content/uploads/2022/10/2022-G20-Sustainable-Finance-Report-2.pdf

13　https://www.oecd.org/environment/oecd-guidance-on-transition-finance-7c68a1ee-en.htm#:~:text=This%20guidance%20sets%20out%20elements,%2Dof%2Deconomy%20climate%20transition

14　https://www.mofa.go.jp/mofaj/files/100506909.pdf

5 トランジション・ファイナンスの新たな課題と展開

⑴ 信 頼 性

　トランジション・ファイナンスが拡大していく中で、いくつかの課題が見えてきている。まず、その一つは、第4節でも述べたとおり、現時点では、トランジションに関する国際的に統一された定義や経路が存在しないということである。

　それゆえ、地域や立場を異にする投資家が存在する中、投資家によっては見せかけのグリーンとの懸念から投資を行いにくくなり、トランジション・ファイナンスのグローバルな拡大が妨げられているということである。

　この課題については、グローバルな政府間協議においても認識され、議論がなされていることは第4節で述べたとおりである。

⑵ Financed Emission（ファイナンスド・エミッション）

　2021年、GFANZ（Glasgow Financial Alliance for Net Zero）が立ち上がり、450機関（2022年12月現在550＋）がネットゼロ移行への加速を目指し、今後10年間で130兆米ドル相当の資産に対して管理・アドバイスを行うとした。

　金融機関は自社の投融資排出量（ファイナンスド・エミッション）を含むScope 3 についてもゼロにしていくことが求められることとなったが、その結果、投資家によっては多排出産業の脱炭素化を支援するための業務を行うことで、自社のファイナンスド・エミッションが短期的に上昇することとなるために、多排出産業への投融資を行いにくくなる、すなわち、トランジション・ファイナンスに躊躇する金融機関が見られている。

　この課題にどのように対応するかを議論すべく、GFANZにおいても2022年6月に、Recommendations and Guidance on Financial Institution Net-zero Transition Plans、Guidance on Use of Sectoral Pathways for Financial Institutions、The Managed Phaseout of High-emitting Assetsなどのレポー

トを発表し、実経済の脱炭素化のためには、多排出産業へのビジネスをダイ
ベストメントするのでは不十分であり、ファイナンスド・エミッションの削
減のみならず、排出削減に向けた取組みに対して資金提供を行うべきと指摘
している[15]。

　さらに、11月に、Final ReportとしてFinancial Institution Net-Zero Tran-
sition Plans[16]を発表した。これはあくまでもRecommendationsおよびGuid-
anceとしてさまざまな情報や選択肢を提示しており、個々の金融機関がそ
れぞれの地域や個社の方針に応じて活用することを目的としている。また、
経路や方法論についても開発途上であることも述べている。

　同様に、GFANZの下部組織であるNZBA（ネットゼロバンキングアライア
ンス）においてもNZBA Transition Finance Guide[17]を2022年10月に発表し、
既存の枠組みやファイナンスド・エミッションの算定方法を見直す必要があ
ると指摘した。

　なお、これらGFANZ関連のトランジション・ファイナンスのガイダンス
の作成をけん引しているのは、日本の金融機関およびアジアの金融機関であ
る。国際的なルール作りへの参画が欧米と比較して消極的と言われてきた中
で、今後のルール形成の行方は注目に値する。

　日本政府は、2022年12月、「トランジション・ファイナンス環境整備検討
会」（金融庁・経済産業省・環境省による共催）の下に、「ファイナンスド・エ
ミッションに関するサブワーキング」を設置し、2023年２月にファイナンス
ド・エミッションに関する課題提起ペーパーを取りまとめた。今後も引き続
き、ファイナンスド・エミッションの具体的な算定・開示の在り方について
検討・議論を行い、国際的なルールメイキングに貢献するとしている[18]。

15　https://assets.bbhub.io/company/sites/63/2022/06/GFANZ_-Managed-Phaseout-of-
High-emitting-Assets_June2022.pdf
16　https://assets.bbhub.io/company/sites/63/2022/09/Recommendations-and-
Guidance-on-Financial-Institution-Net-zero-Transition-Plans-November-2022.pdf
17　https://www.unepfi.org/wordpress/wp-content/uploads/2022/10/NZBA-Transition-
Finance-Guide.pdf

(3) 削減貢献量

　現状、金融機関の気候変動関連開示において、GHGプロトコールに基づいたScope 1 - 3 の算定基準と、PCAF（Partnership for Carbon Accounting Financials）スタンダードに基づく算定方法が一般的であるが、この計算方法によると、排出削減に貢献する製品・サービスを有する企業の「削減貢献量」等が「機会」評価としては定着していない。たとえば省エネ商品を製造した結果、ユーザー側のGHG排出量の削減が評価の対象となっても、製造側の製造に伴う排出量の増加がファイナンスド・エミッションの観点ではマイナスの評価につながる一方、削減貢献量が金融機関の評価軸にはなっていないという実態がある。

　今後の脱炭素化の推進に向けて、削減貢献を行う企業に対する評価とそれに伴う金融機関の投融資の促進が、トランジションにとっては重要であるという考え方から、2018年の経済産業省による温室効果ガス削減貢献定量化ガイドラインが発表されたほか、ISO（International Organization for Standardization）、WBCSD（World Business Council for Sustainable Development、GHGプロトコールの共同作成者）なども削減貢献量の議論を行っており、WBCSDが2023年 3 月にGuidance on Avoided Emissionsを発表するなど、ファイナンスド・エミッションに加えて議論の今後の進捗が注目される[19]。

⑷　Just Transition（公正な移行）

　脱炭素化への移行において忘れてはならないのが、Just Transition（公正な移行）である。トランジションにおいては、エネルギー分野に代表される多排出産業について産業構造の転換が求められ、結果として、雇用が失われるリスクや企業が財務上のリスクをもたらすことが想定される。ESGやトラ

18　https://www.meti.go.jp/press/2022/02/20230221002/20230221002.html
19　https://www.wbcsd.org/Imperatives/Climate-Action/News/Guidance-on-Avoided-Emissions

ンジション・ファイナンスの考え方の根源にもなっているSDGsの基本コンセプトである、「誰も取り残さない社会の実現」のためには、公正な移行に配慮した移行戦略が重要となる。

欧州委員会では、2020年に「公正な移行メカニズム」を立ち上げ、移行の影響を受ける地域・人々を対象に支援を行うことを発表している[20]。

2022年11月のG20において議長国のインドネシア政府と日本、米国、カナダ、デンマーク、EU、フランス、イタリア、ドイツ、ノルウェー、英国が「インドネシアJust Energy Transition Partnership」（JETP）を発表した[21]。この取組みではインドネシアに対して、まずは今後3〜5年間に官民で200億米ドルの資金を、脱石炭、再生可能エネルギー、EV車のバリューチェーン、自然由来の気候変動対策に投じ、2050年までに電力セクターをネットゼロにするという内容であるが、公正な移行を意識しており、興味深い。フォン・デア・ライエン欧州委員会委員長は同国の環境のみならず、インドネシア国民の将来の機会につながるものと述べている[22]。

6 GX経済移行債

2022年5月31日の「新しい資本主義実現会議」においては、脱炭素が骨太方針の一つとして掲げられ、クリーンエネルギー戦略の推進のために10年で官民が150兆円相当の投資を進めることに加えて、「GX経済移行債（仮称）」で政府資金を調達することを検討することが発表され、6月17日に閣議決定された。

その後、7月より、「産業革命以来の化石燃料中心の経済・社会、産業構造をクリーンエネルギー中心に移行させ、経済社会システム全体の変革、すなわち、GX（グリーントランスフォーメーション）を実行するべく、必要な

---

20 https://commission.europa.eu/strategy-and-policy/priorities-2019-2024/european-green-deal/finance-and-green-deal/just-transition-mechanism_en
21 https://www.whitehouse.gov/wp-content/uploads/2022/11/Joint-Statement-1.pdf
22 JETP: EU and International Partners launch ground-breaking partnership with Indonesia - INSIGHT EU MONITORING（ieu-monitoring.com）

施策を検討するため」首相を議長とするGX実行会議が開催され、さまざまなテーマとともに、GX経済移行債についての議論が行われている。

　今後、資金使途や金額規模、発行方法（たとえば通常の国債または、国際基準に準拠した国債）などがさらに議論されることになるが、日本のトランジション・ファイナンスの考え方を内外の関係者に提示し、評価を受けることとなる。

　トランジション・ファイナンスについては相対的に日本の議論は先行していると筆者は認識しており、GX経済移行債が、トランジション・ファイナンスに関する内外の議論をさらに深め、150兆円とも言われる投資資金の呼び水となるのか、ルールメーキングの支援につながるのかどうかは注目に値する。

7 終わりに

　日本のみならずアジア諸国は化石燃料への依存度は欧米に比しても高く、円滑な移行のために、同地域においてはサステナブルファイナンス、中でもトランジション・ファイナンスの拡大がきわめて重要である。その際、日本・アジア諸国の資金に加えて、欧米の資金も呼び込む必要があり、国際的な基準や動向を意識しつつ理解を求めていくことが不可欠である。

　一方、足元の各地での地政学的な課題や金融市場の不安定さもあいまって、サステナブルファイナンスを取り巻く環境が複雑さを増していることは否めない。

　道のりは平坦ではないものの、次世代に持続可能な社会を手渡すためには、カーボンニュートラルの実現をはじめとするさまざまな社会課題を解決していくためのサステナブルファイナンスおよびトランジション・ファイナンスの拡大の必要性は不変である。

　これまで、市場の拡大を支えてきたもの、そしてこれからも支えていくのは、各関係者の目標の共有、すなわち、投資家、事業会社、金融機関、政府関係者、アカデミア等、立場や地域によってもアプローチは違えども、資本

市場等を活用することで経済的利益をもたらしつつ、サステナブルな社会の目的の実現に沿った便益をもたらすという目標の共有であると考えている。

　今後も、ESG債やトランジション・ファイナンスについて、さまざまな議論を建設的に行い実践することが、市場の発展と、結果として、より早期でのパリ協定やSDGsの達成の実現につながるものと考えている。小職も資本市場に身を置く者として、次世代に思いを馳せつつ、微力ながら貢献して参りたいと考えている。

　なお、本稿の作成に際して、金融庁、環境省、経済産業省によるさまざまな関連委員会の際に使用された事務局による資料を参考にさせていただいた。また、本稿は筆者の個人的見解であることを付記する。

.

第 8 章

地方創生における地域金融機関のサステナビリティ

三菱UFJリサーチ＆コンサルティング株式会社
フェロー（サステナビリティ）

吉高 まり

1 地方創生とサステナブルファイナンス

　サステナブルファイナンスは、確立した定義はない[1]ものの、一般的には持続可能な社会と地球を実現するための金融であり、環境問題や社会課題を金融面から解決する手法として、国内外で制度化が進んでいるが、世界的には、まずもって気候変動対応に向けたファイナンスが中心である。ESG投資といえば、資本市場中心の欧米目線で、機関投資家起点での、サプライチェーンを含め上場もしくは大手企業の価値評価手法としてコーポレートガバナンスを基礎に発展してきている。そこには、クライメートテックなどの非上場企業への投資も視野には入っているが、間接金融が主流の我が国において、ESGの観点から金融全体を強化しなければ、脱炭素社会に向けた社会変革を起こすための援護射撃として十分でない。また、2021年に英国グラスゴーで開催されたCOP26（国連気候変動枠組条約第26回締約国会議）で「ネットゼロのためのグラスゴー金融同盟（GFANZ：Glasgow Financial Alliance for Net Zero)」が450以上[2]の金融機関から成る連合体として設立され、ネットゼロ達成のために今後30年間で100兆ドルもの投融資をすると表明した。こうした潮流の中、日本の大手金融機関、あるいはその投融資先の大手企業はある程度自力で対応を進めていけると思われるが、課題はそれ以外の地域金融機関やその投融資先の中小企業であるとされる。本章では、「脱炭素」「サステナビリティ」をキーワードとした、地方創生を支える地域金融機関の役割について考察したい。

(1) 脱炭素社会構築を通じた地方創生政策

　菅義偉首相（当時）の2050年に向けたカーボンニュートラル宣言以降、政府はグリーンイノベーション基金の設立、カーボンニュートラルに向けた投資促進税制、カーボンプライシングなど投資を促すファイナンス面でさまざ

1　第1章参照。
2　2021年11月時点。

【図表 8 - 1】 脱炭素化支援機構の事業スキーム

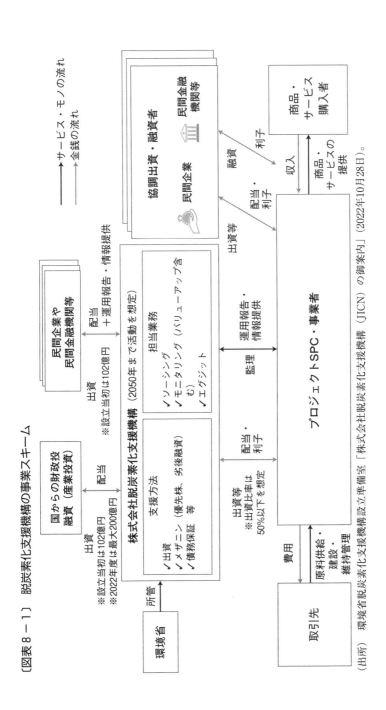

（出所）環境省脱炭素化支援機構設立準備室「株式会社脱炭素化支援機構（JICN）の御案内」（2022年10月28日）。

まな脱炭素社会移行への施策を打ち出し、2022年12月にはGX（グリーントランスフォーメーション）に関する基本方針（案）を取りまとめた。一連の施策として、多排出企業の化石燃料からのエネルギー転換への支援に加え、日本全体で2050年のカーボンニュートラル社会を目指すため地域脱炭素ロードマップを策定した。これは、地方自治体、地元企業、金融機関などが中心となり、国も積極的に支援しながら、少なくとも100か所の脱炭素先行地域で、2025年度までに、脱炭素に向かう先行的な取組実施の道筋をつけ、2030年度までに実行するものである。その実行のために、自治体を対象とする新交付金を創設し、再生可能エネルギー発電設備の整備や建築物の断熱・省エネルギー化、電気自動車導入などの経費を補助する。また、地域脱炭素に向けた「重点対策」を実施することが強調され、メザニンファイナンス、出資、債務保証も含めた、財政投融資のファンドである「株式会社脱炭素化支援機構（〔図表8−1〕参照）」の創設に係る法案を国会で可決し、同機構を始動させた。国が出資する同機構を活用することにより、民間企業は事業のリスクを軽減することができるほか、地方銀行などは積極的な投融資の呼び込みが可能となる。

(2) 脱炭素先行地域と金融機関

　第1回目の脱炭素先行地域の公募には日本全国の102の地方公共団体から79件の計画提案があり、環境省はまず26件の先行モデル地域の提案を2022年4月に選定・公表した。その選定には筆者も関わらせていただいたが、大都市のみならず、農山漁村、離島、都市部の街区など多様な地域において、地域課題を同時解決し、住民の暮らしの質の向上を実現する提案が選ばれている。

　たとえば、宮城県東松島市（〔図表8−2〕参照）は、震災からの復興に向けて設立された一般社団法人東松島みらいとし機構との間で、震災経験を踏まえた電力等のライフラインの確保、災害に強靭な自立分散型電源ネットワークを構築する事業である。東松島みらいとし機構は、別途、ESG投資家

【図表8−2】 宮城県東松島市の事例

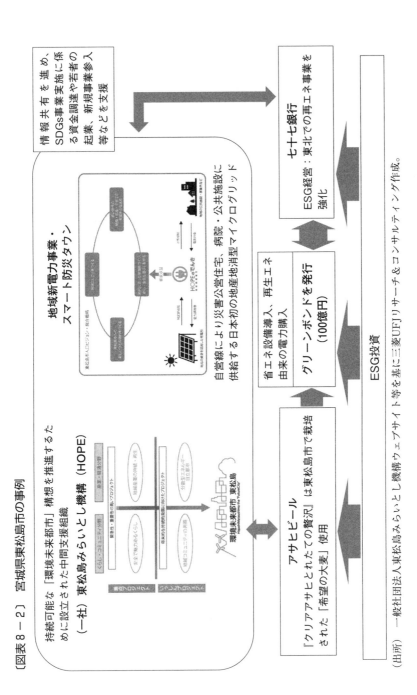

持続可能な「環境未来都市」構想を推進するために設立された中間支援組織
(一社) 東松島みらいとし機構 (HOPE)

地域新電力事業・スマート防災タウン

情報共有を進め、SDGs事業実施に係る資金調達や若者の起業、新規事業参入等などを支援

自営線により災害公営住宅、病院・公共施設に供給する日本初の地産地消型マイクロハイブリッド

七十七銀行
ESG経営：東北での再エネ事業を強化

アサヒビール
「クリアアサヒとれたての贅沢」は東松島市で栽培された「希望の大麦」使用

省エネ設備導入、再生エネ由来の電力購入
グリーンボンドを発行 (100億円)

ESG投資

(出所) 一般社団法人東松島みらいとし機構ウェブサイト等を基に三菱UFJリサーチ＆コンサルティング作成。

〔図表 8 - 3〕 脱炭素先行地域第 1 回目および第 2 回目の選定結果の抜粋

選定回	提案自治体	共同提案者	コンセプト名	脱炭素先行地域の対象
第1回	神奈川県川崎市	脱炭素アクションみぞのくち推進会議、アマゾンジャパン（合）	川崎市の交通要衝「みぞのくち」からはじめるCO_2最大排出都市の脱炭素アクション	高津区溝口周辺地域の民間施設群、市内すべての公共施設群
	鳥取県米子市	境港市、ローカルエナジー（株）、（株）山陰合同銀行	地域課題解決を目指した非FIT再エネの地産地消と自治体が連携したCO_2排出管理によるゼロカーボンシティの早期実現	米子市・境港市の公共施設群等
	岡山県西粟倉村	（株）中国銀行、（株）エックス都市研究所、テクノ矢崎（株）	2050 "生きるを楽しむ" むらまるごと脱炭素先行地域づくり事業	村全域の公共施設等（庁舎、教育・福祉施設、産業・商業施設、村営住宅等）
第2回	岩手県久慈市	久慈地域エネルギー（株）、（株）岩手銀行	過疎地域を未来に向けて発展させる脱炭素先行地域の提案	山形町（旧山形村）全域
	福井県敦賀市	北陸電力（株）	北陸新幹線敦賀開業を契機とした脱炭素化へのパラダイムシフト	北陸新幹線敦賀開業を契機とした脱炭素化へのパラダイムシフト
	滋賀県湖南市	滋賀県、こなんウルトラパワー（株）、（株）滋賀銀行	さりげない支えあいのまちづくり　オール湖南で取り組む脱炭素化プロジェクト	市内福祉施設を中心とした市街地エリア（じゅらくの里エリア、サンヒルズ甲西エリア等）
	奈良県三郷町	（医）藤井会、（福）檸檬会、奈良学園、（株）農業公園信貴山のどか村、Daigasエナジー（株）、（一社）地域共生エコ・	ゼロカーボンで加速する全世代・全員活躍型「生涯活躍のまち」三郷	FSS35キャンパス（奈良学園大学三郷キャンパス跡地）、農業公園信貴山のどか村、三室山コープタウン

取組みの全体像
川崎の交通要衝である溝口周辺民間施設（脱炭素アクションみぞのくち推進会議会員企業65施設のうち民生50施設：業務、商店、倉庫等（川崎信用金庫、横浜銀行、その他金融機関含む）、民生以外2施設）と全公共施設（1,067施設）を、各施設の屋根等を活用した太陽光発電設備・蓄電池の導入や既設・新設の太陽光・ごみ発電の活用等を行いつつ、2023年度設立予定の地域エネルギー会社との連携も図りながら、脱炭素化を図る。また、同会員企業において、EV等の導入を図るとともに、2030年度までに全公用乗用自動車へ次世代自動車を導入する。
米子市・境港市の公共施設（608施設）等について、ローカルエナジー株式会社と山陰合同銀行が連携してPPA事業者を設立し、各施設や荒廃した土地に太陽光を導入するとともに、既存の再エネ設備（クリーンセンター等）の再エネ電気をローカルエナジー株式会社を介して各施設へ供給すること等により脱炭素化を図る。また、米子市水道局施設には太陽光と蓄電池を導入しBCPを図る。同社が一元管理する電力データの見える化を行うデータプラットフォーム事業により職員の行動変容を促す。
村全域における公共施設等（庁舎、教育・福祉施設、産業・商業施設、村営住宅等。村の全電力使用量の30%相当）について、屋根等に太陽光・風力・蓄電池を導入するとともに、既存の小水力発電、太陽光、木質バイオマス発電を活用しながら、設立予定の地域新電力を通じてエネルギーマネジメントを行いながら脱炭素化を図る。また、データプラットフォーム上でエネルギーの見える化を行い、村民の排出量削減に向けた行動変容を促す。
過疎地域である山形町（旧山形村）の全需要家を対象に、オンサイトPPA事業等により太陽光発電・蓄電池を最大限導入するとともに、市有地等へのオフサイト太陽光発電の導入や、市内に設置予定の大規模陸上風力発電のうち1基を地産地消用として活用することで、脱炭素化を実現。また、バーク（樹皮）を活用した木質バイオマス熱電併給システムの導入を図る。さらに、再エネガイドラインに基づき風力発電の作業道を森林事業者向けに開放することで林業振興を図る。
北陸新幹線敦賀開業を産業・エネルギー政策転換の契機と捉え、新幹線開業の象徴的エリアとなる駅西地区、中心市街地集客施設、シンボルロード等へ卒FIT太陽光発電や新設予定のごみ発電による再エネ電力を供給し、脱炭素化を実現。北陸電力、福井銀行と「敦賀市脱炭素マネジメントチーム」を結成し、省エネ要請等による需給調整や、環境意識の高い事業者等への融資・補助一体型支援などにより、中心市街地全体へ脱炭素化の取組みを波及・拡大。
「福祉発祥の地」として知られる市の特徴的な需要家である福祉施設をはじめ、住宅、公共施設（県立学校等）、工場・事業場等へ太陽光発電・蓄電池等を導入し、エネルギーの一括管理を行う。太陽光発電導入済みの住宅において、蓄電池導入を無償設置サービスにより促進するとともに、サンヒルズ甲西エリアに自営線によるマイクログリッドを構築し、非常時の電源を確保。また林福連携事業として、木質バイオマスボイラー・ストーブを設置し、障害のある人の雇用を創出。
町が進める「生涯活躍のまち」づくりの実現に向けた核となるエリアである「FSS35キャンパス」において、「学び」・「働き」・「交流する」再生拠点としての整備に合わせ、太陽光発電・蓄電池を導入し、脱炭素化を図る。「農業公園信貴山のどか村」では、営農型太陽光発電を導入し、農業による高齢者や障害者の「活躍の場（雇用）」を創出するとともに、FSS35キャンパスで学ぶ留学生の居住の場である「三室山コープタウン」を脱炭素化し、「生涯活躍のまち」と「脱炭

		エネ推進協会、日本環境技研（株）、（株）三郷ひまわりエナジー、大和信用金庫		
	山口県山口市	西日本電信電話（株）、NTTアノードエナジー（株）、（株）エヌ・ティ・ティ・データ経営研究所、NTTビジネスソリューションズ（株）、（株）山口銀行、（株）YMFG ZONEプラニング	「ゼロカーボン中心市街地」～商店街・住民・企業・市の共創による市街地脱炭素化の実現～	山口市中心市街地エリア

（出所）　環境省「第1回　脱炭素先行地域の概要」1〜6頁（2022年4月26日）、環境省

から評価の高いアサヒグループホールディングスと事業を行っている。アサヒビールが販売している「クリアアサヒとれたての贅沢」は宮城県東松島市で栽培された「希望の大麦」が使用されており、この麦の栽培は本業を通じたSDGsプロジェクトである。また、同社はRE100を宣言しており、今後、FIP（Feed-in-Premium）制度の活用により当地域からオフサイトPPAなどで再生可能エネルギー電力の購入も視野に入れていると見られる。この事業については七十七銀行が支援する一方で、七十七銀行はアサヒビールが発行したグリーンボンドを購入している。この案件のように、当該再生可能エネルギー事業は、脱炭素のためというより、むしろ、地域社会のレジリエンスを高めるための分散型社会作りの一環で事業を行い、その事業により、外部からの新たな投資を引き寄せ、かつ地域の金融がこれら一連の事業について間接的に支援していることになる。

　そのほかにも、地域通貨の利用、世界遺産や国立公園を活用した地域活性化、上下水道インフラ向上やサーキュラーエコノミーの組合せなどさまざまな提案がなされている。ここで特筆したいのが、先行地域として選定されている事業の実施体制における金融機関の関わりである。〔図表8-3〕に示すように、さまざまな役割で脱炭素事業に地域の金融機関が関わっている。

素」を同時実現。

「職住近接」の中心市街地における商店街周辺エリア（郵便局・金融機関3施設を含む）を対象に、ソーラーアーケードを含む太陽光発電の導入や廃棄物発電の活用により脱炭素化を実現。商店街全体の消費電力量・CO_2排出量の見える化、市民ファンドと連携したエコポイント制度やナッジ等の活用により市民や観光客の行動変容を促す。また、公用車をEV化し、閉庁時にはEVカーシェアとして活用するとともに、隣接する湯田温泉等の観光地と中心市街地を結ぶ乗合バスをEV化。

「第2回　脱炭素先行地域の概要」1～5頁（2022年11月1日）より引用し一部修正。

〔図表8－4〕　環境・社会的課題の解決に資する地域金融の役割

地域循環共生圏づくりに貢献。SDGsやSociety 5.0の実現にもつながる

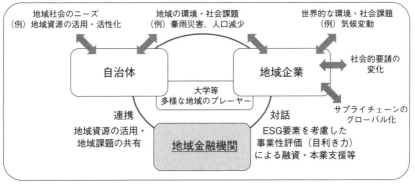

（出所）　環境省大臣官房環境経済課環境金融推進室「ESG地域金融実践ガイド2.1」（2022年3月）。

交付金はあくまでも、脱炭素事業を実施するためのシーズ的資金であり、長期的視点で脱炭素を実行し、対象地域を拡大していくためには、民間資金の導入が必須であることが見て取れる。

　地域には、脱炭素をはじめとした、環境・社会的課題の解決に資する技術力や製品・サービスを有している企業が存在するが、こうした企業を発掘、

支援することが地域経済成長の鍵となる〔〔図表8－4〕参照〕。地域経済の活性化に向けて、地域金融機関が自治体等と連携し、地域資源の活用・地域課題の解決に取り組むことが、先行地域の選定において評価される。

(3) 脱炭素社会構築における地域金融のあるべき姿

脱炭素社会の構築においての課題は、住民にとって脱炭素社会への移行によりもたらされる社会的便益が自分事として捉えにくいことである。気候変動は、生態系を破壊し、自然資本のバランスの維持を困難にする等、人間の生活を脅かす脅威となっている。防災、災害対策、レジリエンス、生態系保護、廃棄物問題、医療対策、エネルギー、水、サプライチェーン、モビリティ、住居環境、デジタライゼーション、これらのすべてが気候変動対応につながる。そして、これらに対応しなければ、今後どんな社会も成り立たない。脱炭素社会への移行は政策目的ではあるが、人間の生活を脅かすリスクを抑制し、人間のウェルビーイングを向上させるためのエンジンの一つであ

〔図表8－5〕　地域のサステナブルな経済を構築するためのプラットフォーム

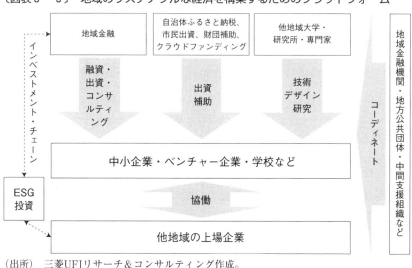

(出所)　三菱UFJリサーチ＆コンサルティング作成。

り、これを支える地域金融機関の役割が、サステナブルファイナンスなのである。このように、地域の活力を最大限に発揮する地域循環共生圏を構築するに当たり、ESG金融を背景に、地域の企業や大学が所有する技術などを支え、地域経済を活性化していくために、人、資金、技術などを地域に呼び込むためのプラットフォーム作りが重要だ（〔図表8－5〕参照）。さらに、このプラットフォームの運営には、地域の金融機関が担い手として、その役割を果たせると考える。

2 地域金融機関によるサステナブルな視点での投融資先の評価

　世界的潮流である、サステナブルファイナンスの活動対象としては、気候変動の緩和、気候変動の適応、水および海洋資源の持続可能な利用と保全、サーキュラーエコノミーへの転換など、気候変動およびそれに関連する「グリーン」の場合が多い。このような世界の流れを受け、我が国でもサステナブルファイナンスの施策が取り入れられた。2020年12月25日に、金融庁は、「サステナブルファイナンス有識者会議」を設置し、国内外の資金が、日本企業の気候変動などの取組みに活用されるよう、金融機関や金融資本市場を動かすための課題やその対応案について議論している。気候変動関連財務情報の開示を促すTCFDへの対応は、企業の規模にかかわらず、不透明な将来の状況の下で事業がどのように行われ継続するかについて、組織としての検討・理解を促す重要な戦略的思考のツールであり、長期視点の投資家から見れば、将来の変化に対する強靱性を持っている経営か否かを判断する材料となる。しかしながら、いきなり最初から完全な開示を行うことは困難である。ガバナンス体制の構築などできるところから着手し、投資家との対話（エンゲージメント）を通じて、開示の内容・精度を高めていくことが、企業価値の向上につながると考える。なお、我が国のコーポレートガバナンス・コードの再改訂（2021年6月実施）では、東京証券取引所による市場再編（2022年4月一斉移行）においてプライム市場に該当する上場企業には、より

高いガバナンス水準が求められる。プライム市場上場企業に対しては、とくにTCFDまたはそれと同等の国際的枠組みに基づく気候変動開示の質と量を充実させ、サステナビリティについて基本的な方針を策定し自社の取組みを開示することを求めている。このように、コーポレートガバナンス・コードは、まずはプライム市場を対象にしているが、機関投資家の投資判断において、こうした開示情報はプライム市場に限らず、重要な判断材料であることから、あらゆる上場企業において、今後、非財務情報の開示は求められることになるであろう。また、金融機関による投融資先を含めた脱炭素に向けた動きの一環としての投融資先の排出量の把握の他、上場企業のサプライチェーン管理の視点からは、上場企業か非上場企業かを問わず、非財務情報の開示に無関心ではいられなくなるであろう。

　UNEP FIは、2019年に国連責任銀行原則（PRB：Principles for Responsible Banking）を発表し30の銀行とPRB創設機関を発足させた。PRIからかなり遅れての発足であるが、銀行は取引先との関係が深く、簡単に融資先を変更できないことが背景にあると言われる。PRBは国連のSDGsやパリ協定などの社会の動きに銀行業界の動きを整合させることを目的としている。銀行の融資額が、世界の資金供給の3分の2を占める中で、各銀行に対して、自行の業務活動、商品・サービスが、社会や環境にどのような影響を及ぼしているのかを評価するよう求めている。PRBに署名した銀行は、影響に対する管理目標を定め、その進捗状況を報告しなければならない。また、銀行は取組内容を公表し、説明責任を果たし透明性を担保しなければならない。PRBは、2019年に発足した段階では、49カ国の銀行130行が加盟しており、その資産は47兆米ドルを超える。その後、2022年12月の署名銀行数は310を超え、保有資産総額は90兆米ドルに上り、世界の銀行の保有資産残高の約半分に相当するが、日本からは大手都市銀行を中心に9行が参加している。PRBの原則は、銀行が生み出す人々や環境への影響（インパクト）について正負の両面を分析しその分析結果に基づく目標の設定と実行を求めている。たとえ、PRBの原則に署名せずとも、PRB原則は地域金融機関がサステナビリ

〔図表8－6〕　地方銀行のサステナビリティに関する主なサービス（例）

ローン	【岩手銀行】いわぎん脱炭素応援ローン 【京都銀行】京銀エコ・ローン、京銀グリーンローン、京銀サステナビリティローン、京銀サステナビリティ・リンク・ローン、京銀ソーシャルローン、京銀トランジションローン
私募債	【十六銀行】じゅうろくグリーン私募債、じゅうろくソーシャル私募債、じゅうろくサステナビリティ私募債 【八十二銀行】八十二「地方創生・SDGs応援私募債」地域活性化型、八十二「地方創生・SDGs応援私募債」企業応援型
出資	【愛媛銀行】せとうちSDGsファンド 【群馬銀行】GBグリーンファンド
運用商品	【青森銀行】ニッセイ気候変動関連グローバル株式ファンド（資産成長型）／（予想分配金提示型）、脱炭素関連世界株式戦略ファンド（資産成長型）／（予想分配金提示型） 【京葉銀行】グローバルESGバランスファンド（為替ヘッジなし）年2回決算型、イノベーティブ・カーボンニュートラル戦略ファンド
その他	【武蔵野銀行】ソーシャルファイナンス型シンジケートローン 【名古屋銀行】めいぎんポジティブインパクトファイナンス

（出所）　各行の公表情報より三菱UFJリサーチ＆コンサルティング作成。

ティ経営を考えるに当たって、一つの指針ともなり得るものである。〔図表8－6〕に示すとおり、地域金融がサステナビリティの観点からさまざまなサービスを提供しているが、その中でも具体的なインパクトを起こす事例について述べる。

(1) サステナビリティ・リンク・ローンの台頭

企業や地方自治体等が、国内外のグリーンプロジェクトに要する資金を調達する際に用いられるグリーンボンドやグリーンローン、社会課題の対応に資するプロジェクト（ソーシャルプロジェクト）向けの資金調達に用いられるソーシャルローンがある。グリーンボンドに関してはすでに自治体による発行が進んでいる。その資金使途は〔図表8－7〕に示すように、気候変動の

〔図表 8 － 7〕　自治体によるグリーンボンドの発行とその資金使途

東京都	スマートエネルギー都市づくり、持続可能な資源利用・廃棄物管理、自然環境の保全、生活環境の向上、気候変動への適応
長野県	小水力発電所の設置、クリーン輸送（しなの鉄道の車両更新）、エネルギー効率（県有施設の新築・改修・設備等の更新）、気候変動への適応（交通インフラ整備等）、林道整備
神奈川県	河川の緊急対応、遊水地や流路のボトルネック箇所等の整備、海岸保全施設等の整備、土砂災害防止施設の整備
川崎市	橘処理センター整備事業、本庁舎等建替事業、環境配慮技術導入事業、五反田川放水路整備事業
福岡市	博多区新庁舎整備事業、地下鉄営業線改良事業、雨水整備レインボープラン天神、都雨水整備Doプラン2026
三重県	緩和策（電気自動車やハイブリッド車両の購入、信号機等のLED化、沿岸浅海域における藻場の造成等）と適応策（農産物の品種や生産技術の開発、水産業研究施設の設備の充実、水害対策等）
仙台市	市有施設への再生可能エネルギー設備導入・エネルギー効率改善を含む長寿命化改修、ごみ処理施設整備、環境性能の高い市有施設の新築・改築、防災対策
兵庫県	下水汚泥広域処理場整備事業、県有施設の設備更新（太陽光発電設備の導入等）、気候変動への適応、土砂災害防止やGHG吸収に資する森林整備、コウノトリの生息環境整備
静岡県	エネルギー効率（県有建築物のZEB化等）、再生可能エネルギー（カーボンニュートラルポートの形成）、森林整備・林道整備、クリーン輸送（公用車の電動化）、気候変動への対応
大阪府	適応策（堤防や洪水調節施設等の整備、ため池等の総合的な防災・減災対策等）、公園緑地の創出、大阪モノレールの延伸、なにわ筋線の整備
愛知県	信号機のLED化（交通安全施設整備）、大気汚染監視施設整備、林道整備、生物多様性保全に関する事業（干潟・浅場・藻場造成等）、公用車の電動車化、県有施設の新築・改修、気候変動への適応（河川海岸整備等）
京都市	省エネ改修事業（施設のLED化）、環境性能に優れた市有施設の整備事業、河川整備事業

（出所）　各自治体の公表情報より三菱UFJリサーチ＆コンサルティング作成（2022年12月までの発行分）。

緩和および適応事業の使途が多い。とくに、洪水対策や災害対策など、自治体にとって適応事業は今後も重要な事業と考えられるため、発行は増加するであろう。しかし、資金使途を限定した債券の発行は、発行できる自治体も、発行のタイミングも限られる。

　一方、資金使途を限定せず、〔図表8－8〕で示すような、資金の借り手が自ら野心的なサステナビリティ・パフォーマンス・ターゲット（SPTs）を設定しその達成をベンチマークとするサステナビリティ・リンク・ローン（SLL）がある。借り手側は、事前に設定したSPTsに対して改善度合いを測定して、その結果を融資後貸手側にレポートし、借り手側の改善度合いによって融資条件が連動するものである。資金使途を限定するグリーンボンド

〔図表8－8〕　SPTsの事例

カテゴリー	例
エネルギー効率	借り手が所有またはリースしている建築物および／または機器のエネルギー効率の評価の改善
GHG排出量	借り手が製造または販売している製品、あるいは生産または製造サイクルに関するGHGの削減
再生可能エネルギー	借り手が生成または使用する再生可能エネルギー量の増加
水の消費	借り手が行う節水
手頃な価格の住居	借り手が開発する手頃な価格の住宅戸数の増加
持続可能な調達	検証済みの持続可能な原材料／貯蔵品の利用の増加
循環経済	リサイクル率の上昇、またはリサイクル原材料／貯蔵品の利用の増加
持続可能な農業および食料	持続可能な商品および／または質の高い商品（適切なラベルまたは認証を使用）の調達／生産の改善
生物多様性	生物多様性の保護と保存の改善
グローバルESG評価	借り手のESG格付けの改善および／または公認のESG認証の達成

（出所）　環境省仮訳「サステナビリティ・リンク・ローン原則（2019年版）」。

などは、資金調達を必要とする当該事業の組成と調達のタイミングや、グリーンに該当する事業資金が必要な発行額に満たない等、組成が必ずしも容易ではないが、サステナビリティ・リンク・ローンの場合は、エンゲージメントを通じて具体的な目標が設定され、達成を評価されることから、発行体自身のサステナビリティの向上に資するものであり、また、調達した資金が一般的な事業資金にも使用可能であること等、柔軟な組成が可能である。

〔図表8－9〕に示すように、地方銀行のサステナビリティ・リンク・ローンは、脱炭素のインパクトを起点したものが多く、地域特有のサステナブル

〔図表8－9〕 サステナビリティ・リンク・ローン事例

資金調達者	事業内容	主要金融機関	組成額	資金使途	SPTs
今治. 夢ビレッジ株式会社	経営コンサルタント業	伊予銀行、愛媛信用金庫	14億円	新サッカースタジアム（里山スタジアム）建設に係る設備資金	①スタジアム集客率、②Jリーグカテゴリ、③パートナー（スポンサー）数、④FC IMABARI Sailors'Club（ファンクラブ）有料会員数、⑤イベント参加者数（アースランド環境教育、野外研修、サッカー教室・スクール等）
いちご株式会社	不動産業	みずほ銀行、朝日信用金庫、滋賀銀行、静岡銀行、広島銀行、福邦銀行	40億円	不動産取得	2025年までに当社および当社が運用する上場投資法人が保有する不動産にて消費する電力を100%再生可能エネルギーにする
東京センチュリー株式会社	その他金融業	みずほ銀行、信金中央金庫、山陰合同銀行、東邦銀行、池田泉州銀行、足利銀行、岩手銀行、大分銀行、京都銀行、武蔵野銀行、京葉銀行、肥後銀行	552億円	再生可能エネルギー事業の拡大等	二国間クレジット制度（JCM）の想定GHG削減貢献量（累計）目標49,000トンの達成、当社従業員の年次有給休暇取得率70%以上の維持および男性育児休業取得率100%の維持

（出所） 各社の公表情報等より三菱UFJリサーチ＆コンサルティング作成。

〔図表 8 −10〕 信用金庫による地域企業の支援プラットフォーム

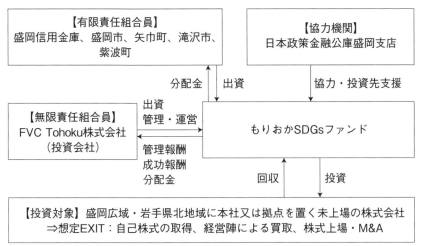

（出所） 盛岡信用金庫「もりおかSDGsファンド」（http://www.morishin.co.jp/chiiki/pdf/sdgsfund.pdf）。

な経済に資するSPTなども見られる。

(2) 地方創生ファンド

　盛岡信用金庫が組成する、SDGsファンドは、盛岡広域圏の自治体との連携の下、ファンド機能を活用し、SDGsに基づく17のゴールの達成および社会課題の解決に取り組む企業への支援を通じ、事業の成長、雇用拡大、地元経済・産業の発展に貢献するものだ。仕組みは〔図表 8 −10〕に示すとおり、信用金庫が中心になり、盛岡広域圏の自治体と連携し、出資者や資金源を募り、地域の未上場企業の支援を行うファンド組成をしている。これは先述した地域のサステナブルな経済を構築するためのプラットフォームの良い事例であろう。

(3) 地域の脱炭素事業のプロジェクトファイナンス

　脱炭素社会に向け再生可能エネルギーとして有望視される、洋上風力発電

〔図表 8 −11〕 プロジェクト概要

(1)	実施事業者	株式会社風の杜おが （出資比率：市民風力60％、ウェンティ・ジャパン40％）
(2)	建設予定地	秋田県男鹿市
(3)	風力発電機	4,200kW級風車 1 基
(4)	総出力	4,200kW
(5)	総事業費	約13億円
(6)	総融資額	約13億円
(7)	発電開始	2023年 4 月（予定）
(8)	融資スキーム	プロジェクトファイナンス（注）

（注） 事業の資金調達において、その事業から生み出されるキャッシュフローのみを返済
原資にあてるファイナンス形態。担保は、当該事業に関する資産（契約上の権利も含
む）に限定し、事業を行う親会社の保証、担保提供等は原則行わない。
（出所） 北都銀行2022年 3 月31日付けプレスリリース「秋田県男鹿市における風力発電事
業への市民ファンドを利用したプロジェクトファイナンス組成について」。

を、政府は2030年までに1,000万kW、2040年までに3,000万〜4,500万kWを
導入することを目標にしている。秋田県の沿岸部は全国でも有数の風況に恵
まれた地域であり、北都銀行は、地域金融機関として、県内の再生可能エネ
ルギー需要を掘り起こし、再エネを軸とした新しい産業創出を目指してい
る。2022年 3 月には、市民ファンドを活用したプロジェクトファイナンスを
組成した。本ファンドにおける事業実施者「風の杜おが」に40％出資してい
るウェンティ・ジャパン（VENTI JAPAN）は、北都銀行が、2012年に地元
企業の出資等を取りまとめて設立した。北都銀行の持株会社であるフィデア
ホールディングスの子会社がウェンティ・ジャパンに出資し株主となってお
り、北都銀行は、出資者としても当該プロジェクトに関与している（〔図表
8 −11〕〔図表 8 −12〕参照）。洋上風力などの大型エネルギープロジェクトを
組成すると、通常、その収益が地元に還元されず、外部に流れることが多
い。北都銀行は、資金の流出を抑制し、地元に還元される仕組みを模索して
いる。

〔図表8-12〕 事業スキームのイメージ

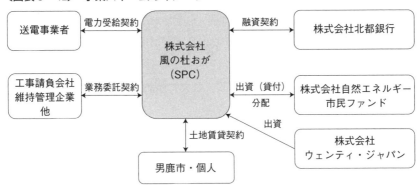

(出所) 北都銀行2022年3月31日付けプレスリリース「秋田県男鹿市における風力発電事業への市民ファンドを利用したプロジェクトファイナンス組成について」。

　たとえば、三菱商事エナジーソリューションズ、ウェンティ・ジャパン、北都銀行は、洋上風力発電事業を通じた国内サプライチェーン・産業基盤の新規創出ならびに洋上風力発電所が立地する地域の経済活性化に向けて検討することを合意した上で、洋上風力発電事業を共同開発している。秋田県由利本荘市・にかほ市エリアに一大生産拠点を有し、発電機内部の中核部品を担い、磁性技術で世界をリードするTDKや地元企業と連携の上、国内サプライチェーン・産業基盤の新たな創出を目指す。

　さらには、2022年11月には、日本政策投資銀行と「秋田県沖洋上風力開発を起点とする産業クラスターに係る調査」レポートを発行した。同レポートでは、秋田県の洋上風力産業クラスター創出に向けた方策について、法制度面、技術面等を含めて考察されている（〔図表8-11〕〔図表8-12〕参照）。

(4)　温室効果ガス排出量の財務的評価とカーボンプライシング

　筆者は20年以上にわたって、気候変動ファイナンスビジネスに関わってきているが、日本は、G7諸国の中で、カーボンプライシングなど気候変動対策に関する市場メカニズム面の政策が遅れている。欧州は、1990年代から炭素税を導入し、排出量取引市場を2005年に開始している。米国も、1990年代

からSO$_x$、NO$_x$、そしてCO$_2$などの排出量取引の経験がある。そのため、欧米の金融資本市場は、気候変動に関連し企業価値を定量的に評価するためのある程度のデータ蓄積がある。しかし、日本ではその知見やデータが蓄積されていない。我が国のサステナブルファイナンスの実施に関して、まず、日本のカーボンプライシングを提示し、企業に情報開示を促すのは重要である。

　我が国においても、INPEX、宇部興産、帝人、日立製作所、住友化学など企業が独自に設定した炭素価格（インターナルカーボンプライシング）を導入している事例が増加している。一方、金融機関が投融資を通じた間接的なGHG排出量を計測・開示するため「Partnership for Carbon Accounting Financials（PCAF）」という国際的イニシアティブが設立された。また、投融資ポートフォリオの2050年ネットゼロのゴールを目指すネットゼロ・バンキング・アライアンス（NZBA：Net Zero Banking Alliance）とういう国際的なイニシアティブに参加する金融機関は、ファイナンスポートフォリオにおける、投資や融資などすべての資産クラスについてGHG排出量を計測する手法を用いて定量的に把握し、2050年のカーボンニュートラルに向けて財務的インパクトを考慮しながら投融資戦略を立てる。金融機関が投融資先や個別プロジェクトの排出量を把握できれば、公的機関が示す価格、各金融機関が自ら設定する価格などで、投融資時の事業価値評価や財務的インパクトを考慮した投融資ポートフォリオ管理ができるようになる。

　また、2021年11月、国際会計基準（IFRS：International Financial Reporting Standards）の設定主体であるIFRS財団傘下の基準設定主体として「国際サステナビリティ基準審議会」（ISSB：International Sustainability Standards Board）が設置された。ISSBは、手始めにTCFDをベースにしたサステナビリティ基準のフレームワークの策定を開始しており、2023年6月までに、国際的に統一された気候変動に関する開示基準を公表することを目指している。なお、ISSBは、Scope 3までの排出量の情報開示も推奨することを決定している。ISSBに対しては、世界銀行、国際通貨基金、証券監督者国際機

構（IOSCO）、バーゼル銀行監督委員会などから支持が表明されており、日本では、ISSB発足に合わせて、（公財）財務会計基準機構の下にサステナビリティ基準委員会（SSBJ）が設置された。

　先述のPCAFには、2022年12月現在、商業銀行・投資銀行・保険会社・機関投資家等347のグローバルな金融機関（金融資産総額85.9兆米ドル）が中心となって加盟している。日本からは、地銀2行、および銀行（地銀）持株会社3社を含む24の金融機関が加盟している。ここで開発された算定方法は、いずれ民間金融機関のスタンダードになるであろう。こうした国内外の動向を背景に、すでに地域金融機関は、PCAF加盟の有無にかかわらず、投融資先に対して、温室効果ガス排出量の計測に係るサービスを提供している。たとえば、十六銀行は、脱炭素に向けて、GHG排出量算定支援の専門家であるウェイストボックスと業務提携契約を締結し、①自社の温室効果ガス排出量を把握、②削減目標を設定、③自社の取組みを開示しながら削減策を実行、というカーボンマネジメントの実践を顧客に対して支援している。同様に、三菱UFJ銀行を筆頭に、北陸銀行、北海道銀行などの地銀は、企業の脱炭素経営を支援しているゼロボードと協業し、同社のクラウドサービス「zeroboard」の提供を通じて、顧客のGHG排出量の算定・可視化の支援を提供しているが、その他多くの銀行で、脱炭素社会の構築に向け、顧客支援を行っている。

　1990年代初頭から、世界的なカーボンプライシングの導入により、炭素クレジットの資産価値の定量化が可能になった。さらに、気候変動対策に寄与する再生可能エネルギー利用技術に対する政府の支援策により、既存の化石燃料技術導入コストと比べて競合できるほど、同技術の価格が低下した。このような炭素クレジットを含むカーボンプライシングに係る経済環境が順次整えられていく中、金融機関には、気候変動に対応する顧客からの資金需要やサービス提供依頼に応える必要が出てきたと考えられる。また、金融機関にとっても、再生可能エネルギーを開発・利用する事業は、利益が計算できるビジネスとして認識されるようになったのだ。さらに、金融機関に対し、

事業活動の透明性、健全性を求める国際的な圧力の急速な高まりが環境分野にも及んだことによって、金融機関にとっては、企業経営上、環境分野での評判リスクを回避することが必要不可欠となっている。

このように、金融機関は、自身および顧客に係る気候変動のビジネスリスクやオポチュニティーに関する情報を把握する必要があり、その情報が十分に開示されるようにならなければ、ステークホルダーとのコミュニケーションに離齬が生じ、それ自体がリスクとなる可能性を残している。一方、2050年のカーボンニュートラル実現に向け、多くのイノベーションを加速させていかなければならず、金融機関はこれらのイノベーション技術の評価能力を迅速に強化させなければならない。

金融機関にとって、TCFDが推奨するような、気候変動リスクによる財務的なインパクトを評価するためには、カーボンプライシングなどのCO_2に対する金銭的価値の共通ベンチマークが必要である。これまで、炭素クレジットをコモディティとして取り扱う国は多いが、民間金融機関の業法上の取扱いの可否や、税務・会計上の炭素クレジットの位置付けは、各国で定められている。今後、投融資先に対して脱炭素化を支援する地域金融機関にとって、地域によっては炭素クレジットの活用に係る顧客へのアドバイスが必要となろう。地域金融機関が、積極的な役割を果たすことができるよう、国内炭素クレジット市場がデザインされることを期待したい。

3 地域金融機関への期待

ここまで述べたように、金融機関にとって、気候変動に関する情報の把握が進み、収益性の評価手法が変化することにより、気候変動等に対応する案件の収益性が非環境保全的なプロジェクトの収益性を凌駕する時代も展望できると思われる。気候変動は生態系のすべてに影響する要因であり、そうした時代には、環境金融と従来金融と分別することなく、環境保全そのものが金融の役割になることが期待される。しかしながら、地域金融機関の顧客の多くは中小企業であり、一足飛びに対応を求めることは容易ではない。これ

まで積み上げてきた信頼関係の下、丁寧なエンゲージメントを通じた、顧客の経営力の強靱性を高めるサポートが重要であり、このエンゲージメントが地域経済の活性化・向上につながる。

　本著執筆中にも、サステナブルファイナンスに関する動きが加速している。従来は、環境保全と経済成長は対立的に捉えられてきたところであり、環境対策の実装に関し、民間金融機関がきわめて大きな役割を特徴的に果たしたことは、これまでの環境問題の実例ではなかったことである。

　金融に関する定説的な理解では、気候変動対策に要する資金を金融機関が積極的に供給することは容易には理解し難い行動であるが、金融機関のいわば本業としての環境上の取組みは、金融機関自らのリスク回避やビジネス機会の創出のみならず、脱炭素を中心としたサステナブルな社会の構築において欠かせないものであり、そうした社会的インパクトの創出が企業価値を高めることから、大手金融機関を中心に大きく舵が切られている。一方、地域金融機関においては、じょじょに取組みが進み始めているが、まだ、顕著な動きになっているとは言い難い。地域特有の課題は地域でしか分からない。もちろん、地域の課題解決策は、サステビリティ・リンク・ローンのSPTsのカテゴリーにとどまらない。地域のサステナブルな社会への道筋には、医療、健康、教育・保育、ダイバーシティ、女性活躍推進、障害者雇用、子供対策などSDGsに掲げられる多種多様な課題に取り組むことが必要となる。サステナブルファイナンスは、前述のとおり、持続可能な社会を実現するための金融であり、環境面や社会面の課題を解決する手法である。地域金融機関にとって、サステナブルファイナンスは地域活性化を実現する解決策の一つであり、また、将来を担う若い世代に、より良い社会を引き継いでいくための有力な手段である。地域のサステナビリティ実現のためには、地域金融機関の取組みの速度や深度が重要な鍵を握る。地域金融機関の役職員一人一人が、その役割の重要性を認識し、さまざまなステークホルダーと協働しながら、具体的な行動につながることを期待したい。

〈地域金融に関する参考文献〉

◆事例集

環境省「ESG地域金融実践ガイド　別添資料：事例集」（https://www.env.go.jp/content/900518784.pdf）

農林水産省「農林水産業・食品産業に関するESG地域金融実践ガイダンス」（https://www.maff.go.jp/j/press/keiei/kinyu/attach/pdf/220331-8.pdf）

環境省「令和４年度地域におけるESG金融促進事業委託業務」における支援先金融機関（https://www.env.go.jp/press/press_00221.html）

関東経済産業局「中小企業のSDGs取組支援・ESG金融に積極的に取り組む金融機関事例の紹介」（https://www.kanto.meti.go.jp/seisaku/sdgs/sdgs_kinyukikan.html）

全国地方銀行協会「地方銀行における環境・気候変動問題への取り組み」（https://www.chiginkyo.or.jp/regional_banks/initiative/environment/）

◆支援策

環境省「地域脱炭素融資促進利子補給事業」（https://greenfinanceportal.env.go.jp/esg/interest_subsidies.html）

環境省「ESG金融実践促進事業」（https://greenfinanceportal.env.go.jp/esg/promotion_program.html）

経済産業省「地域金融機関との連携プログラム（金融連携プログラム）（https://www.kanto.meti.go.jp/seisaku/kinyu_renkei/index.html）

第9章

自然のためのファイナンス（Finance for Nature）の始まり

TNFDタスクフォースメンバー
MS&ADインシュアランスグループホールディングス株式会社
TNFD専任SVP
MS&ADインターリスク総研株式会社 フェロー

原口　真

1 はじめに

(1) 気候と自然の統合（Climate-Nature Nexus）

気候変動と自然の喪失は、同じコインの両面であり、同時解決を目指さなければならない課題であるという見解が、国際的な共通認識になり始めている。

2015年のパリ協定採択を画期として、世界の金融セクターは、気候関連財務情報開示タスクフォース（TCFD）による開示提言の開発に代表されるように、気候関連リスクと機会に注目し始めた。これによって、気候変動の緩和と適応分野への投資が急増したが、バイオエネルギーが食料競合を起こしたり、気候適応のための防災グレイインフラストラクチャーによって自然が劣化したり、脱炭素社会移行のためのレアメタルの需要増によって生物多様性ホットスポットが開発されたりするなどの自然にマイナスな結果を引き起こしている。一方で、森林破壊が止まらないことによって、重要な二酸化炭素吸収源が急速に失われている。

金融セクターには、カーボンニュートラルと自然にプラスの状態の両方をもたらす気候と自然の同時移行を促すESGファイナンスの開発が求められている。

(2) 自然関連リスクの管理と情報開示を求める急速な勢い

2020年初頭から、世界経済フォーラム（WEF）は、ネイチャー・アクション・アジェンダ（NAA）を開始した。これは、その年に中国で開催される予定であった生物多様性条約第15回締約国会議（CBD COP15）（COVID-19の影響で2021年10月と2022年12月に分割開催となった）に向けて、2030年までに生物多様性の損失を止め、人間が自然と調和する世界に向かうというモメンタムを作るための経済活動を触媒とするマルチセクターの運動であった。

こうした市場関係者が主導する運動は、COP14（2018年）で採択された決

議14/3.において「生物多様性の主流化に関するビジネスおよび金融セクターの参画を促進するための戦略を策定する」が画期であったと筆者は考えている。COP 8（2006年）以降、ビジネスの参画を締約国に促す決議が採択されていたが、COP 9（2008年）の決議で、官民の金融機関がすべての投資に生物多様性への配慮を盛り込むことが奨励された以外は、いかに事業会社に参画を促すかに焦点が当たっていた。COP14の決議で、民間の金融セクターの参画の重要性があらためて認識されたのであった。

COP14には、WEF、持続可能な開発のための世界経済人会議（WBCSD）や国際商業会議所（ICC）などが参加し、気候リスクに偏っていた彼らのマインドセットが急速に変化していったことを筆者は目の当たりにしている。

COP14決議を受けて、OECDが2019年5月にG 7環境大臣会合（フランス）に向けたレポートを作成し、生物多様性をビジネスや投資の意思決定に組み込むための重要な分野として、戦略、ガバナンス、影響と依存関係の評価とリスク管理、情報開示などを提言した。

こうしたCOP14以降の市場関係者らの提言が功を奏して、2022年12月に開催されたCOP15第二部で採択された「昆明・モントリオール生物多様性枠組」において「2030年昆明―モントリオールターゲット」のターゲット15は以下のようになった。

　　生物多様性への負の影響をじょじょに低減し、ビジネス及び金融機関への生物多様性関連リスクを減らすとともに、持続可能な生産様式を確保するための行動を推進するために、ビジネスに対し以下の事項を奨励してできるようにしつつ、特に大企業や多国籍企業、金融機関については確実に行わせるために、法律上、行政上、又は政策上の措置を講じる：

(a) 生物多様性に係るリスク、生物多様性への依存及び影響を定期的にモニタリングし、評価し、透明性をもって開示すること。すべての大企業並びに多国籍企業、金融機関については、業務、サプライチェーン、バリューチェーン、ポートフォリオにわたって実施することを要件とする；

(b) 持続可能な消費様式を推進するために消費者に必要な情報を提供すること；

(c) 該当する場合は、アクセスと利益配分の規則や措置の遵守状況について報告すること。

（環境省暫定訳、2022年12月22日）

(3) ロケーション・アプローチ──気候リスクとの相違点

　気候リスクは、温室効果ガス（GHG）の排出量を影響要因として、地球中どこでも同じように評価することができる。それゆえにそのリスクをある仮定の下では貨幣価値に換算することも可能である。

　また、GHGは地球を循環する大気に排出されてから気象現象に影響を与えるため、多く排出した国や企業がいちばん大きなリスクを受けるといったメカニズムにはならない。

〔図表9－1〕　自然の4領域

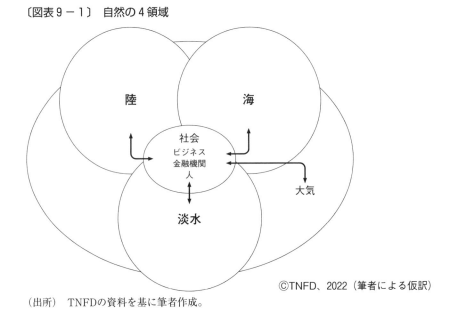

©TNFD、2022（筆者による仮訳）

（出所）　TNFDの資料を基に筆者作成。

一方で、自然は、この大気も含めて、陸、海、淡水という４領域で構成され（〔図表９－１〕）、この中に、生物群系（バイオーム）や生態系といったさまざまな自然のタイプが存在する。したがって、ビジネスと自然との接点は、ロケーション（地域）ごとに異なり、また同じロケーションであってもセクターによって自然への依存や影響の関係は異なってくる。たとえば、同じ熱帯雨林という生物群系であっても、インドネシアとブラジルの熱帯雨林では生態系が異なる。そして同じ生態系の中にある同じロケーションでも、操業している飲料工場と鉱山会社では、自然との接点は大きく異なるものになる。

　自然にマイナスまたはプラスの変化をもたらす影響要因は、「生物多様性および生態系サービスに関する政府間科学――政策プラットフォーム（IPBES）」が提示している大きな分類においても「土地／海域利用変化」「直接採取」「気候変動」「汚染」「侵略的外来種」と５つあり、さらに細かい分類がある。

　それぞれの影響要因が、ビジネスが依存し影響している自然資本にマイナスまたはプラスの変化を起こす。その結果、その自然の状態から供給される多様な生態系サービス（フロー）が変化し、ビジネスにリスクや機会をもたらす（〔図表９－２〕）。たとえば、流域から持続不可能なほど多量の水を採取

〔図表９－２〕　自然関連の依存関係、影響、リスク、機会の関係

©TNFD、2022（筆者による仮訳）

（出所）　TNFDの資料を基に筆者作成。

し、自然の状態にマイナスの影響を及ぼしている場合、生態系サービスとしての水供給が減少して、将来その流域で同レベルの取水量を維持できなくなるリスクがある。

このように自然関連リスクと機会は、直接操業する地域やサプライチェーン上流の地域などにおいて、マイナスまたはプラスの影響を与えることが、自社に対してリスクや機会として返ってくるというメカニズムが働くことが多い。

このように自然関連リスクは気候リスク以上に、評価、管理、開示に困難さが伴う。これを克服するために、自然関連リスクの管理と情報開示に関連する膨大な情報が関連組織から毎週のように提言、発信されている。

現在、自然関連の統合的リスク管理と情報開示のフレームワーク開発を国際的に主導しているのは、自然関連財務情報開示タスクフォース（TNFD：Taskforce on Nature-related Financial Disclosures）である。TNFDは、サステナビリティ開示基準のアルファベットスープをただ増やすことにならないように、関連組織と頻繁に意見交換をしながら開発を進化させている。そのため、筆者が参画しているTNFDタスクフォースが発行しているテキストを中心に整理することで、本稿では自然のためのファイナンスの潮流の最新状況を俯瞰することを試みる。

2 | TNFD発足の経緯と概要

(1) 発足の経緯

TNFDは開示フレームワーク開発を通じて、世界の金融や資本の流れを自然にとってマイナスの状態からプラスの状態へとシフトさせるようサポートすることを究極の使命と考えている。

前述したG７でのOECD報告への注目やWEFの運動の成果として、2020年７月にTNFD設立を呼び掛けるイニシアティブが発表された。設立パートナーであるGlobal Canopy、UNDP（国連開発計画）、UNEP FI（国連環境計

画・金融イニシアティブ）、WWF（世界自然保護基金）の支援により、2020年
9月から2021年6月まで準備のための非公式ワーキンググループが開催され
た。

　2021年6月、TNFDは金融機関、企業、政府、市民社会から広く支持さ
れ、正式に発足した。G7財務大臣とG20持続可能な金融ロードマップは、
TNFDを支持し、G20とG7の環境・気候担当大臣もTNFDの設立を支持し
た。その他、マーク・カーニー国連気候変動対策・金融特使、アントニオ・
グテーレス国連事務総長、エマニュエル・マクロンフランス大統領、ボリ
ス・ジョンソン英国首相（当時）など、個々のリーダーもTNFDを支持した。

(2)　TNFDタスクフォースの構成

　〔図表9−3〕のとおり、タスクフォースは、2名の共同議長の下、金融
機関、企業、市場サービスプロバイダーの上級管理職40名で構成されてい
る。2022年11月に、グローバルなセクターのカバーと業界の専門性を拡大・
深化させるため、7名が新たにタスクフォースに参加し、当初の34名から増
強された（1社脱退）。

　共同議長は、金融市場と生物多様性保全のそれぞれの中心で活躍してきた
2名であり、TNFDの究極の使命を象徴している。TNFDの事務局にもこの
2つの分野で深い経験を有するエキスパートが参集しており、市場のニーズ
に表面的に応えるような形式的なフレームワークを開発するというマインド
はまったくない。

　タスクフォースメンバーの所属組織は、2.3兆米ドル以上の時価総額、
20.6兆米ドル以上の資産運用、180か国以上での事業展開を代表している。
メンバーは、自然および金融に関する各自の専門知識、ならびに、部門およ
び地理的な範囲を考慮して選ばれている。すなわち、アグリビジネス、ブ
ルーエコノミー、食品・飲料、鉱業、建設、インフラなど、自然への影響や
依存関係が最も高いセクター、および5大陸にまたがる18か国を代表してい
る。

〔図表9－3〕TNFDタスクフォースの構成

共同議長	
David Craig	Elizabeth Maruma Mrema
金融市場にデータ、分析、テクノロジーを提供する世界最大級の企業であるRefinitiv社の前CEO兼創業者であり、ロンドン証券取引所グループ（LSEG）の戦略アドバイザーでもある。	生物多様性の損失と気候変動に対処する多国間条約である国連生物多様性条約（CBD）の事務局長を務める。20年にわたり、開発および環境分野で活躍してきた。

タスクフォースメンバーの所属組織		
金融機関	企業	サービスプロバイダー
AP7 AXA Bank of America BlackRock BNP Paribas FirstRand Grupo Financiero 　Banorte HSBC Macquarie Group MS&AD Insurance Group Mirova Norges Bank Investment 　Management Norinchukin Bank Rabobank Swiss Re UBS	AB InBev Acciona Anglo American Bayer AG Bunge Ltd Dow INC EcoPetrol GSK Greig Seafood Holcim LVMH Natura & Co Nestlé Reckitt Suzano Swire Properties Ltd Tata Steel	Deloitte EY KPMG Moody's Corporation PwC S&P Global Singapore Exchange

（出所）　TNFDの資料を基に筆者作成。

(3)　TNFDのナレッジパートナー

TNFDは、既存の専門知識、イニシアティブ、基準を活用して市場主導か

〔図表 9 − 4 〕　TNFDのナレッジパートナー（2022年11月 9 日現在）

- Agence Française de Développement（AFD）
- CDP
- Cambridge Institute for Sustainability Leadership（CISL）
- Center for Global Commons at the University of Tokyo（東京大学グローバ
  ル・コモンズ・センター）
- Centre for Nature-based Climate Solutions（CNCS）at National University
  of Singapore
- Global Reporting Initiative（GRI）
- International Union for Conservation of Nature（IUCN）
- NatureFinance
- Network for Greening the Financial System（NGFS）
- The Organisation for Economic Co-operation and Development（OECD）
- International Sustainability Standards Board（ISSB）
- Science Based Targets Network（SBTN）
- Stockholm Resilience Centre at Stockholm University、with partners Beijer
  Institute and Global Economic Dynamics and the Biosphere（GEDB）
  Academy Program of the Royal Swedish Academy of Sciences
- The Capitals Coalition
- UNEP World Conservation Monitoring Centre（UNEP-WCMC）
- UN Statistics Division（UNSD）
- The World Business Council for Sustainable Development（WBCSD）
- WWF

（出所）　TNFDの資料を基に筆者作成。

つ科学的根拠に基づくフレームワークを構築するというアプローチを採用し
ているため、クラス最高の科学的知識、市場基準、リスク管理、報告実務に
関する専門知識をTNFDに提供し、支援する〔図表 9 − 4 〕の国際機関をナ
レッジパートナーとしている。

3　自然関連リスクが金融リスクとなるメカニズム

〈自然関連リスクと機会がもたらす組織への財務的影響〉

　自然関連リスクと機会は、組織の収益源、コストベース、潜在的な資本コ

〔図表 9 − 5〕 自然関連リスク、機会と業績および組織への財務的影響との関連性

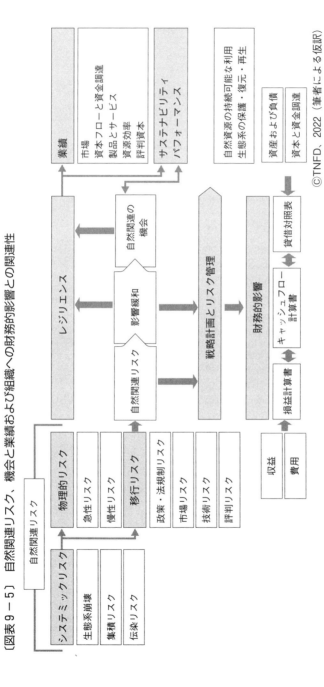

(出所) TNFDの資料を基に筆者作成。

214

〔図表9－6〕自然関連リスクによる潜在的な財務的影響

金融リスクカテゴリー	
信用リスク	自然関連リスクによって借り手の返済・債務履行能力が低下したり（所得効果）、債務不履行の際に銀行が融資の価値を十分に回収できなくなったり（資産効果）すれば、信用リスクは増大する。
市場リスク	自然関連リスクがまだ価格に織り込まれていない場合、大規模かつ急激でマイナスの価格調整を引き起こす可能性を含む、金融資産価値の減少。また、自然関連リスクは、資産間の相関関係の崩壊や特定の資産に対する市場流動性の変化をもたらし、リスク管理の前提を崩す可能性がある。
流動性リスク	市場環境の変化に伴い、銀行の安定的な資金調達手段へのアクセスが低下する可能性がある。自然関連リスクにより、銀行の取引先が預金や与信枠を引き下げる可能性がある。
オペレーショナルリスク	自然に配慮した投資や事業に伴う、法律や規制の遵守コストの増加。
責任リスク	組織のネイチャーポジティブに向けた行動への備えに関する法律、規制、判例が進化するにつれて、組織から発生する偶発債務の発生または可能性が高まる可能性がある。
評判リスク	市場や消費者心理の変化による金融機関に対する風評リスクの増大。

©TNFD、2022（筆者による仮訳）

（出所）　TNFDの資料を基に筆者作成。

スト（たとえば、信用リスクや保険料の再評価）の変化を通じて、組織に財務的影響を与える。さらに、資産の評価も変化させ、資金調達の状況にも影響を与える（〔図表9－5〕）。

　こうした伝達経路は、信用リスク、オペレーショナルリスク、市場リスク、流動性リスク、責任リスク、評判リスク、戦略的リスク、機会に対してプラスまたはマイナスの影響を与える可能性がある（〔図表9－6〕）。

4 TNFDの開示提言案

(1) オープンイノベーションによるアプローチ

TNFDは、2023年9月にフレームワークの最終提言を行うことを目指している。このフレームワークは、財務報告書の作成者と利用者にとって直接利用可能で価値のあるものであり、市場にすでに存在しているか、開発中の最良の指標、データ、ツールを活用して構築され、科学的根拠に基づくアプローチに従ったものとなる。

これを実現するため、TNFDは、オープンイノベーションのアプローチを採用している。フレームワークのベータ版（草稿版）を4回リリースすることによって、市場参加者から継続的なフィードバックやパイロットテストからの洞察などをもらい、また、幅広いナレッジパートナーおよび実践パートナーから専門的意見を得ている。

初のベータ版（v0.1）は2022年3月、v0.2は6月、v0.3は11月に発表された。今後は、2023年3月にv0.4を発行し、オープンコンサルテーション期間を6月1日まで続け、9月に最終提言を行う予定である（本稿執筆時点）。

(2) グローバル・ベースラインと整合する開示提言案

市場参加者は、TNFDのフレームワークに対して、持続可能性の開示のためのグローバル・ベースラインと一致することを明確に求めている。そのため、TNFDはTCFDが採用したアプローチを基に、国際サステナビリティ基準審議会（ISSB）が現在開発中のサステナビリティ開示のための新たなグローバル・ベースラインと整合させることを目指している。なお、ISSBは、COP15のFinance Dayの場において、グローバル・ベースラインの開発作業に併せて、TNFDのアプローチを活用することを表明した。

開示提言案は、TCFDの4つの柱であるガバナンス、戦略、リスク管理、指標と目標に沿っており、これにより、TNFDは市場参加者による統合的な

（TCFD＋TNFD）持続可能性の開示に向けた動きを促進・奨励することを意図している。

　v0.2以降、TNFDは開示提言案に対して、以下の問いを投げ掛け、推奨する開示項目の拡充を検討した。

① TCFDの推奨する開示項目のうち、自然の状況にうまく当てはまり、一貫性を最大化し、統合された開示をサポートするために、アプローチや言語を最小限の変更で持ち越しできるものはどれか。

② TCFDの推奨する開示項目のうち、関連性は残っているものの、自然の状況に合わせて何らかの変更が必要なものはどれか。

③ 自然関連の依存関係、影響、リスク、機会の特性を考慮すると、どのような追加開示がTNFDによって保証される可能性があり、検討されるべきか。

　その結果、v0.3では、次の新たなガイダンスを提供している。

① TCFDが重視している「気候への影響」の開示（温室効果ガス排出関連の開示）に代えて、自然に対する依存関係と影響に関する開示を取り入れるために、TCFDの指標と目標Bの推奨される開示項目（Scope 1、2、3）を変更することを提案する。これにより、TNFDの開示提言案における自然に対する依存関係と影響の対象が拡大される。

② 一貫性と整合性を持たせるために、他の多くの開示項目案において「リスクと機会」とともに「自然関連の依存関係と影響」を追加することを提案する。

③ TCFDの「リスク管理」の柱のタイトルを、影響を含むように「リスクと影響の管理」に変更することを提案する。

④ タスクフォースは、自然関連の依存関係、影響、リスク、機会に関する特性を考慮し、新たに次の3つの開示項目を提案することが重要であると考えている。ネットゼロと自然にプラスとなる目標を同時に達成するための統合的な移行計画の重要性が高まる中での、(i)トレーサビリティ（リスクと影響の管理D）、(ii)権利保有者を含むステークホルダーとのエンゲージ

〔図表9-7〕 TNFD自然関連財務情報開示提言 (v0.3)

ガバナンス	戦略	リスクと影響の管理	指標と目標
自然関連の依存関係、影響、リスク、機会に関する組織のガバナンスを開示する。	自然関連リスクと機会が、組織の事業、戦略、財務計画に与える実際および潜在的な影響を、そのような情報が重要である場合に開示する。	組織が、自然関連の依存関係、影響、リスク、機会をどのように特定、評価、管理しているかを開示する。	自然関連の依存関係、影響、リスク、機会を評価し管理するために使用される指標と目標を開示する（かかる情報が重要である場合）。

推奨された開示	推奨された開示	推奨された開示	推奨された開示
A　自然関連の依存関係、影響、リスク、機会に関する取締役会の監視について説明する。 B　自然関連の依存関係、影響、リスク、機会の評価と管理における経営者の役割について説明する。	A　組織が短期、中期、長期にわたって特定した、自然関連の依存関係、影響、リスク、機会について説明する。 B　自然関連リスクと機会が、組織の事業、戦略、財務計画に与える影響について説明する。 C　さまざまなシナリオを考慮しながら、組織の戦略のレジリエンスについて説明する。 D　完全性の低い生態系、重要性の高い生態系、または水ストレスのある地域との組織の相互作用について説明する。	A　自然関連の依存関係、影響、リスク、機会を特定し、評価するための組織のプロセスを説明する。 B　自然関連の依存関係、影響、リスク、機会を管理するための組織のプロセスを説明する。 C　自然関連リスクの特定、評価、管理のプロセスが、組織全体のリスク管理にどのように組み込まれているかについて説明する。 D　自然関連の依存関係、影響、リスク、機会を生み出す可能性のある、価値創造に使用される投入物の供給源を特定するための組織のアプローチを説明する。 E　自然関連の依存関係、影響、リスク、機会に対する評価と対応において、権利保有者を含むステークホルダーが、組織にどのように関与しているかを説明する。	A　組織が戦略およびリスク管理プロセスに沿って、自然関連リスクと機会を評価し管理するために使用している指標を開示する。 B　直接、上流、そして必要に応じて下流の依存関係と自然に対する影響を評価し管理するために組織が使用する指標を開示する。 C　組織が自然関連の依存関係、影響、リスク、機会を管理するために使用している目標と、目標に対するパフォーマンスを説明する。 D　自然と気候に関する目標がどのように整合され、互いに貢献し合っているか、またトレードオフがあるかどうかを説明する。

©TNFD、2022（筆者による日本語訳一部修正）

（出所）　TNFDの資料を基に筆者作成。

メントの質（リスクと影響の管理E）、(iii)気候と自然の目標の整合性（指標と目標D）。なお、v0.1の段階で、TNFDにはない開示項目である、ロケーションの検討（戦略D）が追加されている。

前述のとおり、「2050年昆明―モントリオールゴール」のターゲット15は、このv0.3の提言と整合している（〔図表9－7〕）。

(3) マテリアリティ（重要性）に対するアプローチ

TNFDフレームワークは、さまざまな規模、セクター、管轄区域の企業や金融機関が、マテリアリティに対するアプローチの選好やニーズに関係なく適用でき利用すべきであるというデザインの基本原則に従っている。

たとえば、EUの次期持続可能性報告指令（CSRD）の規制と要件である、欧州財務報告諮問グループ（EFRAG）が作成した欧州サステナビリティ・レポーティング・スタンダード（ESRS）は、「"アウトサイドイン"（ESGが事業価値に与える影響）と"インサイドアウト"（事業が人々や地球に与える影響）を考慮する"ダブルマテリアリティ"を適用する」としているが、一方で"ダブルマテリアリティ"を適用しない管轄区域も多い。

また、自然関連の依存関係、影響、リスクは非常に局所的であるため、グローバルに展開する大企業や金融機関のみならず、中小企業や家族経営の農場に至るまで、サプライチェーン全体の企業が自然関連課題を特定、評価、管理し、データと洞察を共有する必要がある。

このような状況に適応性のあるアプローチを開発するため、TNFDは、推奨される開示項目を、TNFDのベースラインを構成する「中核となる（core）」開示と、開示「強化（enhanced）」を表す追加の開示提言とを区別する可能性について検討を進めている（本稿執筆時点）。

(4) LEAPアプローチによるパイロットテストの支援

より多くの組織が自然への配慮を企業やポートフォリオのリスク管理プロセスに組み込めるようにするために実践的なガイダンスが必要であるという

市場参加者からのフィードバックに基づき、TNFDは、LEAPと呼ばれる自然関連リスクと機会に関する統合評価アプローチを提供している。

　LEAPアプローチは、企業や金融機関が社内で自然関連リスクと機会を評価するための任意のガイダンスであり、このガイダンスを採用してパイロットテストを行い、2023年6月1日の期限までに市場参加者がフィードバックを提供できるよう、完全かつ理解しやすいものにすることを目指している。

　LEAPアプローチは、次の4つの中核的な分析アクティビティのフェーズから構成されている（〔図表9－8〕）。

■ 自然との接点を発見する（Locate：発見）
■ 依存関係と影響を診断する（Evaluate：診断）
■ リスクと機会を評価する（Assess：評価）
■ 自然関連リスクと機会に対応する準備を行い、投資家に報告する（Prepare：準備）

　金融セクターのニーズは特殊であるとの認識から、金融機関向けのLEAPアプローチ（LEAP-FI）を提供している。金融機関が金融ポートフォリオを評価する際の優先順位付けと注力点を定めるのに役立つ一連のスコーピング質問が記載されている。LEAP-FIは、金融機関が実際の事業活動、資産クラス／金融商品に応じて、また適切なポートフォリオ集約レベルで、LEAPの「発見」や「診断」フェーズを進めていけるように設計されている。

5　金融セクター向け追加ガイダンス

(1)　TCFDと異なるアプローチ

　TNFDは、優先する金融セクターを銀行、保険会社、アセットマネジャーとアセットオーナー、および開発金融機関（公的開発銀行を含む）と定義し、これらすべてに適用できる追加ガイダンス案を作成している。これは、他のセクター別個別ガイダンス開発に先駆けて、金融セクター向けに開発されているものである。

──── 評価のスコーピング ────

企業		金融機関	
C1 事業運営	入手可能な社内データやバリューチェーンデータに基づいて、どのような事業運営を検討するか？	F1 事業の種類	金融機関としての事業内容は？事業内の主な機能単位は？
C2 自然の側面	利用可能な社内、バリューチェーン、サードパーティのデータに基づいて、自然のどのような側面（領域、生物群系、環境資産、生態系サービス）を検討するか？	F2 エントリーポイント	資金を配分しているのはどのセクター／地域か？どの資産クラス／金融商品があるのか、またそれが自然と関わり得る接点は？自社の金融活動はどの生物群系／生態系とどのように接点を持つのか？
		F3 分析の種類	金融商品とサービスの集約レベルからして、ビジネスにとってどの程度の評価が実施可能／適切なのか？

L 自然との接点の発見	E 依存関係と影響の診断	A 重要なリスクと機会の評価	P 対応し報告するための準備
L1 ビジネスのフットプリント 当社の直接の資産とオペレーションはどこにあるのか、当社に関連するバリューチェーン（上流と下流）活動はどこにあるのか？	**E1 関連する環境資産と生態系サービスの特定** 各優先地域で行われている自社のビジネスプロセスと活動は何か、各優先地域でどの環境資産と生態系サービスに依存関係あるいは影響があるのか？	**A1 リスクと機会の特定** 当社のビジネスにとって、どのようなリスクと機会があるか？	**戦略とリソース配分** **P1 戦略とリソース配分** この分析の結果、下すべき戦略とリソース配分の決定は何か？
L2 自然との接点 これらのアクティビティが接点を持っている生物群系や生態系はどれか？各地域の生態系の現在の完全性や重要性は何か？	**E2 依存関係と影響の特定** 各優先地域において、当社の事業全体に関わる自然関連の依存関係や影響は何か？	**A2 既存のリスク軽減およびリスク・機会管理** 既存のリスク軽減およびリスク・機会管理アプローチで、すでに適用しているものは何か？	**P2 パフォーマンス測定** どのように目標を設定し進捗度を定義・測定するのか？
L3 優先地域の特定 当社組織が、生態系の完全性が低い、生物多様性の重要性が高い、および／あるいは水ストレスを抱えている地域であると評価された生態系と相互作用しているのはどこか？	**E3 依存関係の分析** 各優先地域における自然への依存関係の規模、程度はどのくらいか？	**A3 追加のリスク軽減およびリスク・機会管理** 追加で検討すべきリスク軽減およびリスク・機会管理行動は何か？	**開示アクション** **P3 報告** TNFD開示提案に沿って、何を開示するのか？
L4 セクターの特定 どのセクター、事業部門、バリューチェーン、アセットクラスがこのような優先地域で自然と接点を持つか？	**E4 影響の分析** 各優先地域における自然への影響の規模、程度はどのくらいか？	**A4 リスクと機会のマテリアリティ評価** どのリスクや機会が重要で、TNFDの開示提言に沿って開示する必要があるか？	**P4 公表** 自然に関する開示はどこで、どのように提示するのか？

権利保有者を含むステークホルダーとのエンゲージメント（TNFDの開示提言に沿ったもの）	見直しと繰り返し

©TNFD、2022

（出所） TNFDの資料を基に筆者作成。

〔図表 9 - 9〕　金融機関向けのガイダンス案

ガバナンス	
推奨された開示A、B	追加ガイダンスなし。一般的に企業が気候のガバナンスと同様のものを適用すると予想される。
戦略	
推奨された開示A	追加ガイダンスなし。一般的に企業が気候の戦略設定プロセスと同様のものを適用すると予想される。
推奨された開示B 自然関連リスクと機会が、組織の事業、戦略、財務計画に与える影響について説明する。	金融機関は、自然関連リスクと機会を定性的に説明するとともに、特定の事業、顧客、商品、サービスに照らして、それらのリスクと機会に関する定量的な情報を提供する必要がある。可能であれば、これは、自然関連と気候関連のリスクと機会の相互関連性、組織の事業戦略と業務対応、および戦略決定において自然関連リスクと機会がどのように優先されるかをこれに反映する必要がある。 すべての場合において、可能であればその場所も含めて、自然関連の依存関係と影響の見解を織り込んでおく必要がある。定性的情報、定量的情報ともに、金融機関は非金融法人の開示に依存しているため、金融機関が開示できる内容には限界がある可能性があると認識している。 定性的情報には、自然関連リスクと機会への配慮が、顧客選定、顧客アドバイス、商品・サービス提供にどのように反映されるかを含めることができる。たとえば、保険会社は、自然関連リスクと機会がセクターや地理的なレベルで提供する商品にどのような影響を与えるかを説明できる。銀行は、自然関連リスクや機会を考慮することで、顧客のデューデリジェンスにどのような影響があったかを説明することができる。アセットマネジャーとアセットオーナーは、自然関連リスクが商品開発や投資・所有戦略にどのように織り込まれているかを説明することができる。領域、生物群系、生態系に固有の基準や方針(たとえば熱帯林やサンゴ礁を対象とするもの)、あるいはセクターに固有の基準や方針(たとえば漁業、パーム油、鉱業を対象とするもの)があれば、特に活動

	に制限や他のデューデリジェンス基準を課す場合、説明する必要がある。
	自然にとってマイナスの結果から自然にとってプラスの結果への金融の流れのシフトを支援するために、コミットメントや目標を設定し、移行計画を策定した金融機関は、それらのコミットメントや目標をどのように設定・実施し、どのように進捗を確認するかを概説するべきである。また、開示推奨項目「指標と目標D」案にあるように、気候関連目標と自然関連目標との関係や潜在的な整合性も明確にするべきであろう。これらの概念について合意された定義がないことを踏まえ、金融機関は、これらのコミットメントを設定するために使用した定義、前提、その他のガイダンスを明確に示すべきである。機密保持や競争上の理由から、開示する情報の粒度に制限がある場合があるため、開示はより一般的、もしくは集約的である必要があると認識される。
	将来予測の指標は、エクスポージャーが、政策目標（たとえば、www.naturepositive.org/en/resourcesで定義されているように、2030年までに自然をプラスとする）を含む目標や公約にどれだけ整合しているかを示すために使用することができる。そのような指標の適用範囲、およびそれらが会社の戦略にどのように影響するのかを説明する必要がある。
推奨された開示C さまざまなシナリオを考慮しながら、組織の戦略のレジリエンスについて説明する。	自然関連の依存関係、影響、リスクおよび機会を評価するためにシナリオ分析を行う金融機関は、以下の情報を提供する必要がある。 －不可欠な入力パラメータ、仮定、および考慮事項、ならびに分析上の選択を含め、使用したシナリオの説明。 －そのようなシナリオが、気候関連やその他社内で使用されているシナリオとどのように統合されているのか（あるいは区別されているのか）。 －短期、中期、長期のマイルストーンを含む、自然関連シナリオに使用される時間枠。 －金融機関の活動や関連する時間枠（例：銀行の融資の満期と資産家の所有期間は異なり、保険会社・再保険会社の責任期間とは異なる）を考慮して、シナリオ分

	析のアウトプットをリスク管理プロセスにおいてどのように使用するか。 シナリオ分析に関する情報を開示する場合、機密保持や競争上の理由から、開示できる情報の粒度に限界があることを認識する。少なくとも、どのような分析が行われたのか、分析から得られた主な結論や教訓、また、その限界について示すような情報を提供する必要がある。 〈自然関連シナリオに関するガイダンス案は開発中で、ベータ版v0.4で発行。〉
推奨された開示D 完全性の低い生態系、重要性の高い生態系、または水ストレスのある地域との組織の相互作用について説明する。	金融機関は、事業活動による自然への依存関係や影響から生じる潜在的な自然関連リスクを有する企業へのボリューム（例：貸出金、運用資産、保険料の絶対額または比率）を示す指標を開示してもよい。 開示方法が成熟するにつれ、この開示はセクターや地理的要素（例：国、生物群系、生態系）も含むようになるかもしれない。 依存関係や影響による自然関連リスクの開示は、それらの影響や依存関係への貢献に対する責任の所在を明らかにすることとは異なることが認識されている。しかし、OECD多国籍企業ガイドラインと整合的であり、金融機関が、その関連する企業に影響と依存関係の緩和を促すために取り得る行動は、その概念に沿った形で追求されるべきである。そのような活動の記述が望まれる。
リスクと影響の管理	
推奨された開示A 自然関連の依存関係、影響、リスク、機会を評価するための組織のプロセスについて説明する。	金融機関は、自然への依存関係と影響を特定し評価するために、どのようにポートフォリオを分析したかを記述するべきである。自然への影響あるいは依存関係が最も高いと特定された顧客については、金融機関はさらに深く掘り下げた分析を行うべきである。〈さらなるガイダンスは、今後のリリースで提供される予定。〉 金融機関は、潜在的な自然関連の移行リスクや物理的リスク、および自然崩壊のシステミックリスク、そしてそれらとすでに特定した気候関連リスクとの相互関連性を考慮すべきであるが、最終的には、自然関連リスクへの配慮を従来のリスク管理カテゴリー（例：信用リスク、市場リスク、オペレーショナルリスク、引受リスク、投

	資リスク）に統合して記述する必要がある。これは、たとえば、TNFD LEAPアプローチまたは同等の検討を伴う類似の独自プロセスの使用を含み、定性的（方針等）または定量的（リスク・モデリング等）なものであってもよい。 金融機関は、どのように自然関連機会を特定し、評価したかを記述するべきである。〈さらなる情報は、今後のリリースで提供される予定。〉 金融機関は、定性的および／または定量的な分析を行うことができたエクスポージャーまたはポートフォリオの指標を開示することができる。
推奨された開示B 自然関連の依存関係、影響、リスク、機会を管理するための組織のプロセスについて説明する。	金融機関は、自社の商品やサービスの提供に関連して、自然関連の依存関係、影響、リスク、機会を管理するために用いる主要なツールや手段を説明することができる。〈TNFDベータ版フレームワークの今後のリリースでは、例示が提供されるかもしれない。〉 機密事項・情報を開示することなく、これには、契約条件、価格設定、または融資・アドバイザリー・引受・投資に関するポートフォリオ構成比、またはハザードモデルへの自然の統合、に対する調整がどのように決定されるかの説明が含まれる場合がある。 また、顧客や取引先に対して、自然関連の依存関係、影響、リスク、機会の管理および開示の改善を促すためのデューデリジェンスやエンゲージメント（スチュワードシップ）活動も含まれる。このような活動は、個別的に行われることもあれば、特にアセットマネジャーとアセットオーナーのためのスチュワードシップとエンゲージメントのプラットフォームを通じて集団的に行われることもある。全体的なプロセスを説明し、顧客の機密保持に反しない限り、デューデリジェンスとエンゲージメントの具体例と測定可能な成果を提供すべきである。事例は、機密を保持する方法で開示することができる。 気候とは別の自然に関する区別がある場合は、それを開示する必要がある。金融機関は、リスク管理プロセスにおいて、自然関連の依存関係、影響、リスク、機会をどのように優先させるかについてコメントすべきである。

推奨された開示C	追加ガイダンスなし。一般的に企業が気候のリスク管理プロセスと同様のものを適用すると予想される。
推奨された開示D	〈追加ガイダンスをベータ版v0.4に含めるように検討中。〉
推奨された開示E	〈追加ガイダンスをベータ版v0.4に含めるように検討中。〉

指標と目標

| 推奨された開示A
組織が戦略およびリスク管理プロセスに沿って、自然関連リスクと機会を評価し管理するために使用している指標を開示する。 | 金融機関は、以下に示す4種類の自然関連指標に注目することができる。報告されるどの指標についても、指標の全体的な目的、限界（潜在的な指標なのか、実際のデータに基づくのか等）を含む使用された方法論、およびデータの質は開示されるべきである。定性的情報および定量的情報の両方について、金融機関は非金融法人からの開示に依存しているため、金融機関が開示できる内容には限界がある可能性があることを認識すること。
1　依存関係——これらは、あるポートフォリオまたはポートフォリオの集合におけるエクスポージャーに基づく、自然関連の依存関係に関する見方を提供する指標である。指標は、生態系サービス、セクター、地理（国や生物群系）、製品ごとに分類することができる。多くの場合、これらの指標は潜在的な依存関係のみを表すことができる。これらの指標は、戦略Dの提言に有用であろう。
2　影響——これらは、あるポートフォリオまたはポートフォリオの集合におけるエクスポージャーに基づく、自然への影響を示す指標である。指標は、影響要因、セクター、地理（国や生物群系）、製品ごとに分類することができる。多くの場合、これらの指標は、潜在的な影響のみを表すことができる。これらの指標は、戦略Dの提言に有用であろう。
3　リスク——これらは、自然関連リスクによる損失の可能性を具体的に評価するために用いられる指標である（例：銀行の融資／アドバイザリー、保険会社の引受、アセットマネジャーとアセットオーナーの投資）。これらはシナリオに基づくことが多く、開示される指 |

226

	標や成果は、適用されるシナリオやあるセクターや地理のリスク経路（すなわち、移行、物理的）に依存する場合がある。リスク指標は、特定のポートフォリオまたはポートフォリオの一部について開示することができる。検討したエクスポージャーの範囲と適用した方法は、明確に記載されるべきである。これらの指標は、リスクと影響の管理AとBの提言に有用であろう。 4　機会——これらは、自然関連機会を具体的に追跡するために用いられる指標である（例：銀行の融資／アドバイザリー、保険会社の引受、アセットマネジャーとアセットオーナーの投資）。これらは多くの場合、個々の商品または取引の形態となるため、絶対額またはポートフォリオ総額に対する相対値として開示することができる。適用される範囲と方法は明確に記載されなければならない。これらの指標は、戦略Bの提言に有用であろう。 金融機関のための開示指標は、ベータ版v0.4で発行。
推奨された開示B	〈追加ガイダンスをベータ版v0.4に含めるように検討中。〉
推奨された開示C 組織が自然関連の依存関係、影響、リスク、機会を管理するために使用している目標と、目標に対するパフォーマンスについて説明する。	目標はさまざまな形で表現することができるが、自然変化の5つの要因（気候変動、陸・海・淡水の利用変化、資源利用、汚染、侵略的外来種）に対する目標を表現することを検討する。また、地理的条件（例：国や生物群系）や自然の状態に関連する目標を表現することも検討すべきである。気候の場合は、ネットゼロ宣言ですでに確立された既存の目標に言及することができる。 SBTN、UNEP FI、その他による作業のさらなる説明は、自然の目標設定と移行計画の概念が、生物多様性条約における合意によって導かれながら発展していく中で、時間をかけて行われるであろう。
推奨された開示D	〈追加ガイダンスをベータ版v0.4に含めるように検討中。〉

©TNFD、2022（筆者による仮訳）

（出所）　TNFDの資料を基に筆者作成。

〔図表 9 − 10〕 金融機関のための例示的な評価指標と開示指標の概要

指標の類型	カテゴリー	サブカテゴリー
依存関係	潜在的な依存関係	自然への重大な依存関係のあるセクターや企業へのエクスポージャー
影響	潜在的な影響	フットプリントベース
		売上高ベース
リスク	物理的リスク	物理的リスクへのエクスポージャー
	移行リスク	移行リスクへのエクスポージャー
	リスク指標	特定のリスクパラメータ（期待損失など）への影響
	バリュー・アット・リスク	バリュー・アット・リスク（VaR）
機会	自然関連機会へのエクスポージャー	自然関連機会に対する重大なエクスポージャーを有するとみなされる活動を行う企業またはセクターとの間の資金フロー量（投資、貸付、保険）
	自然関連リスクの軽減	自然関連リスクの重大な軽減を示す証拠（エンゲージメント、デューデリジェンス、サステナビリティリンクKPIなど）を伴う資金フロー量（投資、貸付、保険）
	ネイチャーポジティブな解決策	自然に対してポジティブな影響を与えることが実証された資金フロー量（投資、貸付、保険）

©TNFD、2022（筆者による仮訳）

（出所） TNFDの資料を基に筆者作成。

　TNFDは、金融機関の企業レベルで適用することを意図し、金融商品の開示規制との重複を避けるために金融商品への適用は想定していない。これは、金融サブセクターごとのガイダンスを示し、アセットマネジャーとアセットオーナーのための商品レベルの開示も含めたTCFDのアプローチとは異なるものである。

⑵　追加ガイダンス案（ベータ版v0.3、付属文書3.3）

前出のTNFD自然関連情報開示提言（v0.3）を金融機関が適用するためのガイダンスが、各推奨される開示項目ごとに記載されている（〔図表9−9〕）。

⑶　金融セクター向けの指標の例示（ベータ版v0.3、付属文書 3.4）

TNFDは、ベータ版v0.3において、金融機関向けの評価指標と開示指標を〔図表9−10〕のように、依存関係、影響、リスク、機会ごとに分類し、例示した。

付属文書3.4では、サブカテゴリーごとに具体的な指標を例示し、さらに指標を分解するための可能性（例…セクター、生態系サービス、国、生物群系）を付記し、金融機関がすでに公開している開示事例を引用している。

これらの指標は、金融機関がTNFDのベータ版に基づくパイロットテストに臨むための参考情報である。2023年3月発行のベータ版v0.4に向けて進化する予定であるが、いずれにしても2023年9月の最終提言までは、作業中という扱いである。

6　終わりに

TNFDタスクフォースの「中の人」として感じている、自然のためのファイナンスの主流化に向けた世界中での膨大なハードワークと革新的なアプローチの一端をお伝えすることを試みた。

TNFDは、v0.3において、シナリオへのアプローチや自然関連リスク評価と開示の社会的側面へのアプローチといった重要な側面について協議資料を発行している。しかしながら、本稿が書籍として発行される頃にはガイダンスとして進化し、内容が陳腐化している可能性もあるため、言及しなかった。

また、自然のためのファイナンスについては、金融監督当局による個別の

金融機関のサステナビリティ開示規制のレベルにとどまらず、マクロプルーデンスの観点からソブリンリスクの議論も始まっている。気候変動による干ばつや洪水が、森林、農業コモディティのボラティリティをもたらし、生産国のソブリンリスクを高め、政情不安を引き起こすことが現実味を持ち始めている。海外の自然資本、生態系サービスに大きく依存している日本の事業会社やそこに金融サービスを提供する金融機関にとっては、潜在的な下振れリスクがある。

　従来の日本の経済政策は、国際分業理論を是とし、グローバル・バリューチェーンの発達もあいまって、他国に比して、過度に海外の自然資本、生態系サービスに依存する状態にある。

　自然関連の統合的リスク管理と情報開示への潮流は、企業や金融機関の個別の取組みだけでは乗り越えられない日本の課題を顕在化させ、官民によるコレクティブ・アクション（集団行動）の必要性が叫ばれるようになると筆者は考えている。

〈**参考文献**〉
・Decision VIII/17 of the CBD COP8 "Private-sector engagement"（CBD、2006年6月）。
・Decision IX/26 of the CBD COP9 "Promoting business engagement"（CBD、2008年10月）。
・Decision 14/3 of the CBD COP14 "Mainstreaming of biodiversity in the energy and mining, infrastructure, manufacturing and processing sectors"（CBD、2018年11月）。
・Biodiversity: Finance and the Economic and Business Case for Action Report（OECD、2019年5月）。
・The TNFD Nature-related Risk and Opportunity Management and Disclosure framework beta v0.1（TNFD、2022年3月）。
・The TNFD Nature-related Risk and Opportunity Management and Disclosure framework beta v0.2（TNFD、2022年6月）。
・The TNFD Nature-related Risk and Opportunity Management and Disclosure Framework beta v0.3（TNFD、2022年11月）。
・Additional draft disclosure guidance for financial institutions － v0.3 beta

framework Annex 3.3（TNFD、2022年11月）。

・Illustrative assessment and disclosure metrics for financial institutions – v0.3 beta framework Annex 3.4（TNFD、2022年11月）。

・Agenda item 9A of the CBD COP15 "Kunming-Montreal Global biodiversity framework"（CBD、2022年12月）。

第 10 章

人的資本と経済的不平等

高崎経済大学 学長
水口　剛

1 はじめに

ESGの中の「S」、すなわち社会課題の範囲は広い。その中でも今とくに注目されているのが、人的資本、経済的不平等、ジェンダー、強制労働などのテーマである。これらはいずれも、雇用や労働、働き方に関わる。つまり企業価値向上の文脈で語られることが多い人的資本というテーマと、人権問題の視点で捉えられる不平等の解消等は別々の問題ではなく、相互に密接に関連する。表裏の関係にあると言ってもよい。

たとえば人的資本の強化を目指すリスキリングの取組みは、対象者の設定次第でジェンダーギャップや経済的不平等の改善につながる。職場のダイバーシティの追求も人的資本の拡充と不平等の縮小の両方に関わる。逆に不平等の拡大は社会の活力を奪い、少子化を加速するなど、社会全体の人的資本のプールを縮小させる。そのことは結果的に個々の企業の人的資本の蓄積にも悪影響をもたらす。

だが人的資本を企業価値と結び付けて考える立場では、それを社会システム全体の問題として捉える視点が弱く、人的資本経営と経済的不平等への対応は別のことだと受け取られやすい。しかし、いかに個々の企業における人的資本の蓄積が重要であっても、それだけに着目し、社会全体の課題から離れて部分最適を追求することは、必ずしも全体最適を保証しない。そこで本章では、この両者をあわせて検討していくことにしたい。

2 人権問題の視点から考える

責任投資原則（PRI）は、2022年12月に「Advance：人権と社会課題のためのスチュワードシップイニシアティブ」と題する新たな投資家イニシアティブを正式に立ち上げた。これは、投資家による協働エンゲージメントをはじめとするスチュワードシップ活動を通して人権問題と社会課題に取り組むイニシアティブである。発足時にAdvanceの投資家ステートメントに署名して賛同を表明した投資家（Endorser）は220機関、その運用資産総額は30

兆米ドルに及んだ。また、そのうち企業とのエンゲージメントに参加する投資家（Participant）は121機関であった。Advanceが取り組む協働エンゲージメントの最初の対象には、金属、鉱山、再生可能エネルギーのセクターから40社が選ばれ、企業名も公表された。

　Advanceの投資家ステートメントはその冒頭で、人権問題には不平等や差別から労働者の権利の侵害に至るまで、緊急かつシステミックな幅広い社会課題が含まれるとの立場を示している。

　ではなぜ投資家が人権問題に取り組むべきなのか。Advanceの基礎となったPRIの2020年のレポート『なぜ、どのように投資家は人権について行動すべきか（Why and How Investors Should Act on Human Rights）』は、その理由を次のように説明している。機関投資家が人権を尊重すべき責任は、他のビジネスと同様に、国連のビジネスと人権指導原則に規定されている。それはOECD多国籍企業ガイドラインにも反映され、社会からの期待も高まる一方だ。それゆえ、その期待に応えられなければ、社会からの信頼が損なわれ、存在意義が問われることになるというのである。そして、気候危機、何十年にもわたる経済的不平等の拡大、COVID-19のパンデミックはすべて、投資家の行動に注目を集めていると述べている。

　Advanceの投資家ステートメントでも同様に、国連の指導原則を起点にした人権を尊重すべき責任と社会からの期待、投資家が果たし得る役割について述べている。その上でさらに、人権課題は、個人の権利の侵害であるだけでなく、投資利益の基礎となる経済・社会の基盤をも損なうと指摘している。不平等や差別などの問題は、社会システム全体に波及するシステミックな課題であり、それに取り組むことは投資家の責任であるだけでなく、利益が依存する社会の共有財産を守ることだというのである。

　このように経済的不平等やジェンダー差別は、何よりもまず人権問題として理解することが重要である。人権を尊重すべきだという考え方は、人類が長い歴史の中で積み上げてきた合意（コンセンサス）であり、国際規範と言ってよいだろう。そのことを前提にした上で、社会システムの中で人権尊重の

理念を具体化するために、企業価値との関係やシステミックリスクという観点からも考えていく必要がある。

3 人的資本への注目

(1) 多様な資本の1つとしての人的資本

　人的資本という概念は、日本ではここ数年急に注目され始めた印象があるかもしれないが、経済学の分野では米国の経済学者ゲーリー・ベッカーが1964年の著書で体系的に論じて以来、資本の1つとして捉えられてきた。それを個々の企業の経営に結び付け、情報開示のフレームワークの中に組み込んだのが国際統合報告評議会（IIRC：International Integrated Reporting Council）である。IIRCは2013年に統合報告に関する最初の国際フレームワークを公表し、現在の統合報告という概念を生み出したが、その中で人的資本を多様な資本の1つとして価値創造プロセスの中に位置付けた。

　同フレームワークでは統合報告を「組織の戦略、ガバナンス、実績及び見通しが、外部環境の文脈の中で、どのように短期、中期、長期の価値創造を導くかに関する簡潔なコミュニケーションである」と定義した上で、基礎概念と題した章の中で「価値は組織単独で、あるいは組織の中だけで創造されるものではない」と述べている。そして、「価値は外部環境に影響され、ステークホルダーとの関係を通して創造され、多様な資源に依存する」として、組織による価値創造のプロセスを6つの資本との関係から説明している（〔図表10−1〕）。ここでいう6つの資本とは、財務資本、製造資本、知的資本、人的資本、社会・関係資本、自然資本を意味する。

　このうち人的資本とは人々の能力、経験、イノベーションへの意欲であるとされ、①組織のガバナンスフレームワークや倫理的価値を支持し、②組織の戦略を理解して実践する能力があり、③リーダーシップやマネジメント、協力する能力と意欲があることを含むと定義されている。

　ここで重要なことは、資本と価値という2つの概念をともに拡張したこと

[図表10－1] IIRCの価値創造プロセス

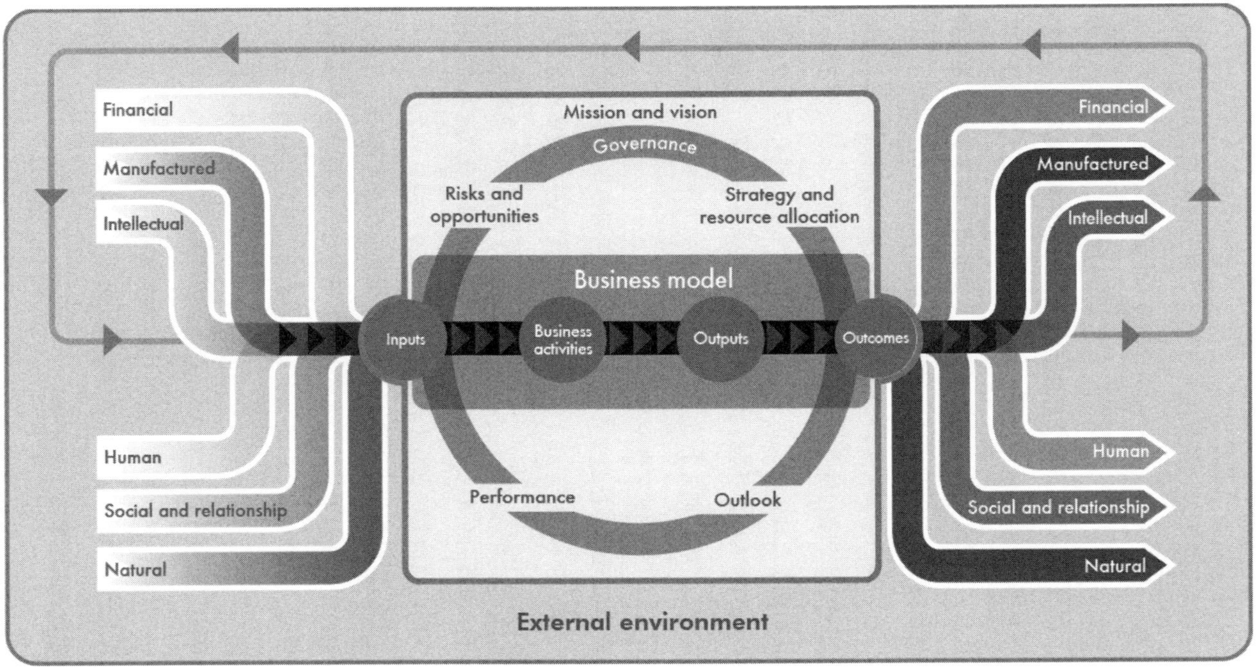

(出所) IIRC（2013）, The International Integrated Reporting Framework, p.13

である。普通、資本と言えば貨幣的な資本（財務資本）をイメージするが、財務資本だけがあっても経済活動はできない。財務資本を活用して実際に行動する人やそのための知識、人々のつながりや信頼感に支えられた社会、安定した気候や生態系などの自然環境も存在しなければ、経済や企業活動は成り立たない。それらも広い意味で経済活動を支える資本と考えようというのである。このとき、財務資本や製造資本は個々の企業や個人に帰属する私有財産だが、社会・関係資本や自然資本の多くは経済社会全体の基盤となる社会の共有財産である。宇沢弘文はそれを社会的共通資本と呼んだ。

　人的資本はその両方の側面を持つ。一人一人の個人は個別企業に所属するので、その意味では企業に帰属する人的資本と捉えることができる。一方、雇用の流動化が進んだ社会や、企業に人材を供給するも教育現場なども含めて考えれば、人的資本には社会・関係資本や自然資本と同様、社会全体を支える共通資本としての側面もある。サステナブルファイナンスでは、この両方の側面に目を向ける必要があるだろう。

　IIRCは、資本の概念を拡張することで、価値創造の概念も拡張した。いずれの資本でも、資本が増えることは価値の創造であり、資本が減ることは価値の毀損だからである。そのためIIRCは、組織が創造する価値には相互に関連する２つの側面があるとしている。一つは組織自身にとっての価値であり、財務資本の提供者にとってのリターン、もう一つはステークホルダーや社会にとっての価値であり、組織の外部で生じる価値である。このように価値の創造や毀損に２つの側面があるという見方は、重要性を２つの視点で捉えたダブルマテリアリティの概念とも通底する。そして組織にとっての価値とステークホルダーにとっての価値が相互に関連することは、ダイナミックマテリアリティという考え方につながる。

　人的資本も、本来、ダブルマテリアリティやダイナミックマテリアリティの文脈で捉えることができる。一方で最近では、人的資本を企業価値向上の源泉という観点から論じることが多い。

(2)　企業価値視点で捉えた人的資本

　人的資本への注目を高めた一つのきっかけは、2018年に国際標準化機構
（ISO）が公表したISO30414「人的資源管理——内部及び外部人的資本報告
ガイドライン」である。このガイドラインの目的は、労働力の持続可能性を
支援するために組織への人的資本の貢献を検討・可視化することだとされ、
〔図表10－2〕に示す11の領域で管理・報告用の指標を提示している。

　一方日本では、経済産業省が2020年1月に「持続的な企業価値の向上と人
的資本に関する研究会」を設置し、同年9月に報告書をまとめた。この報告
書は座長の名前を冠して『持続的な企業価値の向上と人的資本に関する研究
会報告書〜人材版伊藤レポート』と題された。

　人材版伊藤レポートは、企業の競争力の源泉は人材であるとの認識を基礎
に、持続的な企業価値の向上と人的資本の関係について議論している。そし
て企業価値の向上のためには、ビジネスモデルや経営戦略と人材戦略の連動
が重要だが、現実にはグローバル化やデジタル化の急速な進展の下で、目指
すべきビジネスモデルや経営戦略と、実際の人材や人材戦略のギャップが拡

〔図表10－2〕　ISO30414による人的資本報告項目

1　コンプライアンスと倫理
2　コスト
3　ダイバーシティ（多様性）
4　リーダーシップ
5　企業文化
6　健康・安全・福祉
7　生産性
8　採用・異動・離職
9　スキルと能力
10　後継者育成計画
11　労働力確保

（出所）　ISO30414を基に筆者作成。

大している、と現状を分析している。このギャップを埋めるために最高人事責任者（CHRO：Chief Human Resource Officer）の重要性を指摘し、人材戦略に求められる3つの視点と5つの要素を提案した。

　3つの視点とは、①経営戦略と人材戦略の連動、②現状（As is）とあるべき姿（To be）とのギャップの定量的な把握、③人材戦略の企業文化への定着であり、5つの要素とは、①既存の人材・スキルに捉われず必要な人材を獲得・育成する動的な人材ポートフォリオ、②女性や外国人も含む多様な経験・価値観を取り込んだダイバーシティ＆インクルージョン、③事業環境の急速な変化に対応するリスキル・学び直し、④従業員エンゲージメント、⑤時間や場所に捉われない働き方の5つである。

　ここに挙げられた5つの要素は、いずれも企業価値の向上にとどまらず、働きやすく、働き甲斐のある職場を実現する上で重要な視点を提供していると言えるだろう。

　その後、経済産業省は2021年3月に「人的資本経営の実現に向けた検討会」を立ち上げ、2022年5月に『人的資本経営の実現に向けた検討会報告書〜人材版伊藤レポート2.0』を取りまとめた。このレポートは上記の3つの視点と5つの要素という枠組みで、具体的な取組みのための工夫を幅広く提案したものである。

　さらに、経済産業省は同年8月、日本企業および投資家等による人的資本経営に関する先進事例の共有や、企業間協力に向けた議論、情報開示の検討などを目的として「人的資本経営コンソーシアム」を立ち上げた。これらの取組みが、人的資本に対する企業と投資家の注目を高めている。

(3)　コーポレートガバナンス・コードの改訂

　東京証券取引所は、有価証券上場規程の中で、上場企業に対して、コーポレートガバナンス・コードの各原則を実施するか、実施しない場合にはその理由を説明することを求めている（435条）。そのコーポレートガバナンス・コードが2021年6月に改訂され、サステナビリティに関わる記述が強化され

た。その一環で人的資本に関する記載も加わった。

　たとえば、ステークホルダーとの協働を求める原則2では、「気候変動など
の地球環境問題への配慮、人権の尊重、従業員の健康・労働環境への配慮
や公正・適切な処遇、取引先との公正・適正な取引、自然災害等への危機管
理など」を例に挙げ、取締役会が積極的に取り組むことを求めた。また、
「女性・外国人・中途採用者の管理職への登用等、中核人材の登用等におけ
る多様性の確保についての考え方と自主的かつ測定可能な目標を示すととも
に、その状況を開示すべき」として、ダイバーシティへの配慮を明示的に求
めた。

　さらに、「中長期的な企業価値の向上に向けた人材戦略の重要性に鑑み、
多様性の確保に向けた人材育成方針と社内環境整備方針をその実施状況と併
せて開示すべき」として、人的資本経営に言及した。適切な情報開示を求め
る原則3の中でも、「人的資本や知的財産への投資等についても、自社の経
営戦略・経営課題との整合性を意識しつつ分かりやすく具体的に情報を開
示・提供すべき」と規定した。

　このように改訂版のコーポレートガバナンス・コードは、人権の尊重や従
業員の健康・労働環境への配慮と人的資本経営の強化の両面にバランスよく
目配りしたものとなった。だが、人材版伊藤レポートや改訂版のコーポレー
トガバナンス・コードが必ずしも十分に扱っていない問題もある。経済的不
平等の行き過ぎが社会全体の人的資本を毀損するというシステミックリスク
の存在である。次にこの点に目を向けてみたい。

4 経済的不平等というリスク

(1) システミックリスクとしての経済的不平等

　人材版伊藤レポートが人材戦略に求められる要素として挙げたダイバーシ
ティ＆インクルージョンやリスキル、時間や場所に捉われない働き方など
は、より良い働き方につながり、差別や不平等の解消と密接に関わる。だ

が、企業価値の観点から人的資本の重要性を理解していても、差別や不平等の解消と聞いたとたんに、利益につながらない社会貢献だと受け取られることも多い。そして、企業や投資家がそのために利益を犠牲にしてよいのかという素朴な反応を招くことになる。実際には、差別や不平等の解消に役立つダイバーシティ＆インクルージョンやリスキルは、人的資本の強化にもつながる。つまり企業価値の向上と矛盾しない。

加えて、差別や不平等の拡大は人権問題であると同時に社会・経済システムに関わる問題でもあり、長期的な視点で見ると、企業や投資家にとってのリスクにもなるということを理解する必要がある。OECDはこの点を的確に捉えて、2015年に『不平等を減らすことがすべての人に利益をもたらす理由（In it together：Why Less Inequality Benefits All)』と題したレポートを公表した。

このレポートによれば、ほとんどの国で富裕層と貧困層のギャップは過去30年間広がり続けた。1980年代にOECD諸国の最も豊かな10％の人々は最も貧しい10％の７倍の所得を得ていたが、この比率は今日では9.6倍になっている。不平等をめぐる最近の議論の多くは、上位１％に焦点を当ててきた。よく理解されていないのは、底辺の10％だけでなく、下位40％の低所得者層の相対的な収入の減少が持つ意味だという。不平等の拡大は、社会的結束に影響するだけでなく、長期的には経済成長を阻害する。たとえば1990年から2010年までの間にOECD諸国全体で成長を平均4.7％押し下げたと試算している。

不平等が成長を阻害する主要なメカニズムとして、レポートは人的資本への投資の影響を挙げている。経済的に余裕がないと良質な教育にアクセスしにくいからである。また、臨時雇用、パートタイム、個人事業主契約などの雇用形態が増加し、収入、労働安全、教育訓練など多くの側面で不利に扱われることで、不平等を拡大している。富（資産所有）は収入よりさらに偏っており、上位10％が世界の富の半分を、次の50％が残りの半分を所有し、下位40％は３％の富しか所有していないという。多額の債務と資産保有の少な

さが中産階級の人的資本への投資に影響を与え、潜在成長力を低下させているというのが、このレポートの見解である。

　一方、持続可能な開発のための世界経済人会議（WBCSD）は2021年7月に「不平等に取り組むビジネス委員会（BCTI：Business Commission to Tackle Inequality）」を設立し、BCTIが2022年8月に最初のレポート『不平等に取組む：企業による行動の必要と機会（Tackling Inequality：The need and opportunity for business action）』を公表した。

　このレポートの最も重要なメッセージは、不平等はシステミックリスクだということだろう。個々の企業やコミュニティだけでなく、経済や社会全体を脅かすリスクという意味である。〔図表10−3〕から分かるように、たとえば最も豊かな1％が収入の19％を占める一方、下位の50％は8％の収入し

〔図表10−3〕　世界の収入と富の不平等

% of population	% of income	% of wealth
Bottom 50%	8%	2%
Middle 40%	39%	22%
Top 10%	52%	76%
Top 1%	19%	38%

（出所）　BCTI（2022）, Tackling Inequality: The need and opportunity for business action, p.10

か得ていないなど、現在の不平等の状況を示した上で、それは経済と社会に
連鎖的な影響を及ぼすとしている。具体的には、社会の連帯や結束を侵食
し、制度に対する信頼を低下させ、政治の二極化や内戦を助長し、気候変動
などの複雑な課題に協力して取り組む力を蝕むというのである。それは結果
的に企業や投資家の利益にも跳ね返る。

　一方でレポートは、不平等は自然の摂理のようなものではなく、経済シス
テムの帰結なので、変えることもできるという。そして企業が取り組むべき
6つの領域を挙げている（〔図表10－4〕）。①平等な競争の基本要件としての
人権の尊重、②教育、医療、金融サービス、デジタル・インフラストラク

〔図表10－4〕　ビジネスが不平等に取り組むべき6つの領域

（出所）　BCTI（2022）, Tackling Inequality: The need and opportunity for
　　　business action, p.24

チャーなどの基礎的な製品・サービスへのアクセスの向上、③ダイバーシティ＆インクルージョンを受け入れてすべての人に雇用と経済的機会を創出、④株主、労働者、ビジネスパートナーの間での公平なリスクと価値の分配、⑤不平等に対する政府の取組みの支援、⑥最も弱い立場の人々が最も影響を受ける気候変動や自然の損失への取組みの加速、の6つである。

　システミックリスクである以上、政府と企業はともに不平等に取り組むべきだ。政府は市場の規制や公共サービスの提供などで中心的な役割を果たすが、企業も価値の創造と分配を通して重要な役割を果たすべきだというのが、BCTIの立場である。

(2)　日本における経済的不平等

　不平等がシステミックリスクであることは日本でも同様だが、不平等が生まれる原因とそれがもたらす帰結には、日本独自の側面もある。日本に固有の雇用慣行や社会状況があるからである。

　〔図表10－5〕は、日本における正規雇用と非正規雇用の賃金格差を示している。〔図表10－6〕は非正規雇用労働者の割合の推移である。トレンドとして見れば、1990年代以降、非正規雇用の比率が一貫して増えてきたことが分かる。その背景には、定年後再雇用が非正規雇用になるという要因もあるが、失われた30年と言われる経済環境の中で人件費の抑制が志向されてきたことが大きいだろう。それが日本の経済的不平等を拡大してきた。一方で、非正規雇用の拡大による中間層の縮小が経済の停滞をもたらすという悪循環であった可能性も高い。

　〔図表10－7〕は男性の年収と既婚率の関係を示したものである。1,500万円を超える高年収層を除くと、年収と既婚率はほぼ比例することが分かる。そして年収300万円前後でグラフの傾きが大きくなる。つまり結婚するかどうかの境目がそこにある。これは、経済的不平等の拡大がもたらす帰結の一つを示唆している。

　他方、日本の経済的不平等は女性により多くの負担を強いている。〔図表

[図表10-5] 正規雇用・非正規雇用の賃金格差

(円)

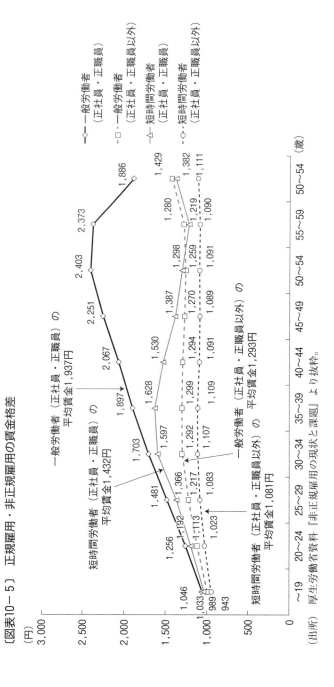

一般労働者（正社員・正職員）の
平均賃金1,937円

短時間労働者（正社員・正職員）の
平均賃金1,432円

一般労働者（正社員・正職員以外）の
平均賃金1,293円

短時間労働者（正社員・正職員以外）の
平均賃金1,081円

一般労働者
（正社員・正職員）

一般労働者
（正社員・正職員以外）

短時間労働者
（正社員・正職員）

短時間労働者
（正社員・正職員以外）

（出所）厚生労働省資料『非正規雇用の現状と課題』より抜粋。

〔図表10−6〕 非正規雇用労働者の割合の推移

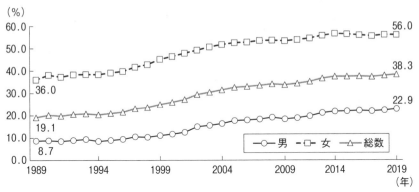

（出所） 厚生労働省『令和2年版厚生労働白書』より抜粋。

〔図表10−7〕 男性の年収と既婚率の関係

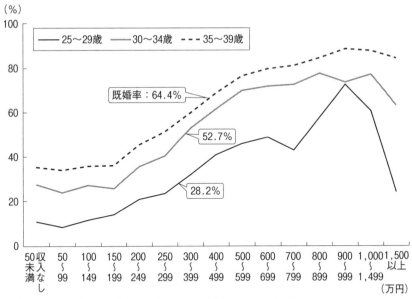

（注） 図表内の数値は、各年齢階級における既婚率（100−未婚率）
（出所） 久我尚子「若年層の経済格差と家族形成格差──増加する非正規雇用者、雇用形
態が生む年収と既婚率の違い」ニッセイ基礎研究所『基礎研レポート』（2016年7
月14日）7頁。

〔図表10-8〕 2021年時点の男女別の正規雇用・非正規雇用の人数と割合

（単位：万人）

	正規	非正規	合計
男性	2,343 (78.3%)	651 (21.7%)	2,994 (100%)
女性	1,222 (46.4%)	1,413 (53.6%)	2,635 (100%)
合計	3,565 (63.3%)	2,064 (36.7%)	5,629 (100%)

（出所） 総務省統計局『労働力調査（基本集計)2021年』のデータを基に筆者作成。

10-8〕にあらためて男女別の正規雇用・非正規雇用の割合を示した。労働者全体では約6割が正規雇用で、4割が非正規雇用だが、男性の非正規雇用が約2割であるのに対して、女性は半数以上が非正規雇用である。その背景には、女性が正社員になりにくい構造的な要因がある。

　日本企業の正社員の特徴の一つは、企業拘束性の高さにあると言われる。労働時間が長く、職務や勤務地が限定されないという意味である。一方で私たちの生活では家事、育児、介護など「ケア」を担う人が要る。正社員の拘束性が高すぎるとケアを担う人は正社員になりづらい。日本では女性がケアを担うケースが多く、その結果、女性の非正規雇用の割合が高まっているのである。

　しかも正社員の拘束性の高さは、雇用管理区分間での賃金格差を正当化する論理とされてきた。つまり日本の労働市場では、拘束度が高く処遇の高い働き方と、拘束度は低いが処遇も低い働き方に選択肢が二極化している。そのため処遇の高い働き方と家族のケアが両立しにくいのである。このことが子供を持ちにくい社会構造につながっている。2023年6月の厚生労働省の発表によれば、日本の合計特殊出生率（1人の女性が生涯に産む子供の数）は7年連続で低下し、2022年は1.26であったという。2022年には予想より大幅に早く出生数が80万人を下回った。既婚率や出生率の低下は日本全体での人的

資本の供給源を枯渇させるという意味で、まさにシステミックリスクと言ってよいだろう。

　さらに、相対的貧困率（等価可処分所得の全人口の中央値の半分未満の所得しか得ていない人の割合）に着目すると、社会全体では2018年に15.4％と、2012年の16.1％からやや改善しているが、一人親世帯に限れば48.3％とほぼ2人に1人が相対的貧困状態であり、先進国の中で最低クラスである（〔図

〔図表10－9〕　一人親世帯の相対的貧困

順位	国名	貧困率	順位	国名	貧困率
1	デンマーク	9.7	20	オーストリア	31.0
2	フィンランド	16.3	21	トルコ	31.2
3	アイスランド	18.9	22	イタリア	33.4
4	英国	22.3	23	スロバキア	33.6
5	ノルウェー	23.4	24	イスラエル	33.9
6	ハンガリー	23.5	25	メキシコ	34.2
7	ラトビア	23.7	26	ルクセンブルク	40.2
8	ポーランド	23.8	27	スペイン	40.3
9	フランス	24.1	28	オーストラリア	41.0
10	スロベニア	24.5	29	リトアニア	41.3
11	スウェーデン	25.1	30	チリ	42.6
12	ギリシャ	26.8	31	カナダ	43.0
13	ドイツ	27.2	32	米国	45.7
14	ポルトガル	27.5	33	ニュージーランド	46.1
14	アイルランド	27.5	34	韓国	47.7
16	チェコ	28.4	35	日本	48.3
17	エストニア	29.1	36	コスタリカ	49.6
18	オランダ	29.5		OECD平均	31.8
18	ベルギー	29.5			

（出所）　男女共同参画局『男女共同参画白書令和4年版』第6分野第5表。

表10−9 ）)。ここにも家族のケアと十分な収入が両立しない構造が端的に表れている。

　雇用管理区分間での処遇の違いは研修などの人への投資にも表れる。日本は全体的に見て人への投資が少ないことは人材版伊藤レポートでも指摘されたことだが、とくに非正規社員への教育投資は少ない。それは、非正規社員を低スキルのままに放置することで格差の固定化につながる。同時に、企業が男女合計で全体の約４割を占める非正規の従業員を「能力の発揮主体」として捉えていないことも意味する。これでは、日本の人材は枯渇するばかりである。このように経済的不平等と人的資本は表裏の関係として捉える必要がある。

5 情報開示の視点から考える

(1) 米国SECの人的資本開示の強化と課題

　以上のような経済的不平等と人的資本の問題にサステナブルファイナンスはどう向きあえばよいのか。そのヒントとなるのが情報開示をめぐる議論である。

　第４章で詳述したとおり、現在、サステナビリティ情報の開示に向けた整備が進んでいる。開示が進めば投資家の評価に組み込まれ、企業行動にも影響する。そのことは人的資本や経済的不平等の領域でも同様である。したがって、サステナビリティ情報の開示の枠組みの中で人的資本や経済的不平等がどのように扱われるかが重要になる。

　国際サステナビリティ基準審議会（ISSB）は2022年３月に最初の公開草案を公表したが、その内容は全般的要求事項と気候関連情報だった。その後2022年12月の会合で、次のステップとして生物多様性、人権問題、人的資本をテーマとすることで合意した。これに対して、米国証券取引委員会（SEC）が一足先に人的資本の開示を強化したとして、しばしば言及される。では、その内容とはどのようなものだろうか。

米国の上場企業は毎年度、Form 10-kという様式の年次報告書をSECに提出し、公表する義務を負う。日本の有価証券報告書に相当する書類である。Form 10-kの内容は会計情報と記述情報から成り、記述情報として何を書くかはSECが定める規則S-Kが規定している。SECはこの規則S-Kを2020年8月に改正した。改正の内容は多岐に及ぶが、その中の一つにItem 101(c)における人的資本の開示がある。

　Item 101(c)は「事業の概要」について記載する項目である。従来、その記載事項の一つとして従業員数の開示を求めていたが、それを人的資本に関する説明に置き換えるというのが、当初のSECの案であった。パブリックコメントを経て、最終的に「当該企業の事業を理解するのに重要（マテリアル）な範囲で、経営上注視している指標や目標を含む、人的資本に関する説明」の記載が求められることとなった。

　またコメントを受けて当初の提案を変更し、従業員数の開示も残ることになった。事業活動の規模やその変化を理解する上で有用な情報だというのが、その理由である。一方、フルタイム、パートタイム、派遣労働者の人数や、従業員の離職率などの追加の指標を含めるよう、この開示項目を拡大すべきだという多くのコメントがあったが、そのような細則主義的な要素は採用しなかったと、SECは説明している。

　このようにSECが導入した人的資本の開示の特徴は、原則主義という点にある。人的資本に関する説明は求めるが、具体的な開示内容は各企業の裁量に委ねるという意味である。人的資本の開示に含めるべき具体的な指標や目標は、業種や立地、企業が採用する戦略などに依存し、時とともに変化するからだというのがSECの説明である。原則主義的な開示では比較可能性に欠けるというコメントに対して、企業の事業内容の多様性や人的資本の捉え方の多様性を考えれば、細則主義的な開示が比較可能な開示をもたらすとは言えず、原則主義の方が投資家にとってより意味のある情報になると、SECは主張している。

　だが、この点についてはSECの中でも意見が割れたようである。SECは大

統領が指名する5人の委員（コミッショナー）から構成されるが、そのうちの1人で規則S-Kの改正後に退官したアリソン・ヘレン・リーは、改正の成立直後に改正内容を批判するステートメントを公表し、SECのウェブサイトに掲載された。

　そのステートメントの中で同氏は、賛成多数で決定した今回の規則S-Kの改正は、ダイバーシティと気候リスクという2つの重要な点で何も言っていないと批判している。改正案の提案段階で人的資本の開示が含まれたことは歓迎したが、それがあまりに原則主義に傾いていることに懸念を表明したという。それでも草案を公開することに賛成したのは、情報の利用者である投資家から人的資本や気候リスクに関してより具体的な開示を求めるコメントが来ると期待したからだ。そして実際に、なぜ原則主義だけでは不十分なのか、具体的にどのような指標が有用なのか、すでに企業がどのような指標を集計しているのかなどの多くの意見が集まった。それにもかかわらず、改正内容はほぼ当初の提案と変わらず、圧倒的な数の投資家のコメントは無視されてしまったというのである。

　せめてフルタイムとパートタイムの人数や人件費、離職率、ダイバーシティなどのシンプルで一般的な指標を人的資本開示に追加したなら、改正に賛成したのに。ステートメントの中で同氏はそう述べている。それでは、日本はどうなのだろうか。

(2)　有価証券報告書での開示の進展

　日本におけるサステナビリティ情報開示の制度化の動向は第4章で詳しく記されているが、ここでも簡単に振り返っておきたい。まず金融審議会のディスクロージャーワーキング・グループが2022年6月に報告書を公表し、有価証券報告書にサステナビリティ情報の「記載欄」を新設することを提言した。その記載内容はTCFDやISSBなどの国際的なフレームワークとの整合性を考慮して「ガバナンス」「戦略」「リスク管理」「指標と目標」の4つで構成するものとされた。また人的資本や多様性に関する情報について、具

体的な記載事項の提案がなされた。

　これを受けて金融庁が、有価証券報告書の記載内容を規定している「企業内容等の開示に関する内閣府令」を2023年1月に改正した。適用は2023年3月31日以後に終了する事業年度に係る有価証券報告書等からとされた。

　具体的には有価証券報告書の様式が改正され、「事業の状況」の節に新たに「サステナビリティに関する考え方及び取組み」という項目が設けられた。そして「記載上の注意」において、「ガバナンス」と「リスク管理」についてはすべての企業が記載すること、「戦略」と「指標及び目標」は重要なものについて記載することが指示された。また、「戦略」の欄に人材の多様性の確保を含む人材の育成に関する方針および社内環境整備に関する方針（たとえば、人材の採用および維持ならびに従業員の安全および健康に関する方針等）を、「指標及び目標」の欄にはそれらの方針と整合的で測定可能な指標、目標、実績を、それぞれ記載することとされた。

　さらに「従業員の状況」の欄で、管理職に占める女性労働者の割合、男性労働者の育児休業取得率、労働者の男女の賃金の差異を記載することが示された。これまでも「従業員の状況」欄では、連結会社の従業員数と、提出会社（親会社）の従業員数、平均年齢、平均勤続年数、平均年間給与を記載することとされていたので、今回の改正はその記載事項の追加である。こうして見ると、人的資本やダイバーシティに関して、米国SECと比べて記載事項がより具体的に規定されていると言っていいだろう。ただし、人材育成方針等と整合的で測定可能な指標として何を選ぶかは、今のところ、各社の裁量に委ねられている。

(3)　人的資本可視化指針

　有価証券報告書における人材育成方針等の開示の義務化は、新しい資本主義実現会議の下に置かれた非財務情報可視化研究会の議論と軌を一にしている。同研究会は2022年2月に第1回を開催した。その際、基礎資料の冒頭で「長期投資の視点で見ると、きちんと人材に投資していること、きちんと賃

〔図表10-10〕　人的資本可視化指針が例示する主な開示事項の例

領域	主な開示事項
人材育成	研修時間、研修費用、研修参加率、複数分野の研修受講率、リーダーシップの育成、研修と人材開発の効果、人材確保・定着の取組みの説明、スキル向上プログラムの種類・対象等、パフォーマンスとキャリア開発につき定期的なレビューを受けている従業員の割合
従業員エンゲージメント	従業員エンゲージメント
流動性	離職率、定着率、新規雇用の総数・比率、離職の総数、採用・離職コスト、人材確保・定着の取組みの説明、移行支援プログラム・キャリア終了マネジメント、後継者有効率、後継者カバー率、後継者準備率、求人ポジションの採用充足に必要な期間
ダイバーシティ	属性別の従業員・経営層の比率、男女間の給与の差、正社員・非正規社員等の福利厚生の差、最高報酬額支給者が受け取る年間報酬額のシェア等、育児休業等の後の復職率・定着率、男女別家族関連休業取得従業員比率、男女別育児休業取得従業員数、男女間賃金格差を是正するために事業者が講じた措置
健康・安全	労働災害の発生件数・割合・死亡数等、医療・ヘルスケアサービスの利用促進・その適用範囲の説明、安全衛生マネジメントシステム等の導入の有無・対象となる従業員に関する説明、健康・安全関連取組み等の説明、（労働災害関連の）死亡率、労働災害による損失時間、（安全衛生に関する）研修を受講した従業員の割合、業務上のインシデントが組織に与えた金銭的影響額、労働関連の危険性（ハザード）に関する説明
コンプライアンス・労働慣行	人権レビュー等の対象となった事業所の総数・割合、深刻な人権問題の件数、差別事件の件数・対応措置、団体労働協約の対象となる従業員の割合、業務停止件数、コンプライアンスや人権等の研修を受けた従業員割合、苦情の件数、児童労働・強制労働に関する説明、結社の自由や団体交渉の権利等に関する説明、懲戒処分の件数と割合、サプライチェーンにおける社会的リスク等の説明

（出所）　非財務情報可視化研究会（2022年）『人的資本可視化指針』20～25頁を基に筆者要約。

金を支払うことは、企業の持続的な価値創造を行うことになるので、これは明らかに投資であり、成長戦略」なのだという岸田総理の言葉を引用している。「人」に価値があるならば、それを可視化して株主・投資家に理解してもらうことが必要だとの認識が、議論の出発点になっている。そして研究会の成果として2022年8月に人的資本可視化指針が公表された。

この可視化指針では、競争優位の源泉や企業価値向上の推進力は無形資産であり、人的資本への投資はその中核要素だとしている。そして、多くの投資家が人材戦略に関する説明を期待していることから、資本市場への情報開示の在り方に焦点を当てた手引きとして編纂したとして、人材版伊藤レポートとあわせて活用することを推奨している。

その上で開示事項には①独自性のある取組み・指標・目標と、②比較可能性の観点で期待される開示の2つの類型があるとして、両者の適切な組合せとバランスある開示を求めている。また「参考」として、ISOやGRI、世界経済フォーラム（WEF）などの代表的な開示基準における主な開示事項を、テーマ別に整理して紹介している。〔図表10−10〕にその概要をまとめた。これは、有価証券報告書で開示する人材育成方針等と整合的な指標を検討する際の基盤となるだろう。

このように人的資本に関する開示をめぐる検討は日本でも一定の進展を見せた。それでは、経済的不平等を人的資本経営と表裏の関係にあるシステミックリスクと捉える観点からは、ここに何を加えればよいだろうか。

(4)　日本版ディーセントワーク8指標（JD8）

国際的には、気候関連のTCFD、自然関連のTNFDに続いて、不平等関連財務情報開示タスクフォース（TIFD：Task Force on Inequality-related Financial Disclosures）が構想されている。2022年末時点ではまだ準備段階であり、その成果は未知数だが、世界で70以上の組織が参加表明している。2022年11月には準備委員会（Interim Secretariat）に国連開発計画（UNDP）が加わった。

一方日本では、連合傘下の連合総合生活開発研究所（連合総研）と日本経済新聞グループのQUICK ESG研究所が共同事務局となって2020年９月に「ESG-S指標に関する調査研究委員会」を設置し、雇用、労働、働き方に関わる指標を検討してきた。

　その趣旨は、GRI基準やISO30414など、すでに多くの指標がある中で、さらに指標を増やすことではなく、むしろ多様な指標群の中で日本の文脈に即した指標を絞り込み、日本に固有の視点を付加することにある。第４節(2)で見たとおり、国によって固有の雇用慣行があり、不平等をもたらす構造的要因にも違いがあるので、国際的に共通の指標だけでは必ずしも十分ではないからである。

　同委員会は2023年７月に、検討の最終的な成果として「日本版ディーセントワーク８指標（JD８）」を公表した[1]。その概要を〔図表10−11〕に示した。具体的には、雇用と働き方に関わる８つの領域を特定し、12の中核指標と13の補完指標を提案している。これを〔図表10−10〕の人的資本可視化指針の開示事項例と比較すると、かなりの項目が重なっていることが分かる。たとえば研修時間や研修費用の項目は共通であり、可視化指針の男女間の給与の差はJD８では男女別平均賃金、可視化指針の男女別育児休業取得従業員数はJD８では男女別の育児休業の取得率と取得期間となっている。

　一方、可視化指針にある従業員エンゲージメントの項目がJD８にはなく、可視化指針にはない中途採用比率やメンタルヘルスの項目があるなど、違いもある。その中で最も重要な違いは、JD８が雇用管理区分に焦点を当てていることである。第４節(2)で論じたように、日本では正社員の企業拘束度が高く、それを反映して正規雇用と非正規雇用の間の賃金格差も大きい。そのことが経済的不平等や男女格差を助長し、社会全体での人的資本の崩壊というシステミックリスクにつながっている。それゆえJD８では正規雇用と非正規雇用などの雇用管理区分別の平均賃金や平均労働時間を指標としている

1　JD８は、中間報告の公表の後、機関投資家や企業関係者との意見交換を重ね、指標を一部修正した上で2023年７月に最終版として公表された。

〔図表10-11〕 「日本版ディーセント・ワーク8指標（JD8）」の概要

1	適切な労働時間と賃金	雇用管理区分別の平均年間総労働時間	中核
		雇用管理区分別の平均年収	中核
		雇用管理区分別・男女別の従業員数	補完
2	男女格差の撤廃	各役職における男女別の人数・割合	中核
		男女別の平均年収	中核
		男女別の平均勤続年数	補完
3	柔軟な働き方	男女別のテレワークを利用している従業員の割合・週当たりの平均利用時間	中核
		男女別の育児休業の取得率と取得期間	中核
		男女別の介護休業の取得人数	補完
		働きやすさを支援する制度の有無と利用状況	補完
4	職場の安心	メンタル不調による休職者の割合	補完
		心理的安全性を高める取組み	中核
5	人的資本への投資	雇用管理区分別の一人当たり研修費	補完
		雇用管理区分別の一人当たり年間総研修時間	中核
		新たなスキル習得や主体的なキャリア形成のための仕組み	補完
6	ダイバーシティ＆インクルージョン	障害者（障害種別ごと）の従業員数と平均勤続年数	中核
		正社員採用における中途採用比率と中途採用者と新卒採用者の3年内離職率	補完
		主な在留資格の外国人就労者数	補完
		性的マイノリティに対する取組みや支援制度	補完
7	サプライチェーンの働き方	サプライチェーンの人権デューデリジェンス	中核
		下請けなど、サプライチェーン企業との適正取引	中核
		派遣・請負・フリーランスの待遇改善の取組み	補完
8	健全な労使関係	労働組合の有無、組合加入率、組合員の範囲	中核
		賃金や労働時間などの労働条件に関する労使交渉・協議の有無	補完
		産業構造の変化や事業変革など、経営課題に対する労使対話の状況	補完

（出所） ESG-S指標に関する調査研究委員会「日本版ディーセント・ワーク8指標」より抜粋。

のである。この点は研修時間や研修費用の項目も同様で、JD8では正社員だけでなく、雇用管理区分別の集計を求めている。

6 終わりに

　いかに開示が進んでも、その情報が利用されなければ意味がない。逆にどのような開示が進むかは、投資家や金融機関がどのような情報を求め、どのように利用するかに依存する。情報の利用者側であるファイナンスの責任は重い。

　地球温暖化は安定した気候という自然資本を毀損するがゆえに、ファイナンス全体で取り組むべき課題となった。同様に、経済的不平等の拡大は人的資本や社会・関係資本の崩壊につながりかねないリスクをはらむ。サステナブルファイナンス関係者の関心が集まるのはそのためである。重要なことは、地球温暖化という現象を「脱炭素」という具体的な目標に読み替えることで実際の行動に落とし込んできたように、経済的不平等という現象も、それを生み出す構造的要因へと因数分解することで具体的な取組みに転換することである。

　雇用管理区分間での過大な処遇差異や、家族のケアと両立できない正社員の働き方がその構造的要因ではないか、というのがJD8の問題提起だった。デジタル化の進展や産業構造の変化など、他にも重要な要因はあるだろう。それらの課題への対応をうまく織り込んだ開示と投資判断が進むことで、実際に日本社会の課題解決が進むことを期待したい。

〈参考文献〉
Allison Herren Lee（2020）, Statement: Regulation S-K and ESG Disclosures: An Unsustainable Silence.
BCTI（2022）, Tackling Inequality: The need and opportunity for business action.
OECD（2015）, In it together: Why Less Inequality Benefits All, OECD Publishing, Paris.
PRI（2020）, Why and How Investors Should Act on Human Rights.

SEC（2020），Modernization of Regulation S-K Items 101, 103, and 105.
経済産業省「持続的な企業価値の向上と人的資本に関する研究会報告書〜人材版
　　伊藤レポート」（2020年9月）。
経済産業省「人的資本経営の実現に向けた検討会報告書〜人材版伊藤レポート
　　2.0」（2022年5月）。
久我尚子「若年層の経済格差と家族形成格差──増加する非正規雇用者、雇用形
　　態が生む年収と既婚率の違い」ニッセイ基礎研究所『基礎研レポート』（2016年
　　7月14日）。
国際標準化機構（ISO）ISO30414：人的資源管理──内部及び外部人的資本報告
　　ガイドライン（2018年12月19日）。
非財務情報可視化研究会『人的資本可視化指針』（2022年8月30日）。

終　章

サステナブルファイナンスの未来

高崎経済大学 学長

水口　剛

「未来を予測する最良の方法は未来を創ることだ」という言葉がある。現実には、未来は多くの要素に左右されるので、思いどおりに創れるわけではない。だが、たとえそうだとしても、未来を単に成り行き任せにするのでなく、目指すべき方向を構想し、実現する意思を持つことは必要ではないか。

　それではサステナブルファイナンスは今後どのように進展すべきだろうか。そして、そのために誰が何をすべきなのか。一方でESG投資やサステナブルファイナンスに対してはさまざまな批判や反発も見られるようになった。それらの逆風をどう理解すればよいのか。

　本書ではここまで、サステナブルファイナンスをめぐる国内外の動向、サステナブルファイナンスの実践に関わるさまざまな側面、サステナブルファイナンスが直面する重要な環境・社会課題について見てきた。それらを踏まえて終章では、サステナブルファイナンスの未来を考えてみたい。

サステナブルファイナンスの射程

　まず、サステナブルファイナンスという言葉でどの範囲のことを考えるのか、本章におけるサステナブルファイナンスの射程を確認しておこう。一言でサステナブルファイナンスと言っても、そのイメージは人によって異なると思われるからである。

　たとえばグリーンボンドやサステナビリティ・リンク・ボンドなどのESG債を思い浮かべる人もいれば、ESG評価を加味して投資先を選んだESG投資信託をイメージする人もいるかもしれない。責任投資原則（PRI）やインパクト志向金融宣言[1]などに署名する機関投資家や金融機関の行動全体のことを考える場合もあれば、より大きな金融システム全体の在り方を指す場合も考えられる。つまり、サステナブルファイナンスを金融商品レベルで捉えるのか、経営レベルで考えるのか、それとも金融システムのレベルで考えるの

---

[1]　金融機関や機関投資家の経営全体にインパクト志向を組み込むことをうたった日本発の宣言。2021年11月に発足し、2023年1月時点で44機関が署名している。

かという3階層が考えられる。

　この点、欧州委員会が2018年に公表したサステナブルファイナンスに関するアクションプランでは、「民間の資本をよりサステナブルな投資に振り向けるためには金融システムの機能全体の包括的なシフトが必要だ」と述べた上で、「サステナブルファイナンスとは一般に投資意思決定に環境と社会への適切な考慮を織り込むプロセスをいう」[2]と定義し、その後タクソノミーの開発や事業会社・金融機関の情報開示規制の強化など、市場全体をターゲットにした施策を展開してきた。

　また、金融庁のサステナブルファイナンス有識者会議の第一次報告書では、「サステナブルファイナンスは、個々の経済活動にともなう正や負の外部性を金融資本市場が適正に織り込み、環境や社会課題を考慮した投融資等を行うことで、環境や社会の課題が改善するなど、それらの経済活動が全体として拠って立つ基盤を保持し強化する効果を持つ」とした上で、「サステナブルファイナンスは、持続可能な経済社会システムの実現に向けた広範な課題に対する意思決定や行動への反映を通じて、経済・産業・社会が望ましい在り方に向けて発展していくことを支える金融メカニズム、すなわち、持続可能な経済社会システムを支えるインフラ」[3]であると述べている。

　これらを踏まえて本章では、サステナブルファイナンスの意味を金融システム全体にまで広げて考えることにする。

　その場合のサステナブルファイナンスの最終的な目的は、持続可能な社会の構築ということになるだろう。言い換えれば、いかにESGやインパクトを名乗る金融商品が増えても、社会全体がサステナブルにならなければ目的を達成したことにならない。

　もちろん社会の持続可能性は、金融だけでなく、企業の事業活動の在り方や消費者の行動、それらを支える規制、価値観、リテラシー、教育など、多くの要因に左右される（〔図表終−1〕）。その中でサステナブルファイナンス

2　European Commission（2018）, *Action Plan : Financing Sustainable Growth*, p.1,2.
3　有識者会議第一次報告書3〜4頁。

〔図表終－1〕　持続可能な経済社会システムの構成

【自然・環境】
水循環システム　　　　　　　　気候システム
価値観　　　【社会】　　　　　生態系
法制度・規制【経済】　　　　　（Ecological system）
教育　　　　　イノベーション　生物多様性
　　　消費　　原料調達
　　　　　　　生産　　　　　【自然・環境】
リテラシー　　廃棄
　　　雇用・労働
　　　　　金融システム

（出所）　筆者作成。

が果たす機能には、資金の流れと対話のチャネルという2つの側面がある。前者は企業のESGの側面を評価して投融資の判断に組み込むことから、グリーン事業や社会課題解決型の事業に必要な資金を投じることまで幅広い。後者は金融機関やベンチャーキャピタル等が投融資先企業を支援したり、機関投資家が株主や債権者の立場からエンゲージメントしたりすることで事業の方向を適切に導く役割で、社会的なガバナンスの機能とも言える。これらの機能を通じてサステナブルファイナンスは社会の方向に影響を与える。

　持続可能な社会とは、ある特定の目標を達成すれば完成するといった静的なものではなく、常にサステナブルな方向へと向かう不断のプロセスであり、動的なシステムと考えるべきではないか。そしてサステナブルファイナンスは資金の流れと対話を通じてそのようなプロセスを支える不可欠の一部と位置付けることができる。これが「持続可能な経済社会システムを支えるインフラ」だということの意味である。

　ところが最近ではESG投資やサステナブルファイナンスに対して、さまざまな批判も提起されている。次にそれらについて検討することにしよう。

2　サステナブルファイナンス批判を考える

　サステナブルファイナンスに対する批判は、大きく分けると2種類ある。一つは、サステナブルファイナンスという概念を肯定した上で、その実践の信頼性を問題にする立場、もう一つは、サステナブルファイナンスという概念自体を批判する立場である。

(1)　サステナブルファイナンスを認めた上での批判

　前者に関しては、たとえばESG評価機関の透明性等に対して、評価を受ける企業側から不満の声があり、第5章で詳述したように金融庁が2022年に「ESG評価・データ提供機関に係る行動規範」を策定・公表した。また、グリーンやESGを標ぼうしながら、実態が伴っていないのではないかというグリーンウォッシュ批判やESGウォッシュ批判もある。これに対して金融庁は、「金融商品取引業者等向けの総合的な監督指針」の中に「ESG考慮に関する留意事項」を設けて開示や組織体制等を検証する方針を固め、2023年3月に指針を改正した。

　実際に改正後の監督指針が機能し始めれば、実態が伴わないにもかかわらずグリーンやESGを名乗る明らかなウォッシュへの批判は緩和されるだろう。問題となるのは、グリーンやサステナビリティに関する解釈の違いに起因するウォッシュ批判である。たとえば原子力発電、石炭へのアンモニア混焼、輸入バイオマスによる発電などは、グリーンやトランジションと考えるか否かでさまざまな立場がある。そのため、一方から見ればウォッシュでないものが、他方から見ればウォッシュとなる。このように意見の分かれる課題について、何がサステナブルかを誰がどう決めるのか。そしてその判断の正しさをどう担保するのか。中でもトランジションは時間軸を伴う概念なので不確実性がある。この点は、サステナブルファイナンスが真に持続可能な社会を支えるインフラとして機能するかどうかに関わる重要な論点の一つである。

(2) サステナブルファイナンス自体への批判

　一方、後者のサステナブルファイナンスという概念自体への批判は、とく
に米国の一部の州で目立ってきた。それはESG投資を推進する運用機関の排
除という形で具体化し始めている。たとえばテキサス州は、教職員や州職員
の年金を含む州の機関が、化石燃料や銃器産業を除外する運用機関と契約す
ることを禁じる州法を2021年に可決した[4]。またフロリダ州は2022年8月
に、州の年金基金が、金銭的要因のみを考慮し、社会的・政治的・イデオロ
ギー的利害を考慮しない金融機関にのみ投資することを命じる決議を採択し
た[5]。それらの根底には地元のエネルギー産業を守る意図があるが、同時
に、共和党色の強い州で、ESGを民主党的なイデオロギーとみなして攻撃す
るという現象としても現れている。

　米国の州別の人口ランキングを見ると、ESGに好意的なカリフォルニア州
が1位でニューヨーク州が3位だが、テキサス州は2位、フロリダ州は4位
である。州の年金残高は人口に比例して大きくなるので、テキサス州とフロ
リダ州の影響は大きい。加えて、フロリダ州のロン・デサンティス知事が
2022年の州知事選挙で民主党の対立候補に圧勝して知事再選を果たし、トラ
ンプ氏に代わる次期大統領候補として浮上したことも、サステナブルファイ
ナンスの未来にとっては不安材料である。

　一方、これらとはやや違う観点からESG投資を批判したのが、ニューヨーク
大学ファイナンス論教授のアシュワース・ダモダラン（Aswath Damodaran）
である。彼は2021年9月に掲載したブログ記事の中で、ESGスコアとは企業
の良さ（goodness）を測ろうとするものだが、それは価値観に依存するので
適切に測れないし、ESGスコアの良否が企業価値につながる証拠はなく、投

4　化石燃料企業を除外する企業との取引を禁じるSeneta Bill 13と銃器産業を拒絶する
　企業との取引を禁じるSeneta Bill 19が成立した。
5　フロリダ州の2022年8月23日のプレスリリース「Governor Ron DeSantis Eliminates
　ESG Considerations from State Pension Investments」参照。

資収益にもつながらないと主張した[6]。

　ESGが価値観に依存するという見方は、それをイデオロギーだと主張する共和党の主張とも重なる。この主張が、単に「環境課題や社会課題自体が主観的なものにすぎない」という意味なら、その批判は当たらないだろう。たしかに個別には何がグリーンかで意見が分かれる場合もあるが、気候変動や生物多様性の危機などの課題自体は科学的な根拠が積み上げられてきたものだし、社会課題の根幹を成す人権の概念も、人類が長い歴史の中で培ってきた国際規範と言ってよい。

　問題は、「たとえそうであっても、それは政治的な課題であるので市場（経済・金融）が関与すべきではない（政治的プロセスによって決すべきことだ）」という意味でこの主張を捉えた場合である。ダモダランはそのことを、投資収益につながらないという方向から指摘した。投資のリターンに貢献しないことを投資家がする意味はなく、あえてするなら、それは政治的な行動だというわけである。

　それに対する現時点での標準的な答えは、「ESG要因は長期的に見れば投資のリスクとリターンに影響する、したがってESG要因を考慮しないことの方が受託者責任に反する」というものだろう。ESGは政治的な問題ではなく、経済合理性に基づく投資判断そのものだということである。こちらの主張の方が広く受け入れられたからこそ、ESG投資は世界で35兆米ドルと言われるほど、拡大した。長期どころか、脱炭素をめぐる競争はもはや目前の課題である。

　だが、サステナブルファイナンスの未来を考えたとき、いつまでもこの説明だけでよいだろうか。そして今後も「実際にリスク・リターンに関わるのか」という論争に終始するのか。一方でリスク・リターンの観点からESGを考慮するだけでなく、より積極的にインパクトの創出を意図する投融資への

6　2021年9月14日付けの「ESG Movement：The'Goodness' Gravy Train Rolls on!」と題したブログ。この記事はその後ブルームバーグをはじめ多くのサイトに転載された。

関心が高まっている。有識者会議第一次報告書でも、正や負の外部性を市場が適正に織り込むことを推奨している。それらは決してリスクやリターンを犠牲にするものではないが、リスク・リターンとの関係よりも大きな視点で、金融の役割を捉えている。その延長線上にサステナブルファイナンスの未来を描くとすれば、それは従来の金融のパラダイムを問い直すことにつながるのではないか。そう考えると、共和党やダモダランの批判は、既存の価値観やパラダイムが転換されようとすることに対する旧勢力からの抵抗と見ることもできる。

　ではサステナブルファイナンスが開く未来のパラダイムとはどのようなものだろうか。

3　パラダイムとしてのサステナブルファイナンス

　パラダイムとは、ある時代に支配的なものの見方や考え方であり、人々が当然のこととして受け入れている前提的な思考枠組みである。よく例に出されるのは天動説と地動説だが、他にもたとえば江戸時代の身分制などは、当時の人にとっては疑うことのない一種のパラダイムであったろうし、ローマクラブ[7]が警鐘を鳴らすまで地球の環境容量を考慮せず、フロンティアが無限に続くという思考が暗黙のパラダイムだったと思われる。つまりパラダイムの中にいる限り、パラダイム自体を疑うことは難しい。

　金融の分野では、リスクとリターンの2次元の投資判断が一つのパラダイムだろう。よく「リターン最大化」という言い方をすることがあるが、現実にはどんなにリスクが高くてもリターンだけを最大限追求するわけではなく、リスクとリターンのバランスで投資判断をする。そのことを「リスクを避けるためにリターンを犠牲にした」と否定的に表現することが少ないのは、リターンはリスク対比で考えるのが当たり前だと多くの人が思っているからである。

7　世界各国の有識者で構成する民間組織。1972年に最初の報告書「成長の限界」を公表し、大きな注目を集めた。

それはずっと昔から当たり前だったわけではない。1952年に当時シカゴ大学の大学院生だったハリー・マーコウィッツが「ポートフォリオ選択」と題した論文を発表したことで、初めて定式化されたのである。それ以前から「1つのかごに全部の卵を入れてはいけない」といった経験則はあったようだが、マーコウィッツの着想をきっかけに、リスクとリターンの両方を明示的に考慮するという現在のファイナンス理論につながる投資意思決定の枠組みが形成されてきた。

　これに対して、今サステナブルファイナンスの分野で起きていることは、リスクとリターンに加え、投融資判断の第三の軸としてのインパクトへの注目である。投融資が環境課題や社会課題にどのようなポジティブな、あるいはネガティブな影響を与えるかという意味である。それは、金融商品レベルではインパクト投資やESG債の形で表れている。金融機関や機関投資家の経営全体のレベルではGFANZやClimate Action100＋、インパクト志向金融宣言などのインパクトの創出を志向するイニシアティブがあり、市場全体という意味では温室効果ガス排出量や男女賃金格差などのサステナビリティ情報の開示の推進の動きがある。

　インパクトへの注目を正当化する論理は3つ考えられる（〔図表終－2〕）。第一に、インパクトはリスク・リターンに関わるというものである。たとえばインパクト投資では、社会課題の解決は企業価値を高め、投資収益につながると説明することが多い。サステナビリティ開示では、企業価値に与える影響の重要性を意味するシングルマテリアリティの考え方が対応する。この論理は既存のパラダイムの内側にあり、最も分かりやすい。ただし、この場合のインパクトは最終的にはリスク・リターンを改善するための手段と位置付けられるので、厳密に言えばリスクやリターンから独立した第三の判断軸とは言えないかもしれない。

　第二の論理はユニバーサルオーナーシップの考え方である。ユニバーサルオーナーとは、資金規模が大きく、市場の大多数の銘柄に投資する投資家を意味する。彼らはいわば経済全体に投資しているので、個別の投融資におけ

〔図表終－2〕 ファイナンスのパラダイムの拡大

リターン追求における合理性
概念の拡大

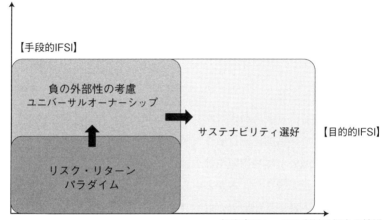

（出所） 筆者作成。

　るリスク・リターンだけを考えるわけにはいかない。むしろ経済全体の動向
が長期的な投資成果に関わってくる。すると、自らの投融資が環境や社会に
与える負の外部性が問題になる。市場の一部で生じた問題がシステム全体に
波及するリスクをシステミックリスクと呼ぶが、脱炭素化の失敗や生態系の
崩壊、極端な経済的不平等の進展などは、経済活動の基盤を掘り崩すことで
システミックリスクとなりかねない。それゆえ投融資の持つインパクトに注
目するのである。

　ジョン・ルコムニック（Jon Lukomnik）とジェームズ・ホーリー（James
Hawley）は著書『Moving Beyond Modern Portfolio Theory』の中で、現代
ポートフォリオ理論では市場のシステミックリスクに対処できないが、現実
には多くの機関投資家がすでに環境や社会への影響を考慮した行動をしてい
るとして、その論理をベータ・アクティビズム（Beta Activism）と呼んでい
る。超過収益を意味するアルファの追求ではなく、市場全体のシステミック
リスクを軽減することでベータ（市場リターンとの連動性を表す）の方と関係

するような株主エンゲージメントなどの投資家行動（アクティビズム）という意味である。これもユニバーサルオーナーシップと同様の考え方である。これはインパクトのためにリスク・リターンを犠牲にするという意味ではない。むしろ個々の投融資の目先のリスク・リターンという個別最適から、投融資ポートフォリオ全体の長期的なリスク・リターンという全体最適への視点の転換を意味する。

　ただし負の外部性を考慮するコストは個々の投資家に生じるが、その恩恵はすべての投資家が受けるので、コストを払わず恩恵だけを受けるフリーライダーとなるインセンティブが働く。だからといってこれを政治プロセスのみに委ねたのでは現実に投資家の利益は守れないことは、これまでの気候変動や社会的分断の進展が示している。投資行動によって負の外部性を削減できるのに、互いにフリーライダーになろうとして投資家が誰も行動しなければ、投資コミュニティが全体として損害を被り、最も不合理な結果になりかねない。それゆえ負の外部性の考慮は、コストを上回る効果があるかどうかを個別に検証して採否を決める投資手法のようなものではなく、投資コミュニティが規範として受け入れるべきものなのではないか。

　この議論の本質は資本概念の拡張にある。経済活動は貨幣資本だけでなく、自然資本や社会関係資本にも支えられている。それらの資本を守るという規範とメカニズムを、市場システムに内在化させるということである。それは、インパクトをリスク・リターンとは独立した第三の軸として位置付けることを意味し、従来のパラダイムを大きく転換するものと言ってよいだろう。

　インパクトに注目する第三の論理は個人のサステナビリティ選好（sustain-ability preferences）である。資金の最終的な出し手である個人には、リターンの追求やリスクの回避と同様、環境や社会に配慮した運用をしたいという「選好」があるという考え方である。欧州委員会のアクションプランの基になったサステナブルファイナンスに関するハイレベル専門家グループ（HLEG）は2018年の最終報告書でその存在を指摘した。欧州連合（EU）の

サステナブルファイナンス開示規則（SFDR）における、いわゆる8条ファンドや9条ファンドはサステナビリティ選好の存在を前提にしたものと考えられる。

　このようにインパクトを重視する第二、第三の論理は、すでに少しずつ広がり始めている。だが、まだほとんどの人は従来のパラダイムの中にいて、明示的にパラダイムの転換だと認識しているわけではない。サステナブルファイナンスの未来は、これらの論理がパラダイムの転換として社会に受け入れられるかどうかで、大きく違ったものになるだろう。

4　実践としてのサステナブルファイナンス

　サステナブルファイナンスのパラダイムが変われば、サステナブル社会を支えるインフラとしての位置付けが明確になる。しかしいくらそのような論理を唱えても、実務として定着しなければ、パラダイムが転換したことにならない。サステナブルファイナンスが真にサステナブル社会のインフラとして機能するためには、具体的に解決すべき課題がある。その代表的なものを挙げてみたい。

(1)　アセットオーナーの参加と受託者責任

　年金積立金管理運用独立行政法人（GPIF）はユニバーサルオーナーとしての立場を明確にしてESG投資を推進している。また、生命保険の大手各社もサステナブルファイナンスに積極的である。しかし資金の出し手となるアセットオーナーのうち、GPIF以外の公的年金や大多数の企業年金では責任投資原則（PRI）への署名は広がらず、取組みも進んでいるとは言い難い。その背景には、多くの企業年金では担当者に専門知識があまりなく、十分理解されていないという要因もある。この点については、たとえば企業年金連合会や日本労働組合総連合会（連合）などがコンソーシアムを作って専門の担当者を置き、希望する企業年金等を支援する仕組みを作るなどの対策も考えられる。

一方、企業年金の間には、いまだにESG投資やサステナブルファイナンス
は受託者責任に反するといった誤解がある場合がある。この点、サステナブ
ルファイナンス有識者会議の報告書でも「ESG要素を考慮することは受託者
責任を果たす上で望ましい対応と位置づけることができる」と明記している
が、リスク・リターンの改善につながるESG要因の考慮やインパクトの追求
は、現行の受託者責任上も、むしろ求められることだということを、制度的
にも明確にしてもよいのではないか。

　これに関連してPRI、国連環境計画・金融イニシアティブ（UNEP FI）、
ジェネレーション・ファウンデーションの三者が共同で2021年に『インパク
トの法的枠組み』と題した報告書を公表した[8]。これは、サステナビリティ
に関するアウトカム創出を意図して行う資金提供、エンゲージメント、投資
家イニシアティブへの参加などの活動を、インパクト投資やインパクトファ
イナンスより広い概念として「サステナビリティ・インパクトのための投資
（IFSI：investing for sustainability impact）」と定義し、日本を含む11の国・地
域における法的な位置付けを調査したものである。調査・執筆は、ロンドン
を本拠とする国際法律事務所フレッシュフィールズ・ブルックハウス・デリ
ンガーが担当した。

　この報告書ではIFSIを手段的IFSI（Instrumental IFSI）と目的的IFSI
（Ultimate ends IFSI）の2つに区別している。手段的IFSIとは、投資の財務
的価値が環境・社会システムのサステナビリティに依存しているがゆえに、
それが損なわれることは投資利益にとってのシステミックリスクになると考
え、最終的には投資ポートフォリオの価値を守るためにインパクトに焦点を
当てるというものである。これは、ユニバーサルオーナーシップの考え方に
対応する。

　一方、目的的IFSIとは、インパクトの追求自体に価値があると考えるもの
で、サステナビリティ選好に対応する。それは、必ずしもインパクトの追求

8　Freshfields Bruckhaus Deringer（2021）, *A Legal Framework for Impact : Sustainability impact in investor decision-making*, PRI, Generation Foundation, UNEP FI.

が財務目的と矛盾するとか、財務目的より優先されるべきだという意味ではなく、単に投資家の意思決定が、財務目的以外の理由でのインパクトの追求によっても、部分的に動機付けられているということだと整理している。

日本に関しては、「気候変動やその他のサステナビリティ要素がポートフォリオ全体の財務リターンにとって重大なリスクだと判断した場合を除き、現時点でIFSIを行うべき直接的、間接的な法的義務はない」が「一定の環境ではIFSIを行う十分な自由度がある」との解釈が示されている。この結論は現在のGPIFやインパクト投資ファンドの実践と乖離のないものだが、企業年金等の参入を促すためには、こういった解釈を制度上も明確にすることが有用ではないだろうか。

(2) インパクトの測定とサステナビリティの判断

リスク、リターン、インパクトの3次元の投資判断が投資のパラダイムとなるためには、マーコウィッツがリスクを定式化したように、インパクトを測る共通の物差しがほしい。個々のインパクト投資のレベルでは、対象とする環境や社会の課題を定義し、課題解決に至るロジックモデルに基づいてKPIを設定して、その進捗を管理するといったIMM（Impact Measurement and Management）のプロセスが提唱されている。しかし、その場合のKPIは課題ごとに設定した指標であって、異なるインパクトを比較できる共通の指標があるわけではない。何を、どこまで達成したら十分なインパクトがあったと言えるのかについて、社会の共通認識が得られるようなインパクトの測定方法があるとよいが、その開発は大きな課題である。

そこで何をもってグリーンと判断するかという問題に対して、EUはタクソノミーで対応した。グリーンビジネスというとき、単に少しでも環境に良ければよいというわけにはいかない。どのくらいグリーンならグリーンと言えるのか、事業活動ごとに膨大な基準を示した。日本では、環境省がグリーンボンドガイドラインの付属書1として「明確な環境改善効果をもたらすグリーンプロジェクトの判断指針」を公表し、具体的なグリーンプロジェクト

と指標の一覧表を示している。これは例示であり、しきい値（threshold）も示されていないので、包括的な分類を意図したタクソノミーとは異なるが、少なくとも一覧表に掲載されたものはグリーンビジネスだという意味で、一種のポジティブリストとも言える。同様に金融庁はソーシャルボンドガイドラインの付属書4として「ソーシャルプロジェクトの社会的な効果に係る指標等の例」を公表している。

　しかし第2節のサステナブルファイナンスへの批判の箇所で触れたように、何がグリーンやサステナブルかについては意見の分かれる問題もある。誰かが一律に定義することが難しく、インパクトを簡単に測定できる共通の指標もないなら、本来それらは市場で判断されるべきではないか。ただしその判断が妥当性を持つためには、①市場参加者にサステナビリティの規範が浸透し、②科学的根拠に基づくリテラシーが蓄積され、③市場参加者による社会・投融資先企業双方との対話が行われる、といった前提条件が必要だろう。

　多様な市場参加者の深い洞察によって、結果的に市場を通じて社会のサステナビリティを実現することが、金融の本来の役割ではないだろうか。

(3)　時間軸の考慮

　時間軸を考えたとき、インパクトの測定をどう考えるのか。たとえば2050年の温室効果ガス排出ネットゼロを実現するために次世代技術が必要だとすると、それに対する投資は長期的には大きなインパクトが期待できる。だが、現時点で測定できるインパクトはない。その投資は一種のトランジションファイナンスと言えるが、技術の開発、施設の建設、投資の回収にそれぞれ何年もかかるような超長期の投融資は、既存の金融パラダイムの下で可能だろうか。しかも不確実性が高い。現時点では、政府資金や官民ファンドがリスク部分をカバーすることで民間資金を呼び込むという方法が考えられる対応策だが、少なくとも以下の3つの観点でサステナブルファイナンスの進化が必要である。

第一に、時間軸を伴うインパクトの測定・評価の枠組みの開発である。リターンに関しては将来キャッシュフローを現在価値に割り引くといった枠組みがあるが、サステナブルファイナンスがリスクとリターンにインパクトを加えた３次元の評価軸を持つものだとすれば、不確実性のある将来のインパクトを現時点で評価する論理が必要ではないか。

　第二に、インパクトとリスク負担の関係の整理である。インパクトの発現までに長期間を要し、不確実性も高いとき、そのリスクを誰が取るのか。リスクとリターンの２次元の判断ではなく、インパクトを加味して考えたとき、期待インパクトの高さに応じて取れるリスクの範囲が広がるのではないか。そのような判断の根拠となる理論的枠組みを用意しておかなければ、次世代技術のような長期・巨額のトランジションファイナンスへの対応が難しくなるのではないか。

　第三に、長期にわたる社会的ガバナンスの枠組みである。将来に不確実性がある以上、資金を出しただけで終わるわけにはいかない。意図したインパクトが生まれるようファイナンス側が関与し続ける枠組みが必要になる。

(4)　責任の範囲

　温室効果ガスの排出に関してはScope 3まで考えることが定着した。投融資ポートフォリオにおける温室効果ガス排出ネットゼロを目指すGFANZの影響もあって、機関投資家や金融機関におけるScope 3であるFinanced emissionという考え方も浸透した。しかし、実際にScope 3の排出量を集計することは、容易ではない。企業会計の領域では多くの子会社の決算を集約してグループ全体の経営成績を計算する連結決算が行われているが、これが実務上可能になるのは、すべての子会社が同じ基準で決算をした上で、そのデータを親会社に集約しているからである。Scope 3の計算には製品使用時の排出量なども含まれるので、仮定に基づく計算を含むことは避けられないが、実務として定着するためには、すべての企業がScope 1・2の排出量を同じ基準で計算し、親子会社間に限らず、サプライチェーン上の企業が相互

にデータを共有するといった社会システムが必要になるのではないか。

　一方で人権の尊重に関しても、サプライチェーンを対象に人権デューデリジェンスを行うべきとの規範が確立している。実際、ビジネスと人権に関する国連指導原則を基に、2022年には日本でも経済産業省が中心となって「責任あるサプライチェーン等における人権尊重のためのガイドライン」が取りまとめられた。

　それではその他の環境・社会課題、たとえば生物多様性、ジェンダー差別、経済的不平等などで、企業はサプライチェーンのどのくらい先まで責任を持つと考えるべきだろうか。そして機関投資家や金融機関はそれらの課題について投融資先企業のサプライチェーンの状況をどこまで評価に含めるべきなのか。それは課題の種類に応じてケースバイケースで考えるべきなのか。それとも課題横断的な統一的ルールや理論的枠組みがあり得るのか。そして実務的に対応できる方法論があるのか。こういった点の整理も今後の課題である。

⑸　インセンティブ構造

　パラダイムが完全に転換すれば、おそらくインセンティブは問題にならないだろう。インパクトを含む３軸の判断基準で行動することが常識になるからである。だが、実務の変化が先行しなければ、パラダイムは変わらない。そして実務が先行して変化するためにはインセンティブが必要である。

　サステナブルファイナンスを実践するのは個々の機関投資家や金融機関であり、そこに所属して働く人たちである。最終的には各機関のパーパス（存在意義：Purpose）が問われるとはいえ、機関投資家や金融機関も組織なので、サステナブルファイナンスをより深めることが、利益にもつながるのでなければ、社内のリソースを振り向けにくいだろう。金融機関等で働く個人にとっても、サステナブルファイナンスに取り組むことで社内での評価が高まるといった仕組みが必要である。

　さらに、サステナブルファイナンスは社会システムなので、機関投資家や

金融機関だけで成り立つわけではない。開示制度や情報の信頼性確保、ESG評価やESGデータの提供、社会が気付いていない環境・社会課題に警鐘を鳴らすNGO組織の存在など、さまざまな要素が相互に有機的に結び付くことで機能する。それらそれぞれの構成要素の質を高める方向で働くインセンティブがあるとよい。

　サステナブルファイナンスが「持続可能な経済社会システムを支えるインフラ」であるならば、それを仕事にすることが適切に報われる仕組みづくりが重要だということである。

5　終わりに

　今、サステナブルファイナンスにとっての最大の課題は、国際環境の変化だろう。世界がSDGsとパリ協定に合意し、世界最大の年金であるGPIFがPRIに署名した2015年当時の、地球規模の課題解決のために国際社会が協調しようという機運は、その後急速にしぼんだ。それに代わってポピュリズムに押された一国主義が台頭し、国家資本主義が力を増し、国家間の対立が激化した。

　IPCCは2021年8月に公表した第1作業部会の第6次評価報告書[9]の中で、気候変動の行方を左右する5つの社会経済シナリオを示したが、今まさにそのうちの第三のシナリオ（SSP3）である地域間対立シナリオが現実のものとなっている。それは、2100年に平均気温の上昇が3.6℃に達するシナリオである。軍事費の増加のみならず、紛争で失われる人命から気候変動の悪化まで、平和であれば不要だったはずの膨大なコストを世界は被っている。

　現にエネルギー危機で一部に化石燃料への揺り戻しが起き、インフレも高進している。国家が関与する人権問題に対しても、世界は有効な対策を打てずにいる。この状況でサステナブルファイナンスが短期的にできることは少ない。だが、人間の長い歴史を振り返ってみれば、自由でより良い生活を求

9　IPCC（2021）, Climate Change 2021 ‒ The Physical Science Basis, Summary for Policymakers.

める人々の力が結局は社会を動かしてきたことも事実だろう。現在も宗教や政治の締め付けが最も厳しい国においてさえ自由を求める声が上がっている[10]。長い目で見れば、人々に選ばれる魅力的な経済・社会のモデルを示すことが、サステナブルファイナンスのすべきことなのではないか。どのような社会モデルが選ばれるのか、おそらく今が歴史の転換点である。

　経済学で市場価格に影響を与えられない人のことをPrice takerという。与えられた市場価格を前提に行動する人という意味である。価格に影響を与えられる人はPrice makerである。サステナブルファイナンスが未来に対峙する姿勢にも2つの立場が考えられる。未来をうまく予測して適応するFuture takerとして行動することも重要だが、それにとどまらず、いかに困難なことだとしても、より良い未来を創り出すFuture makerでなければならないだろう。

10　イランでは2022年9月、ヒジャブを適切に着用していないとして警察に拘束された若い女性が亡くなったことをきっかけに女性を中心に大規模な抗議行動が起きた。中国では2022年11月、ウルムチ市での火災事故をきっかけに白紙を掲げて政府のゼロコロナ政策を批判する抗議行動が起きた。

事 項 索 引

サステナブルファイナンス最前線

2023年8月10日　第1刷発行

編著者　水　口　　　剛
　　　　高　田　英　樹
発行者　加　藤　一　浩

〒160-8519　東京都新宿区南元町19
発　行　所　一般社団法人 金融財政事情研究会
編　集　部　TEL 03(3355)1721　FAX 03(3355)3763
販売受付　TEL 03(3358)2891　FAX 03(3358)0037
URL https://www.kinzai.jp/

校正：株式会社友人社／印刷：三松堂株式会社

ISBN978-4-322-14358-4